读懂乡土中国

整本书阅读视野下的《乡土中国》研究

陈文忠　著

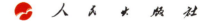

人民出版社

目录

绪　论
一方水土养一方人

—— 乡土中国的三大特征

　　费孝通《乡土中国》开篇《乡土本色》开宗明义："从基层上看去，中国社会是乡土性的。"[1] 中国传统社会，从黄河两岸到长江两岸，极大多数人都生活在乡村，依山傍水，聚族而居，一个村庄就是一个宗族。广袤乡村的农民，以家庭为单位，在自家的一块田地里从事农业生产，日常的社会文化活动大多聚于一间屋内，在一张桌子上进行。因此，"一块田、一个家、一张桌"，这是中国人的生存之本，也是乡土中国经济、政治、文化的典型符号。要想了解乡土中国的基本特征，就应当立足"一块田"的农耕文明，进入"一个家"的宗法政治，研究"一张桌"的家园文化。同时，中华传统乡土文化区别于西方城邦文化的基本特点也体现在三大方面：中国"一块田"的农耕文明不同于西方的海洋文明；中国"一个家"的宗法政治不同于西方的城邦政治；中国"一张桌"的家园文化不同于西方的广场文化。

　　俗话说："一方水土养一方人"。阅读《乡土中国》，读懂"乡土中国"，就需要深入了解养育我们的一方水土，深入了解中华民

---

　　[1]　费孝通：《乡土中国》，人民出版社 2015 年版，第 1 页。以下凡引自本书、标明篇名者不再作注。

族的前世今生，从而以清明理性的意识认识现实，以奋发有为的精神走向未来。这篇绪论，从"一块田、一个家、一张桌"入手，扼要描述乡土中国经济、政治、文化三大方面的基本特征，为读懂《乡土中国》提供宏观的社会文化背景。需要说明的是，这是一幅乡土中国社会文化生活的平面素描，难免见林不见树。让我们带着对民族历史的美好记忆，走向民族复兴的辉煌未来。

一、"一块田"：男耕女织的农业经济

人类的文化，从源头处看，大致可分三种类型：一是游牧文化，二是农耕文化，三是商业文化。游牧文化发源在高寒的草原地带，农耕文化发源在河流灌溉的平原，商业文化发源在滨海地带以及近海之岛屿。三种自然环境，决定了三种生活方式；三种生活方式，形成了三种文化类型。①

乡村是传统中国的缩影。中国传统文化属于典型的农耕文化，发源于两河流域的平原地带。相传帝尧时代的《击壤歌》曰："日出而作，日入而息，凿井而饮，耕田而食，帝力于我何有哉！"堪称农耕文化的宣言。《管子·揆度》曰："一农不耕，民有为之饥者；一女不织，民有为之寒者。"对传统的"男耕女织"的重要意义作了精辟阐述。神话"牛郎织女"和戏曲《天仙配》，则是农耕文化的审美升华。

费孝通说得好："靠种地谋生的人才明白泥土的可贵……'土'是他们的命根。"②土地是最重要的财富，也是家庭的真正基础。进入"乡土中国"，首先要进入中国人赖以谋生的这块"土地"。本节

---

① 钱穆：《中国文化史导论》（修订本），商务印书馆1994年版，第2页。
② 费孝通：《乡土中国》，人民出版社2015年版，第2页。

将首先描述中国独特的地理环境和生存空间，然后展示中国人在这个舞台上的农耕生活，依次概述乡土中国的农业生产、土地制度、农业科技以及由此形成的田园文化。

（一）"一块田"与地理环境：两河文明

西方地理学家有句名言：地理是历史之母。确实，地理是历史之母，地理也是文化之母。地理环境影响着物质生产和社会发展。马克思在《资本论》中指出："不同的公社在各自的自然环境中，找到不同的生产资料和不同的生活资料。因此，它们的生产方式、生活方式和产品，也就各不相同。"[①] 中国古代的农耕文明和中国人的生活方式，就与中国所处的地理环境或生存空间有着密切关系。

1. 中国地理环境的三大特征

费孝通在《中华民族的多元一体格局》这篇著名论文中，对中华民族的地理环境或生存空间有精确的宏观描述。他写道：

> 任何民族的生息繁殖都有其具体的生存空间。中华民族的家园坐落在亚洲东部，西起帕米尔高原，东到太平洋西岸诸岛，北有广漠，东南是海，西南是山的这一大片广阔的大陆上。这片大陆四周有自然屏障，内部有结构完整的体系，形成一个地理单元。这个地区在古代居民的概念里是人类得以生息的、唯一的一块土地，因而称之为天下，又以为四面环海所以称四海之内。这种概念固然已经过时，但是不会过时的却是这一片地理上自成单元的土地一直是中华民族的生存空间。[②]

---

① 马克思：《资本论》（第一卷），人民出版社 1975 年版，第 390 页。
② 费孝通：《中国文化的重建》，华东师范大学出版社 2014 年版，第 4 页。

根据这一描述，中国的地理环境，具有三大特点。

其一，中国是一自足的地理单元。恰如费孝通所说，中华民族的家园坐落在亚洲东部，西起帕米尔高原，东到太平洋西岸诸岛，北有广漠，东南是海，西南是山的这一片广阔的大地上。这片大陆四周有自然屏障，内部有结构完整的体系，形成一个地理单元。这个地区在古代居民的概念里，是人类得以生息的、唯一的一块土地，因而称之为天下，又以为四面环海，所以称为四海之内。《诗经·小雅·北山》有曰："溥天之下，莫非王土，率土之滨，莫非王臣。"这种概念虽已过时，但永远不会过时的则是这一片地理上自成单元的土地，一直是中华民族的生存空间。

其二，中国是一个多山的国家。山地、高原和丘陵，约占全国土地总面积的65%。全球超过8000米的12座山峰，中国就有7座。中国人聚居的这片大地，是一块地势从西向东倾侧的斜坡，高低悬殊。地势自西而东，层层下降，形成"三大阶梯"：第一阶梯是海拔4000米以上的青藏高原，被称为"世界屋脊"；第二阶梯是海拔2000米以内的内蒙古高原、黄土高原、云贵高原、塔里木盆地、准噶尔盆地、四川盆地等；第三阶梯是中国的东部地区，包括海拔低于200米的东北平原、黄淮海平原、长江中下游平原以及江南广大地区。

其三，从气候条件看，中国的大部分领土处于北温带，气候适宜，四季分明，被黑格尔称为"历史的真正舞台"[1]。中国气候有三个特点。一是季风气候明显，主要表现为冬夏盛行风向有显著的变化，随着季风的进退，降水量有明显的季节性变化。二是大陆性气候强，表现为冬夏两季平均温度与同纬度其他地区或国家有较大的

---

[1]　[德] 黑格尔：《历史哲学》，王造时译，上海书店出版社1999年版，第86页。

差异，冬季低于同纬度地区，夏季则高于同纬度地区，气温年差较大。三是气候类型多种多样。这些特点，有史以来没有太大的变化。

2.地理环境决定了传统中国人的生活方式和文化类型

第一，中华文明发祥于两河流域。这一地区春夏半年雨热同季，温度和水分条件配合良好，为发展农业提供了适宜条件。中国占主导地位的传统文化，无论是物质的还是精神的，都建立在农业生产的基础上，它形成于农业区，也随着农业区的扩大而传播，呈现出不断南迁和不断西进的态势。文化南迁的进程，从黄河到长江，从长江到珠江，再到彩云之南；文化西进的态势，则从东部沿海到中部丘陵，从中部丘陵到西部广漠。

第二，中国古代的农耕区和游牧区分野清楚。这两大文化的关系经历了三个阶段：始而各自发展，继而相互冲突，终而相互融合。中华民族作为一个自觉的民族实体，是近百年来在中国同西方列强对抗中出现的，但作为一个自在的民族实体则是在几千年历史过程中形成的。中华民族这个多元一体格局的形成有它的特色，即以华夏族或汉族为融合的核心，像滚雪球一般地越滚越大，把周围的异族吸收进入这个核心。汉族成为凝聚力的来源或"汉化"成为大趋势，最根本的原因是异族的游牧文化不适应汉族的农业文化。"任何一个游牧民族只要进入平原，落入精耕细作的农业社会里，迟早就会服服帖帖地、主动地融入汉族之中。"[①] 因此，军事上的征服者毫无例外地成为文化上的被征服者，他们最终自觉或不自觉地接受了中国文化。

第三，中国是个"陆地民族"而不是"海洋民族"。在元明海上交通开启之前，中国古人的海洋观可以说是一种浪漫主义海洋观。大海不是用来贸易和捕捞，而是寄托一种人生理想，或是理想

---

① 费孝通：《中国文化的重建》，华东师范大学出版社2014年版，第28页。

仙境，或是生命逃薮。前者有历代关于蓬莱神话的游仙作品，如李白《梦游天姥吟留别》的缥缈想象："海客谈瀛洲，烟涛微茫信难求"；后者有历代退隐山海的避世情怀，如《论语·公冶长》："子曰：道不行，乘桴浮于海"。

（二）"一块田"与农业生产：五谷丰登

农业生产是乡土中国最基本的经济活动，也是中国人繁衍壮大的生存之本。五谷丰登是中国人的生活理想，以农为本是中国人的治国之策。

1. 五谷丰登与"五谷"民族

"五谷丰登"至今仍是中国人的美好心愿，最初则指中国古代的五种农作物。何谓"五谷"？钱穆在《中国古代北方农作物考》"综述"中写道："大抵中国古代农业，其最先主要者，在山耕与旱作物，最早最普遍种植者当为稷，黍次之，粱又次之，麦稻更次之。其为古代中国主要之民食者，西周以前，决然为黍稷。则中国远古时代之农业文化初启，固不妨特定一名号，称之为黍稷文化，似见其特性之所在。"[①] 根据钱穆的考证，不妨把上古农业发展的线索，图示如下：

$$
穴居→山耕→旱作物\begin{cases}黍稷文化\\粟麦文化\quad"有巢氏"→"神农氏"\\稻米文化\end{cases}
$$

《易·系辞传》有云："上古穴居而野处。"上古先民的生活经历了"穴居"、"山耕"到"平原旱作物"的发展过程。从"有巢氏"到"神农氏"，便是中国上古农业从穴居山耕到平原旱作物的两个

---

① 钱穆：《中国学术思想史论丛》（卷一），安徽教育出版社2004年版，第31页。

阶段。"神农氏"成为中国农耕文明的伟大开创者。

中华民族是个"五谷"民族，而非"食肉"民族。饮食的这一特点，直接影响了中国人的体质和性格。黄皮肤、黑头发，体形中等，性格温和，情感含蓄，这成为中国人基本的体质和性格特征。

2. 古代四民与"以农为本"

中国古代按职业把人分成四种，即士、农、工、商，谓之"四民"。《春秋穀梁传·成公元年》曰："上古者有四民：有士民，有商民，有农民，有工民。"农耕经济的生活实践形成了因农立国、以农为本的文化观念。因此，"四民"之中，以农为本，重农贵粟，农本商末。《汉书·食货志》曰："《洪范》八政，一曰食，二曰货。食为农殖嘉谷可食之物，货谓布帛可衣，及金刀龟贝，所以分财布利通有无者也。二者，生民之本，兴自神农之世。"

古代"务本"的原义，就是"务农之本"。汉代之后，学者著书常有"务本"一目，阐发重农富民思想。王符《潜夫论·务本》曰："凡为治之大体，莫善于抑末而务本，莫不善于离本而饰末。夫为国者，以富民为本。……夫富民者，以农桑为本，以游业为末。"① 这一思想为历代有识之士阐释发挥，成为传统文化中的重要价值观念之一。

清代郑板桥的《范县署中寄舍弟墨第四书》是一篇充满人道情怀，感人至深的佳作。他在这篇"寄弟书"中，提出了"农本士末，士从农出"的著名观点："嗟乎！嗟乎！吾其长为农夫以没世乎！我想天地间第一等人，只有农夫，而士为四民之末。农夫上者种地百亩，其次七八十亩，其次五六十亩，皆苦其身，勤其力，耕种收获，以养天下之人。使天下无农夫，举世皆饿死矣。……织女，衣

---

① （汉）王符著、（清）汪继培笺、彭铎校正：《潜夫论笺校正》，中华书局1985年版，第14—15页。

之源也，牵牛，食之本也，在天星为最贵，天顾重之，而人反不重乎？"①郑板桥一生在山东做过十几年"七品官"，却是一位勤政爱民的好官，这与其"我想天地间第一等人，只有农夫"的观念是密切相关的。

广袤的两河流域，自然条件优越。肥沃的土地，勤劳的农民，适宜的气候，一旦没有战乱和灾害，就会出现"忆昔开元全盛日，小邑犹藏万家室；稻米流脂粟米白，公私仓廪俱丰实"的盛世景象。以农为本，五谷丰登，为我们这个民族在华夏大地上，辛勤耕作，安居乐业，生生不息，不断壮大，奠定了坚实的物质基础。

（三）"一块田"与土地制度："耕者有其田"

土地是农耕社会最重要的生产资料，土地所有制形式则是农耕社会经济发展阶段最显著的标志。法国政治思想家托克维尔说得好："人要靠农业来占有土地。"②没有农业的土地，只是一片荒原；你虽然占据了这片土地，却并没有真正拥有这片土地。在精心翻垦过的土地上，人们把未来植物的种子也即过去植物的果实种下，土地才与人们的双脚绑在了一起，土地才真正成为人类不断延续着的后代子孙们的占有物。

中国古代的土地所有制形式，从大的方面可分两大阶段：殷商西周是土地国有化时期，东周以后进入土地私有化阶段。这两种土地所有制，在《诗经》里都有反映。

土地国有："溥天之下，莫非王土；率土之滨，莫非王臣。"（《诗·小雅·北山》）

---

① 中华书局上海编辑所编辑：《郑板桥集》，中华书局1962年版，第12—13页。

② ［法］托克维尔：《论美国的民主》（上卷），董果良译，商务印书馆2004年版，第29页。

土地私有："有渰萋萋，兴雨祁祁。雨我公田，遂及我私。"（《诗·小雅·大田》）

"耕者有其田"，这是中国人的生存根基，也是历代土地制度的追求目标。纵观中国历代土地制度，有几种田制值得重视和了解。

一曰"井田制"。这是从殷商到西周时期的集体耕作制。《春秋榖梁传·宣公十五年》（前594）："古者三百步为里，名曰井。井田者，九百亩，公田居一。"《注》曰："出除公田八十亩，余八百二十亩，故井田之法，八家共一井，八百亩。余二十亩，家各二亩半为庐舍"。"井田制"已显露出从公田到私田发展的趋势。《孟子·滕文公上》也有描述："方里而井，井九百亩，其中为公田，八家皆私百亩，同养公田。公事毕，然后敢治私事，所以别野人也。"孟子详言井田之制，公田为君子之禄，私田为野人所受。先公而后私，以别君子野人之分。

二曰"王田制"。这是西汉末王莽当政时"更名天下田曰王田"的一种制度。秦汉时代，土地兼并严重，王莽力更其弊，欲追复周朝井田制，将土地收归国有，男口给田百亩，以打击豪强。然而历时短促，东汉即废除"王田"。

三曰"均田制"。这是始于北魏、盛行于隋唐的一种授田法，起到削减豪强占地，均分于民的作用。在均田制之前，世族门阀庄园经济占据主导地位，大量流民造成社会极不稳定。北魏孝文帝太和九年（485）下均田令，历隋唐而成为较好维持社会稳定的土地制度。

四曰"天朝田亩制"。这是清中叶太平天国实行的田制，"凡天下田，天下人同耕"是其指导思想，即按人口平均分配土地，较均田制更能体现百姓意志。

秦始皇修筑"万里长城"，是为了保住国家的"一块大田"；历代农民起义"打土豪，分田地"，是为了保住家庭的"一块小田"。保住"一块田"，这成为中国古代战争和革命的主要动因。同时，乡土中国的农民耕作着属于自己的"一块小田"，由此形成了自由与独立的传统，自强和自尊的性格，并主张一个家就是一个不容他人侵犯的"堡垒"。

（四）"一块田"与农业科技：水利与历法

中国文化是以农业生产和农村聚落为基础的文明系统。中国古代的科技成就大都与农耕文明密切相关，它们是农耕文明的产物，也为农业生产服务。荦荦大端，概而为四。一曰水利：从上古的"大禹治水"到战国李冰的"都江堰"；二曰历法：从"夏历"到宋杨忠辅的《统天历》和元郭守敬的《授时历》；三曰纺织：从古代丝绸到黄道婆改造纺织；四曰中医：从"神农尝百草"到李时珍的《本草纲目》。

中国历法中的"二十四节气"，就是乡土中国农耕文明的智慧结晶。中国历法是阴阳合历，年度是太阳年，岁实一年为三百六十五又四分之一日；太阴年，一月朔策二十九又二分之一日，十二月份加起来，比太阳年短些。中国历法中的"二十四节气"，是按照太阳年的长度分成十二个节和十二个气。这种"农历"或农民历的安排至今仍在使用。"二十四节气"，分春、夏、秋、冬四季，每季六节，秩序如下：

立春、雨水、惊蛰、春分、清明、谷雨；

立夏、小满、芒种、夏至、小暑、大暑；

立秋、处暑、白露、秋分、寒露、霜降；

立冬、小雪、大雪、冬至、小寒、大寒。

为便于记忆，前人编有"二十四节气歌"："春雨惊春清谷天，夏满芒夏暑相连，秋处露秋寒霜降，冬雪雪冬小大寒。每月两节不变更，最多相差一两天，上半年来六廿一，下半年来八廿三。"

二十四节气的安排，包括四项原则：其一是季节变化，即立春、春分、立夏、夏至、立秋、秋分、立冬、冬至；其二是气候变化，即小暑、大暑、处暑、小寒、大寒；其三是降水量的变化，即雨水、谷雨、白露、寒露、霜降、小雪、大雪；其四是物候现象或农活的更替，即惊蛰、清明、小满、芒种。可见，二十四节气囊括了季节、时序、农耕的物候和气候的变化。这些记载足以显示，乡土中国的农人们将大自然的时序看作生活中重要的一环。二十四节气作为农耕文明的智慧结晶和农业科技的杰出成果，至今仍指导着中国人的农业生产。

中国古代的科学技术以满足农业生产为目的。这种"农业科技"，一方面成为中国古代科技的特点，另一方面又难以使工业科技得到发展，进入工业化时代便显得落后。一个农业文明高度发达的民族，到了工业化的近代社会，出现了与西方世界"同时异世"的景象。西方已进入"蒸汽机"的工业化社会，中国还停留在"刀耕火种"的农业时代。于是，洋轮舶来的"洋货"成为追逐的对象，成为令人羡慕的时髦，成为一种身份的象征；土生土长的"土货"则成为落后的标志，成为鄙视的对象，成为自卑的包袱。从此，中国人的观念中除了"真善美"与"假丑恶"之外，又多了一对范畴："洋"与"土"，"洋"是先进的，"土"是落后的；进而，"洋人"是聪明的，"国人"是愚昧的，西方文化是先进的，中国文化是落后的，并把造成"落后"的责任统统归罪于"传统文化"。

然而，这是一个多大的误会啊！20世纪40年代，费孝通面对英国学者的学术演讲中明确指出："中国传统文化中不发生科学，决不是中国人心思不灵，手脚不巧，而是中国的匮乏经济和儒家的知足教条配上了，使我们不去注重人和自然间的问题，而去注重人和人间的位育①问题了。"② 正确地说，传统中国工业落后，科学不发达，绝不是中国人愚昧，也不是传统文化的阻碍，根本原因是乡土中国的"农业生产"和农耕文明，没有迫切地提出工业化的需要。"需要"是创造力的最大推动力，也是创造性灵感的最大的源泉。工业化和科学化是相配合的，分不开的。当中国一旦进入工业化社会，有了工业化发展的需要，自然会在科学技术上先向世界学习，再与世界同步，最终走在世界前列。20 世纪 80 年代以来改革开放的中国，正在以日新月异的科技创新不断证明这一点。科技是普世的。在全球化、信息化、智能化的今天，中国人在科技领域，正以惊人的步伐追赶世界，赶超世界，领跑世界。

（五）"一块田"与田园文化："玄对山水"

地理是历史之母，也是文化之母。德国社会学家滕尼斯在论述共同体的生产活动和文化生活时，对农耕文明与田园文化的内在联系，曾有精彩论述。他说：

> 伴随着农田的开垦，人们的家园也固定下来了：曾经，家

---

① 位育：潘光旦新创的语词，用以翻译英文 adaptation。费孝通认为 adaptation 可以翻译为"适应"；潘光旦把 adaptation 翻译为"位育"，意思是"安所遂生"。费孝通："我应该特别提出位育这个词。一个团体的生活方式是这团体对它处境的位育（在孔庙的大成殿前有一个匾额写着'中和位育'。潘光旦先生就用这儒家的中心思想的'位育'两字翻译英文的 adaptation，普通也翻作'适应'。意思是指人和自然的相互迁就以达到生活的目的）。位育是手段，生活是目的，文化是位育的设备和工具。"（费孝通：《乡土重建》，华东师范大学出版社 2019 年版，第 1—2 页。）潘光旦："'位育'，不错，是一个新名词，但却是一个旧观念……《中庸》上说：'致中和，天地位焉，万物育焉'；有一位学者下注脚说：'位者，安其所也；育者，遂其生也'。所以'安所遂生'，不妨叫做'位育'"；"十余年前，作者就用位育一词作为 adaptation 的译名，以替代'顺应''适应'一类过于消极与被动的译名。"（《寻求中国人位育之道：潘光旦文选》（上），潘乃谷、张海燕主编，国际文化出版公司 1997 年版，第 1，3—4 页。）

② 费孝通：《乡土重建》，华东师范大学出版社 2019 年版，第 9 页。

伴随着人、牲畜和物品的流动，不断改变着位置；现在，它和土地一样不流动了。人得到了双重规定：一方面，他被自己耕作的农田规定；另一方面，他被自己居住的家园规定。因此，人也就被自己的劳动束缚住了。①

乡土中国的农耕文明，对中国文化、对中国人的性格、对中国的文学艺术，无不产生了深刻影响，打下了深深的烙印。传统的农耕文明，创造了独特的田园文化。

1. 农耕文明与中国文化特性

以"男耕女织"、"五谷丰登"、"安居乐业"为理想的农耕经济，对中国古代的社会生活和思想观念产生了深刻影响。学者一般认为，这也是传统中国出现以下三种社会文化现象的原因所在。

一是农耕自然经济的持续性与中国文化的延续性，即中国社会"循环于一治一乱而无革命"。此亦即李四光所谓"中国历史可以很方便地划分为每 800 年为一单位的周期"。

二是农耕自然经济的多元性与中国文化的包容性，即以农立国而五业兴旺，以汉为主而胡汉融合。中国文化的博大精深与绵延持久，就在于它大地般兼容并包的胸襟，在于它在不同区域和民族文化的交汇融合中，求得顽强的生存和发展。

三是农耕自然经济的坚韧性与中国文化的保守性，即以"三代"为理想的文化保守主义。恰如严复《论世变之亟》所说："尝谓中西事理，其最不同而断乎不可合者，莫大于中之人好古而忽今，西之人力今以胜古；中之人以一治一乱、一盛一衰为天行人事之自然，西之人以日进无疆，既盛不可复衰，既治不可复乱，为学术政化之

---

① ［德］斐迪南·滕尼斯：《共同体与社会》，张巍卓译，商务印书馆 2019 年版，第 104 页。

极则。"① 这种"人道"的历史循环和文化保守观，实际上来源于古人对"天道"的无限循环的观察与比附。在古人看来，"大自然"春夏秋冬周而复始，"小社会"由盛而衰周而复始，天人相通，其理如一。

马克思指出："物质生活的生产方式制约着整个社会生活、政治生活和精神生活的过程。不是人们的意识决定人们的存在，相反，是人们的社会存在决定人们的意识。"② 乡土中国农耕经济的持续性与文化的延续性、农耕经济的多元性与文化的包容性、农耕经济的坚韧性与文化的保守性，物质生活与精神文化之间的内在联系，足以证明马克思论断的真理性。

2. 农耕文明与中国艺术精神

以"男耕女织"、"五谷丰登"、"安居乐业"为理想的农耕自然经济，又形成了中国特有的田园文化精神。这种文化精神表现在文学艺术诸门类中，也表现在士人的生活态度中。

诗歌散文与田园山水：田园诗、山水诗、山水游记，成为古代诗文中艺术成就最高的文类，也是最具民族特色的抒情诗和抒情散文。从陶渊明、谢灵运到王维、孟浩然的田园诗和山水诗，从郦道元的《水经注》到徐霞客的《徐霞客游记》的山水游记，"登山则情满于山，观海则意溢于海"，"吟咏之间，吐纳珠玉之声；眉睫之前，卷舒风云之色"，形成了两部独具民族风貌的诗文史。

绘画艺术与山水林泉：文人山水画和山水画论高度发达，与西方的人物画和人物画理论交相辉映。"骏马秋风冀北，杏花春雨江南"，从宗炳的《画山水序》到郭熙的《林泉高致》，连同从王维开端的文人山水画一起，对中国塞北江南无限风光的美学精神，作了

---

① 黄克武编：《中国近代思想家文库·严复卷》，中国人民大学出版社 2014 年版，第 3 页。

② 《马克思恩格斯选集》（第二卷），人民出版社 1995 年版，第 32 页。

最生动、最精微的写照与诠释。张璪"外师造化，中得心源"的八字诀，启迪着一代又一代山水画家的艺术灵感。

士人的田园情怀：中国古代知识分子以摆脱官场回归田园为最崇高的道德选择，所谓"少无适俗韵，性本爱丘山"。陶渊明成为中国古代知识分子的崇高典范，其原因和意义就在于此。《归园田居·其一》是其人生观最生动的诗化表达："少无适俗韵，性本爱丘山。误落尘网中，一去三十年。羁鸟恋旧林，池鱼思故渊。开荒南野际，守拙归园田。方宅十余亩，草屋八九间。榆柳荫后檐，桃李罗堂前。暖暖远人村，依依墟里烟。狗吠深巷中，鸡鸣桑树颠。户庭无尘杂，虚室有余闲。久在樊笼里，复得返自然。"千百年来，这首诗似乎已成为知识分子心灵疗伤的灵丹妙药。

读书人的农业意识：中国的士人来源于乡村，士人的读书生活充满了农业意识。1942 年 10 月，西南联大教授罗庸在《论读专书》的讲演中，对中国读书人的"农业意识"，有一段见解独到的论述。他说：

> 中国过去的社会是农业社会，读书人的意识也是农业意识。读书的目的在于人才的养成，书不过是人的养料，犹之土壤水分为植物的养料一般。所谓十年树木，百年树人，其义无二。所以六经称为六艺，教育子弟谓之栽培，学问扎实谓之根柢深厚，文字生活谓之砚田笔耕，收获耕耘，春华秋实，无往而不是农业术语；与之相反，农业社会最看不起的是商人，因为他不是先难后获的，所以讲学最忌"稗贩"。其次看不起的是工人，因为他不从事于为己之学，所以书画最忌"匠气"。①

---

①　罗庸著、杜志勇辑校：《中国文学史导论》，北京出版社 2016 年版，第 148 页。

读完这段文字，对传统读书人常用的这一套语词所蕴含的深层意味，真有拨云见日、豁然开朗之感。

事实上，中国传统的哲学、文学、艺术的精神内涵和形态风貌，无不以乡土中国的农耕经济为背景，反映了农人对生活的体验和看法。谈到"士"与"中国文化"的关系，冯友兰曾写道："'士'虽然本身并不实际耕种土地，可是由于他们通常是地主，他们的命运也系于农业。收成的好坏意味着他们命运的好坏，所以他们对宇宙的反应，对生活的看法，在本质上就是'农'的反应和看法。加上他们所受的教育，他们就有表达能力，把实际耕种的'农'所感受而自己不会表达的东西表达出来。这种表达采取了中国的哲学、文学、艺术的形式。"[①] 离开乡土中国的农耕文明，难以理解乡土中国的哲学和文艺。

二、"一个家"：家国同构的宗法政治

20世纪初，梁启超曾"旅美十月"。回国后，他在《新大陆游记》（1904）中检讨"中国人之缺点"时列出四点。第一点即指出："有族民资格而无市民资格。吾中国社会之组织，以家族为单位，不以个人为单位，所谓家齐而后国治是也。周代宗法之制，在今日其形式虽废，其精神犹存也"；又说："彼之所发达者，市制之自治；而我所发达者，族制之自治也"。[②] 梁启超所谓"以家族为单位，不以个人为单位"，中国的"族制之自治"不同于西方的"市制之自治"，深刻揭示了中国社会组织结构的特点，深刻揭示了中国政治体制的特点。

① 冯友兰：《中国哲学简史》，涂又光译，北京大学出版社1996年版，第16页。
② 夏晓虹编：《梁启超文选》（上），中国广播电视出版社1992年版，第398页。

家国同构的政治体制，是以男耕女织的自然经济为基础的；同时它又是由家庭、家族、家园、家国多层次组合而成的多元统一体。传统中国在农耕经济基础上形成的家族伦理性社会，与西方在商业经济基础上形成的城市法治性社会相比，具有明显的区别。本节将按照家庭、家族、家国的顺序，对传统中国家国同构的宗法政治的结构特点作一描述。

（一）"一个家"与家庭伦理："三纲五常"

家庭是中国社会的细胞，"三纲五常"是家庭的伦理原则。家庭是人们情感得以维系的最大的中枢，中国文化便是人们劳作之余在家庭的屋内深思的产物。谈到中国文化的产生，钱穆指出："中国文化是发生在黄河流域的寒冷空气里的。让我们想象中国文化之产生，应该是劳作之余在屋内之深思下而产生的。这一个家庭集体的劳作与其屋内深思，对于注重家庭情感之一点，亦应有深切的关系罢。"① 让我们从作为情感寄托的家庭和家庭伦理说起。

1. 家庭伦理与五伦观念

陶渊明《归园田居》诗曰："方宅十余亩，草屋八九间。""一个家"是以"一块田"为基础的。家庭在中国人生活中的地位特别重要，它成为中国人终身的精神依托，也是中国社会最为稳固的细胞。日本学者稻叶君山《中国社会文化之特质》说："保护中国民族的唯一障壁，是其家族制度。这制度支持力之坚固，恐怕万里长城也比不上。"② 诚哉斯言！

中国传统的家庭是以血缘为根基、以父族为主导、以五伦的差

---

① 钱穆：《中国文化史导论》（修订本），商务印书馆 1994 年版，第 54 页。
② 转引自梁漱溟：《中国文化要义》，上海人民出版社 2003 年版，第 48 页。

序格局组成的社会细胞。它有三个特点：一是以血缘为纽带，孙子和外孙有亲疏之别；二是以父族为主导，一方面强调"不孝有三，无后为大"，另一方面"入赘"便低人一等；三是以五伦为次序，即君臣、父子、夫妇、兄弟、朋友。《孟子·滕文公上》："使契为司徒，教以人伦：父子有亲，君臣有义，夫妇有别，长幼有叙，朋友有信。"孟子对以血缘为纽带的五伦关系和差序格局作了具体阐释，也成为中国人的家庭价值观和行为准则。

五四以后，"五伦观念"一直被作为封建伦理观念加以批判。实际上，五伦的观念是几千年来支配了我们中国人的道德生活的最有力量的传统观念之一。它是我们礼教的核心，它是维系中华民族的群体的纲纪。贺麟在著名的《五伦观念的新检讨》一文中，力求"从检讨这旧的传统观念里，去发现最新的近代精神"。贺麟经过披沙拣金的方法，考察出构成五伦观念的四个基本要素：(1)注重人与人的关系，而不是人与神的关系；(2)维系人与人之间的正常永久的关系；(3)以等差之爱为本而善推之；(4)以常德为准而皆尽单方面的义务。总之，"五伦观念是儒家所倡导的以等差之爱、单方面的爱去维系人与人之间常久关系的伦理思想"①。贺麟先生对"五伦观念"的"推陈出新"或现代阐释，赋予了传统伦理以新的意义和价值。人类生活中只要有家庭存在，就有"五伦关系"和"五伦伦理"，传统的"五伦观念"就有永恒的意义和价值。

2. 家庭对社会生活的影响

中国人以家庭为社会生活的重心。所谓"国之本在家"，"积家而成国"，已成为中国的民谚。家庭对中国的社会生活产生了深刻影响，它的功能表现在生活的方方面面。家庭生活是中国人第一重

---

① 贺麟：《文化与人生》，商务印书馆 2006 年版，第 62 页。

的社会生活；亲戚邻里朋友关系是中国人第二重的社会生活。这两重社会生活，集中了中国人的要求，范围了中国人的活动，规定了中国人社会上的道德条件和政治上的法律制度。有人常责备中国人只知有家庭，不知有社会；实则中国人除了家庭，没有社会。

中国人的家本位，表现在社会生活的诸多方面：就农业言，一个农业经营单位就是一个家庭；就商业言，外面是商店，里面就是家庭；就工业言，一个家庭里安了几部纺织机，便是工厂；就教育言，旧时教散馆是在自己家庭里，教专馆是在人家家庭里；就政治言，一个衙门往往就是一个家庭，一个官吏来了，就是一个家长来了。你病了，家庭便是医院，家人便是看护。你是家庭培育大的，你老了，只有家庭养你；你死了，只有家庭替你办丧事。家庭期许你成功，家庭也帮助你成功。不但你的家庭这样仰望于你，社会众人也以你的家庭兴败为奖惩。①

总之，一个人从降生到老死，脱离不了家庭生活，尤其脱离不了家庭的相互依赖。传统中国，家庭就是社会，社会就是家庭；个人、家庭和社会，就这样紧紧地联系在了一起。

3. 家庭与中西社会结构

家庭观念的不同，形成了中西社会结构的重大差别。费孝通在《乡土中国》著名的《差序格局》一篇中精辟指出，西方的"团体格局"和中国的"差序格局"，是中西社会结构的基本区别所在。西方的社会有些像我们在田里捆柴，几根稻草束成一把，几把束成一扎，几扎束成一捆，几捆束成一挑。每一根柴在整个挑里都属于一定的捆、扎、把。每一根柴也可以找到同把、同扎、同捆的柴，分扎得清楚不会乱的。在社会上这些单位就是团体。西方常常由若干人组成一个个团体的社会格局，不妨称作"团体格局"。中国的社会

---

① 参阅梁漱溟：《中国文化要义》，上海人民出版社 2003 年版，第 21—22 页。

格局不是一捆一捆扎清楚的柴，而是好像一块石头丢在水面上所发生的一圈圈推出去的波纹。每个人都是他社会影响所推出去的圈子的中心。被圈子的波纹所推及的就发生联系。每个人在某一时间某一地点所动用的圈子是不一定相同的。换言之，在传统结构中，每一家以自己的地位做中心，周围划出一个圈子，这个圈子就是"街坊"。这个圈子不是一个固定的团体，而是一个范围。范围的大小依着中心的势力厚薄而定。有势力的人家的街坊可以遍及全村，穷苦人家的街坊只是比邻的两三家。中国这种因中心势力的变化而圈子大小的社会格局，可以称作"差序格局"。① 中西两种社会格局的差异，可图示如下：

$$社会格局\begin{cases} 西方：团体格局——平等关系：权利——政治法律 \\ 中国：差序格局——亲属关系：人伦——伦理道德 \end{cases}$$

　　费孝通进而作了这样的比较描述："在西洋社会里，国家这个团体是一个明显的也是唯一特出的群己界线。在国家里做人民的无所逃于这团体之外，像一根柴捆在一束里，他们不能不把国家弄成个为每个分子谋利的机构，于是他们有革命、有宪法、有法律、有国会等等"；中国不同于西方，"在差序格局中，社会关系是逐渐从一个一个人推出去的，是私人联系的增加，社会范围是一根根私人联系所构成的网络，因之，我们传统社会里所有的社会道德也只在私人联系中发生意义"。② 例如上述的"三纲五常"，这种观念在中国社会依然根深蒂固，并影响着人的生活行为。这两种社会格局的形成，归根结底，还在于中国乡土农耕文明与西方城市商业文明的不同。

----

　　① 费孝通：《乡土中国》，人民出版社 2015 年版，第 27—29 页。

　　② 费孝通：《乡土中国》，人民出版社 2015 年版，第 34 页。

（二）"一个家"与家族制度：以宗法取代宗教

1.从"家庭"到"家族"

一个家庭扩展出去就是一个家族。"家族"是"家庭"的自然扩展和延伸。一个家庭占居"一间屋"，一个家族则形成"一个村落"。中国古代的农村村落，就是一个有血缘关系的同姓居民构成的家族社区。皖南徽州鲍氏宗祠与棠樾牌坊，梁启超家乡的茶坑等，无不如此。

从热爱自己的家庭，发展到热爱自己的宗族；从热爱自己的宗族，发展到热爱生我养我的土地。于是一种乡土之情油然而生，汉语中也叫"同乡观念"。这种观念将来自同一村镇、同一地区、同一省市的人联系在一起，促使他们建起了社区学校、公共粮仓、商会、同乡会，以及其他公共事业。这些社会组织基本上来自家庭心理，不脱家庭模式。这种观念是扩大了的家庭观念，使得人们有可能进行相当程度的合作，形成中国独特的以家族宗法制度为核心的乡村互助社会。如果说现代城市社会是一个"陌生人社会"，那么由家庭扩展出去的传统乡土中国则是一个"熟人社会"。①

2.家族宗法制度的确立

家族社会有特定的家族制度，这就是"家族宗法制"。"宗族"二字，其义有别：族指全体有血缘关系的人；宗则是亲族中奉一人为主，称为族长。宗以父系为统，宗子即男性家长或族主。《礼记·丧服小记》所谓"尊祖敬宗"，尊祖重其统绪，敬宗则礼敬宗子。因为宗子主掌理族治国要务，并由此形成血统、伦理、政治井然有序的社会结构体系。宗法制形成于三代的西周，周公被视为西周宗法制度的创立者，所谓周公"制礼作乐"。西周宗法制有三大特点。

---

① 费孝通：《乡土中国》，人民出版社2015年版，第6—8页。

其一，嫡长子继承制。

西周宗法制，严格区分嫡庶，嫡长子具有优先继承权；在宗族内部，又有"大家"、"小宗"，但都以正嫡为宗子，宗族成员均必敬奉。这就是《春秋公羊传·隐公元年》所说的："立嫡以长不以贤，立子以贵不以长。"

刘师培《古政原始论·宗法原始论第四》检阅古代礼法典籍，发现"宗子"（长子→族长→天子）自身应享权利六种，对族人行施权力三种。择其要者，有六个方面。（一）主祭权。《礼记·曲礼下》："支子不祭，祭必告于宗子。"（二）主财权。《仪礼·丧服》："异居而同财，有余则归之宗，不足则资之宗。"（三）主事权。族中有事，必告宗子，而宗子亦代行主事之职。（四）主教权。宗子主教，重在对家族成员礼仪规范的教育，特别是对"为妇之道"的教育。（五）主刑权。宗子对族人具有惩罚权。顾炎武《日知录》所谓"一族之间，宗子治之。其有不善之萌，莫不自化于闺门之内。"如《霍氏家训》："子侄有过，俱朔望告于祠堂，鸣鼓伐罪。"（六）特享权。指享嗣、享祀、享禄诸权利。享嗣指大宗无后必为之置后，而小宗则无此权利。享祀指宗子死，族人为之服齐衰三月，其母与妻同享此礼；宗子幼殇亦以成人礼葬祭。享禄指禄位世袭，此即西周至春秋的世卿世禄制度。

宗子的法权是家族宗法制度的核心，推广开去，即形成周朝"封建亲戚，以藩屏周"的政治文化格局。同时，这一政治文化格局由上而下，渗透到中国社会的各个层面，直至乡土中国基层的家族自治。

其二，封邦建国制。

"封邦建国制"简称封建，即今人所说的分封制。分封制是由宗法制度直接延伸出来的一种巩固政权的制度，是由周人创立的。分封制的出发点和目的，就是《左传·僖公二十四年》所谓："封建亲戚，以藩屏周"。

周人的封邦建国，有两大特点。一是周公定封建之制是以本宗族为本的。《礼记·礼运》把这种以本宗族为本的分封制作了这样的描述："天子有田以处其子孙，诸侯有国以处其子孙，大夫有采以处其子孙。"封建国的层层分封，形成一座由"天子—诸侯—卿大夫—士—庶民"构成的政治宝塔，由上而下，等级分明。二是周朝分封也关注本宗与他姓贵族之间的关系，包括与他姓贵族的联姻；特别重视分封前朝贵族子孙享国，以笼络人心，巩固统治。

其三，宗庙祭祀制度。

宗庙祭祀制度是为了达到维护宗族团结而发展起来的一种重要手段。《礼记·大传》："亲亲故尊祖，尊祖故敬宗，敬宗故收族。"宗法制度是以血缘亲疏来辨别同宗子孙的尊卑等级关系，通过宗庙祭祀强调尊祖敬宗，可以起到维护团结的作用。

中国古代的宗庙制度有等级之分。据《礼记·王制》记载：周天子为七庙，诸侯为五庙，大夫为三庙，士为一庙。周代以后，天子多为"五庙"：即考庙（父庙）、王考庙（祖父庙）、皇考庙（曾祖父庙）、显考庙（高祖父庙）、太祖庙（供奉始祖以下、高祖以上各代祖先神主）。

宗庙祭祀制度的发展，形成了中国传统的礼乐文化。礼乐文化的精神何在？根据《礼记·乐记》等典籍对礼乐内涵的阐释，朱光潜作了这样的概括："乐的精神是和，静，乐，仁，爱，道志，情之不可变；礼的精神是序，节，中，文，理，义，敬，节事，理之不可易。乐的许多属性都可以'和'字统摄，礼的许多属性都可以'序'字统摄。"① 程伊川有句名言："礼只是一个序，乐只是一个和，

---

① 朱光潜：《朱光潜全集》(第9卷)，安徽教育出版社1993年版，第94—95页。

只此两字，含蓄多少义理。"[①] 儒家就是在这两个观念的基础上建筑起一套伦理学，一套教育学，一套政治学，甚至于一套宇宙哲学与宗教哲学。这种礼乐文化，不仅塑造了世世代代中国人的性格，而且影响到中国周围的国家，如东南亚一带。

周代的宗庙祭祀制度，对维护以家族为核心的宗法制度发挥过重要作用。宗庙祭祀制度后来被历代帝王继承，并有发展之势。例如，皇宫前面，"左宗右社"的制度一直延续到明清。"左宗"是宗法的标志，是为"太庙"；"右社"是国土的象征，是为"社稷坛"，二者共同象征着这个王朝的天下和对全部土地臣民的统治。如今，北京故宫前左侧的劳动人民文化宫，原是明清的"太庙"；右侧的中山公园，原是明清的"社稷坛"。

3. 家族宗法制对传统文化的影响

梁启超《新大陆游记》说：周代宗法之制，在今日其形式虽废，其精神犹存也。家族宗法制对中国社会文化的影响，表现在许多方面。

一是以"宗法"代替"律法"，以"人治"代替"法治"。中国人是在熟人里长大的，乡土中国是一个"熟人的社会"，而不是西方的"陌生人社会"。"熟人的社会"，讲究"人情面子"。于是，在中国这个"面对面的社群"里，人情面子大于法律的现象，往往会干扰现代法治社会的建设进程。林语堂对中国人的"讲面子"曾有精辟的分析。他说："中国人生理上的面孔固然很有意思，而心理上的面孔则更为迷人，值得研究。这个面孔不能洗也不能刮，但可以'得到'，可以'丢掉'，可以'争取'，可以'作为礼物送给别人'。这里我们触及到了中国人社会心理最微妙奇异之点。它抽象，不可捉摸，但都是中国人调节社会交往的最细腻的

---

① （宋）程颢、程颐：《二程集》（上册），中华书局 1981 年版，第 225 页。

标准。"① 中国传统熟人社会的"人情面子",一方面给人以"人情"的温暖,另一方面又可能因为要"面子"而失去原则。在建设现代城市文明的今天,在建设现代法治社会的今天,必须克服"讲面子"带来的弊端。

二是"宗法"取代"宗教",形成宗教的家族化。关于这一点,中外学者有相同的看法。日本稻叶君山《中国社会文化之特质》说:"一般学者都说古代罗马的家族制度精神之覆灭,是基督教侵入罗马之结果。但中国自唐代有奈思特留斯派(景教)传入以来,中经明清两代之传教以迄于今,所受基督教影响不为不久,其家族制度却依然不变。且反转而有使基督教徒家族化之倾向。佛教在中国有更长久之历史;但谓佛教已降服于此家族制度之下,亦不为过。此真世界一大奇迹!我们说中国和欧美社会之间横划着一鸿沟,全不外这些事实。"② 无论西方的基督教,还是印度的佛教,无不降服于中国的家族制度之下,这确是人类文化史上的一大奇迹!

中国现代佛学大师太虚的论述,证实了佛教家族化的看法。他写道:"佛教的僧伽制度,本为平等个人和合清众的集团,但到中国亦成中层家族的大寺院及下层家族的小庵堂;只有家族的派传,无复和合的清众。此可见家族化之普及与深入。"③ 佛教胜地九华山,家庙合一的现象极为普遍。在九华街的僻静处,在去天台顶的小路上,到处可见家庙合一的景观;堂屋供菩萨,为宗教场所,内屋住家人,是日常生活场所。

三是家族生活对文学的影响。西方的"庄园小说"与中国的"家

---

① 林语堂:《中国人》,郝志东、沈益洪译,学林出版社 2002 年版,第 203—206 页。

② 参阅梁漱溟:《中国文化要义》,上海人民出版社 2003 年版,第 48 页。

③ 参阅梁漱溟:《中国文化要义》,上海人民出版社 2003 年版,第 48—49 页。

族小说"，可谓二水分流，双峰并峙。从《傲慢与偏见》《简爱》《呼啸山庄》《乱世佳人》到《押沙龙！押沙龙》等，与中国的从《金瓶梅》《红楼梦》《家·春·秋》《白鹿原》到《活着》等，各自形成两大文学传统。与此同时，西方的"庄园小说"与中国的"家族小说"，也成为中西比较文学的热门话题。

（三）"一个家"与家国同构："正家而天下定"

1. 家国同构的含义

"家国同构"是指家庭、家族和国家在组织结构方面的共同性。家是国的原型，国是家的扩展，天子即家长，百姓即子民。家庭的"三纲五常"、家族的"嫡长继承制"与国家的"以孝治天下"，具有紧密的内在联系。"国家"一词，在汉语中就有"积家为国，家为国本，以国为家，以家为国"等多重含义。《周易》的《家人卦》专门阐发"治家"之道。《象》曰："家人，女正位乎内，男正位乎外；男女正，天地之大义也。家人有严君焉，父母之谓也。父父，子子，兄兄，弟弟，夫夫，妇妇，而家道正；正家而天下定矣。"由"家"而"国"，由"正家"而"定天下"，《家人卦》与《大学》"修齐治平"的大旨，可谓密合无间。

2. 家国同构的表现

其一，伦理本位的社会：家庭为社会细胞。

梁漱溟《中国文化要义》认为：近代欧美是"个人本位的社会"，中国古代是"伦理本位的社会"。所谓伦理性社会，亦即国家是扩大了的伦理家庭。

中国伦理性社会的特点，可作这样的概括："举整个社会各种关系而一概家庭化之，务使其情益亲，其义益重。由是乃使居此社会中者，每一个人对于其四面八方的伦理关系，各负有其相当义务；同时，其四面八方与他人有伦理关系之人，亦各对他负有义务。全社会之人，不期而辗转互相连锁起来，无形中成为一种组织。"① 伦理社会的结构特点，便是费孝通所说的"差序格局"："在差序格局中，社会关系是逐渐从一个一个人推出去的，是私人联系的增加，社会范围是一根根私人联系所构成的网络，因之，我们传统社会里所有的道德也只是在私人联系中发生意义。"②

关于中国社会"家国同构"的伦理性特点，张东荪有更具体的论述。他在《理性与民主》中说："我尝说，中国的社会组织是一个大家庭而套着多层的无数小家庭。可以说是一个'家庭的层系'。所谓君就是一国之父，臣就是国君之子。在这样层系组织之社会中没有'个人'观念。所有的人，不是父，即是子。不是君，就是臣。不是夫，就是妇。不是兄，就是弟。中国的五伦就是中国社会组织；离了五伦别无组织，把个人编入这样层系组织中，使其居于一定之地位，而课以那个地位所应尽的责任。如为父则有父职，为子则有子职。为臣则应尽臣职，为君亦然。"③ 换言之，中国社会是一个"身份社会"，每个人一生下来就有了自己的身份。而在梁漱溟看来，费孝通在伦敦经济学院所作《现代中国社会变迁之文化症结》（又译《中国社会变迁中的文化症结》）讲演，向英国人以他们的 Sportsmanship 比喻中国的社会结构，其意见亦足相印证。费孝通说："Sportsmanship 是承认自己所处的地位，自动地服从于这地位的应有的行为，也就是'克己'。"④ 换言之，在既定的"差序格局"中，每个人都承认自己所处的地位，自动地服从于这地位应有的行为。

中国的伦理社会，同托克维尔所说的西方的贵族社会和民主社

①　梁漱溟：《中国文化要义》，上海人民出版社 2003 年版，第 95 页。
②　费孝通：《乡土中国》，人民出版社 2015 年版，第 34 页。
③　参阅梁漱溟：《中国文化要义》，上海人民出版社 2003 年版，第 106 页。
④　费孝通：《乡土重建》，华东师范大学出版社 2012 年版，第 5 页。

会，可以说是世界上并存的三种性质不同、各具特点的社会形态。简言之：贵族社会，贵贱等级，君主专制；民主社会，人人平等，人民主权；伦理社会，家国合一，伦常差序。对于这三种社会形态，应以历史唯物主义的观点认识它，不应脱离历史环境褒贬它。

其二，政治伦理化："家天下"与"以孝治天下"。

《三字经》曰："夏传子，家天下。四百载，迁夏社。"所谓"家天下"，即由于一国即是一家，于是天子便是家长，百姓便是子民。家天下的主要特点，就是一姓家族统治一个朝代，只要这个朝代不灭亡，这个家族就一直要统治下去。于是，一部中国史，就成了一部家族统治史。从秦汉到明清，有秦氏王朝、刘氏汉朝、司马氏晋朝、杨氏隋朝、李氏唐朝、赵氏宋朝、朱氏明朝、爱新觉罗氏清朝等。

所谓"以孝治天下"，即"家国同构"的伦理社会，在价值观念上便是"忠孝同义"。"父慈子孝"是家庭纲常，帝王用以治国，便是"以孝治天下"。先是"求忠臣于孝子之门"，然后要求"在家为孝子，出门为忠臣"。中国古代的知识分子，以"家天下"为正统，以成为"忠臣孝子"为最高行为准则。从楚国屈原的以身殉国、到清末王国维的"历代遗民"，即可为证。

其三，帝王圣人化：治国先修身。

政治伦理化对执政者的要求，便是帝王圣人化，亦即"内圣外王"。只有圣人才能为帝王。中国的理想政治是一种圣人政治，亦即孟子所谓"仁政"。尧、舜、禹三代帝王，是帝王圣人化的典范，也成为历代帝王的楷模。帝王圣人化的实质，在于实行一种人情柔性的专制。

黑格尔《历史哲学》对他心目中的"中国帝王"有一段生动的描述："中国能够得到最伟大、最优秀的执政者，'所罗门的智慧'这句话可以用在他们身上……天子的行为举止，据说是最高度地简单、自然、高贵和近于人情的。他在言行上都没有一种骄傲的沉默或者可憎的自大，他在生活中时刻意识到他自己的尊严，而对于他从小就经过训练必须遵守的皇帝义务，他随时要加以执行。"① 这当然是被道听途说的黑格尔过于理想化了的中国帝王。不过，从中国的政治体制和宫廷礼仪看，对帝王的德行修养、言行举止和君臣之道，确实是有严格规范的。《尚书》这部"上古之书"，就是一部规范帝王行为的修养之书。《尚书·旅獒》对帝王如何成为"盛德君子"，提出了严格的要求。其曰："不役耳目，百度惟贞。玩人丧德，玩物丧志。志以道宁，言以道接。不作无益害有益，功乃成；不贵异物贱用物，民乃足。"这段话是古文《尚书》中的名言，千百年来成为流传人口的警句，君王百官用以安邦定国，士农工商用以修身待物。

中国的"内圣外王"的圣人政治，催生了《大学》式的政治哲学纲领。《大学》就是一部政治哲学纲领，它所讲的"大学之道"，即"平天下"之道。《大学》中的"三纲八目"，强调的就是治国先修身的道理，所谓"自天子以至于庶人，壹是皆以修身为本"。按照儒家的"内圣外王"之说，只有先成圣人，才能施行王道或"仁政"，使天下太平。

晚年柏拉图曾提出"哲学王"的政治理想。他在著名的《书信·第七封》中写道："当我年纪越来越大的时候，我看到要正确安排国家事务确实是件很困难的事。没有可靠的朋友和支持者什么事情也办不成，而这样的人很难找到……因此我被迫宣布，只有正确的哲学才能为我们分辨什么东西对社会和个人是正义的。除非真正的哲学家获得政治权力，或者出于某种神迹，政治家成了真正的哲学家，否则人类就不会有好日子过。"② 一切事情最终都是人做

---

① ［德］黑格尔：《历史哲学》，王造时译，上海书店出版社 1999 年版，第130 页。

② ［古希腊］柏拉图：《柏拉图全集》（第四卷），王晓朝译，人民出版社 2003年版，第 80 页。

的，人的优劣决定了事情的成败。柏拉图的"哲学王"和儒家的"圣人政治"或"内圣外王"，无不表达了对德才兼备的优秀政治家的呼唤。

其四，以道德代宗教，以礼俗代法律：中国文明的一大异彩。

"家国同构"在社会秩序上的特点便是"以道德代宗教，以礼俗代法律"。梁漱溟认为这是"中国文明的一大异彩"。他认为，大概人类社会秩序，最初形成于宗教。其后，乃有礼俗、道德、法律等，陆续从宗教中孕育分化而出。离开宗教而有道德，在中古西洋殆难想象；离开法律而有秩序，在近代国家弥觉稀罕。"然而在旧中国却正是以道德代宗教，以礼俗代法律，恰与所见于西洋者相反。道德存于个人，礼俗起自社会；像他们中古之教会，近代之国家，皆以一绝大权威临于个人临于社会者，实非中国之所有。"①

"以道德代宗教，以礼俗代法律"的社会秩序，表现在两个方面：一是安排伦理名分以组织社会，形成中国社会的差序格局；二是设为礼乐揖让以涵养理性，形成中国文化的礼乐文明。宗教是"信他"，信赖作为绝对他者的上帝；道德是"自信"，相信人类自己的理性。"以道德代宗教"的中国传统文化，表现了中国人对人自己的理性的高度自信。确如梁漱溟所说："儒家没有什么教条给人；有之，便是教人反省自求一条而已。除了信赖人自己的理性，不再信赖其他。这是何等精神！人类便再进步一万年，怕亦不得超过罢！"②

当然，以道德代宗教，在中国也产生了消极影响。因为，宗教与道德二者，对个人，都是要人向上迁善。然而宗教之生效快，而且力大，并且不易失坠。对社会，亦是这样。宗教的强制性教规比

① 梁漱溟：《中国文化要义》，上海人民出版社 2003 年版，第 231 页。
② 梁漱溟：《中国文化要义》，上海人民出版社 2003 年版，第 124 页。

道德的个体自觉具有更强大的力量。梁漱溟曾举例说：在 20 世纪初的中国，西北如甘肃等地方，回民与汉民杂处，其风纪秩序显然两样。回民都没有吸鸦片的，生活上且有许多良好习惯。汉民或吸或不吸，而以吸者居多。吸鸦片，就懒惰，就穷困，许多缺点因之而来。其故，就为回民是有宗教的。其行为准于教规，受教会之监督，不得自便。汉民虽号称尊奉孔圣，却没有宗教规条及教会组织，就在任听自便之中，而许多人堕落了。① 可见，对常人而言，"监督"比"慎独"更为可靠。

其五，伦理社会的弊端。

中国的伦理性社会和以道德代宗教，既有长处又有短处。由于中国人陷于家庭生活而缺乏集体生活，在生活习俗和行为方式方面形成不少弊端。这些弊端被当时的学者概括为四个方面。

第一，公共观念："各人自扫门前雪，莫管他家瓦上霜"。

第二，生活习惯：大声喧哗，随地吐痰，旁若无人。

第三，组织纪律："没有三人以上的团体，没有五分钟的热气"。

第四，法治精神：托人情，走关系，徇私枉法。

这里描述的便是当年中国社会中那些"缺乏现代人性格"的中国人。林语堂在《中国人》（又译作《吾国吾民》）中所说的中国民族性的种种不良习俗，同样与乡土中国熟人社会的大家庭生活密切相关。20 世纪初，鲁迅在论述民族性的改造时曾说："不满是向上的车轮，能够载着不满的人类，向人道前进。多有不自满的人的种族，永远向前，永远有希望。多有只知责人不知反省的人的种族，祸哉祸哉！"② 历史形成的习俗，具有历史的惰性。习俗的除旧布

---

① 梁漱溟：《中国文化要义》，上海人民出版社 2003 年版，第 126—127 页。
② 《鲁迅全集》（第 1 卷），人民文学出版社 2005 年版，第 376 页。

新，需要全民的自觉意识和不懈努力。在传统"家庭"走向现代"城市"的今天，在全民倡导新风尚、建设新道德的今天，历史的弊端需要我们不断反省和警觉。

三、"一张桌"：以和为贵的家园文化

以家为核心的伦理社会是一个亲属社会。日常生活围绕房屋中的"一张桌子"展开，是亲属家庭生活的典型场境。滕尼斯论述血缘共同体的生活情境时，对此有生动的描述。他说：

> 亲属关系将房屋当作它的场所，仿佛房屋就是他的身体。在这里，亲属们共同生活在同一屋檐下，屋檐为他们遮风挡雨；他们一起坐在同一张桌子旁，共同地占有并享受着好东西，尤其是从共同的储备中得来的食物；在这里，死去的人被视作看不见魂灵，受到人们的崇敬，似乎它仍旧强大，在它的亲属头顶上飘荡，时刻庇护着他们。因此，共同的畏惧与尊敬就更确定地保证了亲属间的安宁的生活和活动。①

人类的乡土社会具有共同性。因此，滕尼斯的共同体理论虽然主要基于欧洲的社会历史，他所描述的"坐在同一张桌子旁"的温馨场景，还是让中国读者顿生心有戚戚焉之感。

中国传统家庭也有"一张桌子"，这是一张四四方方的"八仙桌"。中国家庭的这一张"八仙桌"极为尊贵，成为家庭的中心，具有多种多样的生活文化功能。所谓"一张桌"的"家园文化"，

---

① [德]斐迪南·滕尼斯：《共同体与社会》，张巍卓译，商务印书馆2019年版，第88页。

即中国人的文化生活是以"家"为单位，围绕家中的"一张桌子"展开的，是一种封闭的、家庭化的"家园桌面文化"，而非西方开放的、公共化的"城市广场文化"。

经济、政治、文化，是人类生活的三大基本要素，古今中外概莫能外。中国古代家庭在"一块田"里获得生活资源，在"一个家"中形成纲常秩序，又在"一张桌"上展开丰富多彩的家园文化生活。农耕经济、宗法政治、家园文化，这三者相互制约、互为因果。中国文化是人们劳作之余在屋内深思下产生的，家庭集体的劳作与屋内心灵的深思，赋予了中国文化浓厚的家庭情感色彩。本节将阐述"一张桌"的多种功能，从餐桌、书桌、议事桌、祭祀桌到麻将桌，一一展示中国人在饮食、教育、家务、宗教、娱乐等方面丰富多彩的家园文化生活。

（一）"一张桌"与以食为天的餐桌：饮食

中国人有"民以食为天"的观念，这一张桌子的首要功能，就是作为一日三餐的"餐桌"。一张餐桌，对于家庭中的每一个成员是那么重要！"只要每个成员都有自己的一席之地，都分得了自己的部分，那么餐桌就是家本身。"[1]餐桌就是家本身！游子回家，首先就是坐上餐桌，品尝家乡的味道。于是，在一张餐桌上演绎出了不同于西方的"饮食文化"。例如，食文化，"年夜饭"不同于"自助餐"；酒文化，"酒席"不同于"酒吧"；茶文化，"茶馆"不同于"咖啡馆"，如此等等。中国的餐食文化博大精深，难以备述。这里有两点可以与西方作一比较。

一是待客之道：客人上座，主人陪座。"在中国几乎看不见有

---

① ［德］斐迪南·滕尼斯：《共同体与社会》，张巍卓译，商务印书馆2019年版，第110页。

自己，在西洋恰是自己本位，或自我中心。此其相异，于中西日常礼仪上即可看出。如西洋人宴客，自己坐在正中，客人反在他的两旁。尊贵的客人，近在左右手；其他客人便愈去愈远。宴后如或拍影，数十百人皆为自己作陪衬，亦复如是。中国则客来必请上座，自己在下面相陪。宴席之间，贵客高居上座离主人最远；其近在左右手者，不过是末座陪宾了。"①这种待客之道，源于儒家的尊老传统。《论语·乡党》："乡人饮酒，杖者出，斯出矣。"孔子与老乡饮酒吃饭时，等老人离开了，自己才离开，表现出对老乡的尊重和尊敬。

二是饮食之道："食不厌精，脍不厌细。"《论语·乡党》对孔子的饮食之道作了精细的描述："食不厌精，脍不厌细。食饐而餲、鱼馁而肉败，不食；色恶，不食；臭恶，不食；失饪，不食；不时，不食；割不正，不食；不得其酱，不食。"用白话说就是："食物不嫌做得精，生脍不嫌切得细。食物放久变味，鱼臭肉烂，不食用；颜色难看，不食用；气味难闻，不食用；烹调不当，不食用；不合时令，不食用；切割不方正，不食用；没有该用的酱，不食用。"孔子的饮食之道，符合现代卫生，也注重有益于健康。

中国的普通家庭，每年除夕晚上的"年夜饭"，主要不是吃"饭"，而是吃"菜"。每家主妇都会做出一桌"色、香、味、形"俱佳的丰盛家宴。

当年，西方的中国通对"中国人德性"充满了"傲慢与偏见"，但对中国人的饮食之道无不佩服之至。亚瑟·史密斯曾写道："中国人对主要食品的选择是很高明的。他们烹调技术精湛，构料简单，却能不断地花样翻新，品种繁多，这一点，极少注意中国烹饪术的

---

① 梁漱溟：《中国文化要义》，上海人民出版社 2003 年版，第 107—108 页。

人也是全然了解的。"① 今天，"中餐"已誉满全球，"中餐馆"则布满全球。总之，这一张餐桌，是中国人生活艺术的第一诞生地。

（二）"一张桌"与耕读传家的书桌：教育

在中国，"半耕半读"，"耕读传家"，是人人熟知的传统美德。一个家庭若能"耕读传家"，更是值得自豪的。这张"八仙桌"的第二种功能，就是置于书房，作为子孙"学而时习之"的读书桌。于是，在这张桌子上演绎出了一部中国人的读书史和教育史。

首先，中国家庭自古都非常重视子孙的"读书"，并把改换门庭、光宗耀祖的希望寄托在子孙的"读书"上。大户人家厅堂楹联的格言，大多以读书修身为主。如"耕读传家久，诗书继世长"；"继祖宗一脉真传，克勤克俭；教子孙两行正路，惟读惟耕"；"必忘果报能为善，欲立功名在读书"；"至乐莫过读书，至要莫如教子；寡智乃能习静，寡营乃可养生"；"言易招尤，对朋友少说几句；书能益智，劝儿孙多读数行"；"何物动人，二月杏花八月桂；有谁催我，三更灯火五更鸡"。清代金缨《格言联璧》开篇第一则，便是论"读书"："古今来许多世家，无非积德；天地间第一人品，还是读书"。此外，"劝农"和"劝学"，也是历代知识分子反复谈论和阐述的话题。

其次，中国古代社会也非常重视教育，三代开始，从都城到乡村，就开办各类学校。《孟子·滕文公上》："设为庠、序、学、校以教之，庠者养也，校者教也，序者射也。夏曰校、殷曰序、周曰庠，学则三代共之，皆所以明人伦也。人伦明于上，小民亲于下。有王者起，必来取法，是为王者师也。"此处所讲的庠、序、学、

---

① [美] 亚瑟·史密斯：《中国人德行》，张梦阳、王丽娟译，新世界出版社2005年版，第5页。

校，为不同时代学校的名称。《礼记·学记》："古之教者，家有塾，党有庠，术有序，国有学。比年入学，中年考校。一年视离经辨志，三年视敬业乐群，五年视博习亲师，七年视论学取友，谓之小成。九年知类通达，强立而不反，谓之大成。"此处所讲的庠、序、学、校，则为不同等级的地方学校。

再次，中国的科举制度，为"耕读人家"的子弟，提供了一条进身仕途的出路。所谓"学而优则仕"。《神童诗》曰："朝为田舍郎，暮登天子堂。"这是一般"读书郎"的理想，也是其中佼佼者人生道路的真实写照。所谓"书中自有黄金屋，书中自有颜如玉"，西方文学中"灰姑娘与白马王子"的故事，变成了中国文学中"贫寒子弟与贵族小姐"的故事。中国四大名剧《西厢记》、《牡丹亭》、《长生殿》、《桃花扇》，其中两部就是描写这一类浪漫故事。《西厢记》中的张生和《牡丹亭》中的柳梦梅，这两位寒门子弟，挑灯苦读，考取状元，最终得与相国、太守家的千金小姐"终成眷属"。

这里不妨对东方的"书房文化"和西方的"客厅文化"作一比较。如果说西方的政治家诞生于客厅和广场，那么中国的政治家诞生于书房和考场。

西方："客厅文化"→"富丽" 社交｜论辩｜求新 客厅→舞场→广场→"赛场" 体育赛场｜政治赛场

中国："书房文化"→"朴素" 反省｜读经｜传统 书房→砚台→考场→官场："学而优则仕"

中国古代"耕读传家"的传统，形成了中国社会士农相通的特点。[①] 士通常就是地主，农就是实际耕种土地的农民；士与农不是

---

① 参阅费孝通《科举与社会流动》，载《费孝通全集》(第五卷)，内蒙古人民出版社 2009 年版，第 447—465 页。

截然对立，而是浑然相通的。梁漱溟说："最平允的一句话：在中国耕与读之两事，士与农之两种人，其间气脉浑然相通而不隔。士与农不隔，士与工商亦岂隔绝？士、农、工、商之四民，原为组成此广大社会之不同职业。彼此相需，彼此配合。隔则为阶级之对立；而通则职业配合相需之征也。"①梁漱溟因此认为，中国社会结构的特征，不是"阶级对立"，而是"职业分途"。如果说孔子的"有教无类"说提出了教育平等的伟大思想，那么隋唐以后的科举制度则使中国成为士农相通的无等级社会。

　　中国的士农相通，与日本的等级制度，形成鲜明的对照。美国人类学家本尼迪克特在研究"日本文化模式"的《菊与刀》中，通过中日比较，揭示了日本社会的"等级制"。她指出："日本从一开始就未能复制中国那种无等级的社会组织。日本所采纳的官位制，在中国是授给那些经过科举考试合格的行政官员的；在日本却授给世袭贵族和封建领主。这些就成了日本等级制的组成部分。"②在日本，等级制一直是日本有文字历史以来生活中的准则，甚至可以追溯到公元七世纪。那时，日本已经从无等级的中国吸取生活方式。但是，无论日本如何坚持不懈地从中国输入文化，却终究未能采纳足以取代其等级制的生活方式。至今被视为显示日本人礼貌和教养的"鞠躬和跪拜"，正是这种等级制的遗习。在日本社会，不仅要懂得向谁鞠躬，还必须懂得鞠躬的程度。对某一个主人来说是十分适度的鞠躬，在另一位和鞠躬者的关系稍有不同的主人身上，就会被认为是一种无礼。鞠躬的方式更是多种多样。总之，一个日本人必须学习在哪种场合该行哪种礼，而且从孩提时期起就得学习。

---

①　梁漱溟：《中国文化要义》，上海人民出版社 2003 年版，第 179 页。

②　[美] 鲁思·本尼迪克特：《菊与刀》，吕万和等译，商务印书馆 1990 年版，第 41 页。

科举制造成的"士从农出，士农相通"，使得在中国没有固定的社会阶级，只有不同的家庭；或者是官宦家庭，或者是非官宦家庭。然而，一个出色的子孙又往往会通过一篇文章来改换门庭。所谓三十年河东，三十年河西。更为重要的是，"学而优则仕"的科举制度对中国政治产生了深刻影响，它使汉代以后的历代政府成为一个"读书人的政府"，或称之为"士人政府"。钱穆指出："从汉代起，我们可说中国历史上此下的政府，既非贵族政府，也非军人政府，又非商人政府，而是一个'崇尚文治的政府'，即士人政府。"① 汉代自昭宣以下的历代宰相，几乎全是饱读诗书的儒家学者。中国历史上的汉唐盛世和王朝的长治久安，与这种通过选贤任能的科举制组成的"士人政府"有着密切关系。

18 世纪前后，中国科举制由传教士传入欧洲，受到欧洲学界和政界的高度重视和高度评价，并为英法等国的考试制度所借鉴，进而对欧美现代文官制度产生了深刻影响。1868 年 5 月，在波士顿市政府欢迎一个由中国皇帝派遣的使团的欢迎会上，爱默生热情赞扬了中国的科举制以及中国对教育的重视。他说："目前中国使我们最感兴趣的是它的政治。我相信在座的先生都记得罗德岛可敬的詹克斯先生曾两次力图使国会通过的那份议案。那份议案要求担任公职的候选人必须经过考试，以证明他们的知识水准是够格的。是的，在杜绝任意用人方面，中国，还有英国、法国，已走在我们前头。在中国的社会生活中，教育获得高度的重视，这是使中国享誉域外的必不可少的保证。"② 爱默生的这段话符合实际，也颇为有力。

---

① 钱穆：《中国历代政治得失》，生活·读书·新知三联书店 2018 年版，第 17 页。
② 参阅邓嗣禹《中国科举制在西方的影响》，见胡晓明、傅杰主编《释中国》(第一卷)，上海文艺出版社 1998 年版，第 583 页。

（三）"一张桌"与处理族务的议事桌：家务

中国人有句口头禅："有事拿到桌面上谈。"这张"八仙桌"的第三种功能，就是成为处理家庭事务和家族事务的议事桌。民间纠纷私了化，家族事务礼俗化，这张桌子上又演绎出一部中国特有的礼俗史。

首先，在桌面上处理家庭事务。家庭中的最大的事务，莫过于弟兄分家、自立门户时的分家产。在这种情况下，一般都是由"大娘舅"这个外姓人来主持公道。于是，中国的"娘舅"扮演着西方"律师"的角色。西方人按遗嘱或法律办事，中国人则在桌面上处理家务，西方的法理社会与中国的礼俗社会，形成鲜明对照。

其次，在桌面上处理家族事务和民间纠纷。家族事务通常到家族祠堂里，在族长的主持下协商解决。若有家族子弟行为不端，屡教不改，必要时还可以动用"家法"，予以惩治。民间纠纷也可以在桌面上自行私了，即所谓的"吃讲茶"。梁漱溟写道："民间纠纷（民事的乃至刑事的），民间自了。或由亲友说合，或取当众评理公断方式，于各地市镇茶肆中随时行之，谓之'吃讲茶'。其所评论者，总不外情理二字，实则就是以当地礼俗习惯为准据。亦有相争之两造，一同到当地素孚众望的某长者（或是他们的族长）面前，请求指教者。通常是两造都得到一顿教训（伦理上原各有应尽之义），而要他们彼此赔礼，恢复和好（此原为伦理目的）。大约经他一番调处，事情亦即解决。"① 这也是乡土中国长老的重要职责和"长老统治"的重要特点之一。

"法律面前人人平等"的"公了"，与"拿到桌面上来谈"的"私了"，这是中西方人处理纠纷事务的不同态度，也是伦理社会和法

---

① 梁漱溟：《中国文化要义》，上海人民出版社 2003 年版，第 232 页。

理社会的重要区别之一。鲁迅小说《离婚》，描写爱姑与"小畜生"的婚姻纠纷，闹了两年多的"离婚"案，尽管爱姑越战越勇，"小畜生"越来越"苍老"，矛盾冲突的解决，最终还是采取了"拿到桌面上来谈"的中国式的"私了"方式。经过七大人和慰老爷的一番调解，小说最后写道："慰老爷将两份红绿帖子互换了地方，推给两面……两方面各将红绿帖子收起，大家的腰骨都似乎直得多，原先收紧着的脸相也宽懈下来，全客厅顿然见得一团和气了。"① 这是中国现代小说描写"在桌面上"处理民间纠纷的典型一例。

（四）"一张桌"与尊祖敬宗的祭祀桌：宗教

陆游《示儿》诗曰："王师北定中原日，家祭无忘告乃翁。""家祭"，即家庭对祖先和神灵的祭祀。家中这张"八仙桌"的第四个功能，就是祭祀祖先和神灵，这是"八仙桌"最神圣的功能，也是中国传统家庭特有的一种宗教仪式。于是，在这张"八仙桌"上，又演绎出一部中国特有的祭祀文化史。

中国家庭敬神祭祖的祭祀极为多样，其中最常见的莫过于元旦、清明、冬至、祭灶、除夕等。"元旦"，即正月初一，旧节称"元旦"。据说夏朝定为祭祀节日，以迎新年。王安石《元日》诗云："爆竹声中一岁除，春风送暖入屠苏。千门万户曈曈日，总把新桃换旧符。""清明"，每年夏历三月内，阳历 4 月 5 日前后。民间习俗于这一天扫墓，以祭祀祖先，悼念亡人。杜牧《清明》诗云："清明时节雨纷纷，路上行人欲断魂。借问酒家何处有，牧童遥指杏花村。""冬至"，每年夏历十一月中，阳历十二月二十二三日。在我国，冬至日白昼最短，夜晚最长；自此以后，昼夜短长开始变化，夜消昼长。冬至也是重要的祭祀日。鲁迅《祝福》有一段惊心动魄

---

① 《鲁迅全集》（第 2 卷），人民文学出版社 2005 年版，第 157 页。

的描写："冬至的祭祖时节，她做得更出力，看四婶装好祭品，和阿牛将桌子抬到堂屋中央，她便坦然的去拿酒杯和筷子。'你放着吧，祥林嫂！'四婶慌忙大声说。她像是受了炮烙似的缩手，脸色同时变得灰黑，也不再去取烛台。"①"你放着吧，祥林嫂！"四婶的这一声大喝，彻底断绝了祥林嫂的希望，也最终断送了祥林嫂的人生。"祭灶"，旧俗以夏历十二月二十四日为灶神升天的日子，在这一天或前一天祭送灶神，称为送灶。"除夕"，俗称"大年"，这是一年的最后一天，也是一年中最后一个祭祀日。除夕日活动极为丰富，极为热闹，也极为欢乐。白天要挂桃符、贴春联、挂年画、放爆竹，要上坟祭祀祖先；夜晚要摆天地桌供神像，烧香礼拜；然后是吃团年饭，饮团年酒，长幼互拜叫分岁、辞岁；最后是整夜不睡叫守岁，长辈给小辈压岁钱，"压岁"即"压祟"，镇压鬼祟，以求来年平平安安。除夕是孩子们最欢乐的一天，也是父母长辈最忙碌的一天。"海日生残夜，江春入旧年。"守岁就是珍惜光阴，辞旧迎新。唐太宗的《守岁》诗正表达了这种心情："暮景斜芳殿，年华丽绮宫。寒辞去冬雪，暖带入春风。阶馥舒梅素，盘花卷烛红。共欢新故岁，迎送一宵中。"虽是帝王的绮丽之作，却也道出了黎民的内心之情。

《左传·成公十三年》曰："国之大事，在祀与戎。"中国传统极为重视祭祀，既是国之大事，也是家之大事。儒家经典对祭祀的本质和功能、原则和方式，有详尽深入的阐述。

祭祀的本质何在？《荀子·礼论》曰："祭者，志意思慕之情也，忠信爱敬之至矣，礼节文貌之盛矣，苟非圣人，莫之能知也。圣人明知之，士君子安行之，官人以为守，百姓以成俗。其在君子，以为人道也；其在百姓，以为鬼事也。"祭祀的本质，就是对祖先和

---

① 《鲁迅全集》（第 1 卷），人民文学出版社 2005 年版，第 20 页。

神灵"志意思慕之情"。所以，祭祀之时的情感态度至关重要。《论语·八佾》曰："祭如在，祭神如神在。子曰：吾不与祭，如不祭。"《礼记·祭统》曰："夫祭者，非物自外至者也，自中出生于心也；心怵而奉之以礼，是故唯贤者能尽祭之义。"祭礼的重要不在仪式，重要的是以真挚的"思慕之情"亲身参与。

祭祀的原则是什么？《礼记·祭义》曰："祭不欲数，数则烦，烦则不敬。祭不欲疏，疏则怠，怠则忘。是故君子合诸天道，春禘，秋尝。霜露既降，君子履之，必有悽怆之心，非其寒之谓也。春雨露既濡，君子履之，必有怵惕之心，如将见之。乐以迎来，哀以送往，故禘有乐而尝无乐。"这段富有诗意的文字，把祭祀的原则作了动人的阐述。祭祀不在多，也不能少，以"敬"为主，以符合天道人心为原则。

祭祀的意义何在？曾子曰："慎终追远，民德归厚矣。"认真办理父母亲丧事，追怀祭祀历代祖先，老百姓的品德就会忠实厚重。为什么"慎终追远"，可以"民德归厚"？因为，在传统中国，"慎终"和"追远"，首先是要求上层和国君以身作则；"民德归厚"，则说明大传统与小传统、精英文化与民间文化之间，上行下效，渗透交融，鸿沟不大。从上层国君到下层百姓，其所以能上行下效，这在于儒学始终重视通过"教化"，使上下协同，君民一致。上层的"慎终追远"，能使下层追随团结；同时，葬祭之礼也是孝道的最后表现，有助于培养百姓忠实厚重的品德。

（五）"一张桌"与家庭娱乐的麻将桌：娱乐

生活离不开娱乐，娱乐增添人生的情趣。这张"八仙桌"的第五个功能，就是成为家庭娱乐的场所。一家人，吃过饭，撤掉碗筷盘勺，重新坐下，"八仙桌"就变成了"麻将桌"。于是，在这张"八仙桌"上，中国人又演绎出一部多姿多彩的娱乐文化史。

中国人在这张"八仙桌"上，创造出了多种多样、雅俗共赏的娱乐形式。一言以蔽之，可概括为"诗、书、琴、棋、画"。

吟诗：诗、词、曲、赋；

书法：钟、王、颜、柳；

抚琴：三弦、七弦、琵琶、古筝；

弈棋：围棋、象棋、军棋、麻将棋；

作画：人物、山水、花鸟、鱼虫。

中国人在小小的"一张桌"上，创造出了一部言志缘情的恢宏文学史，书写出了一部风骨秀逸的优美书法史，演奏出了一部高山流水的深情音乐史，挥洒出了一部气韵生动的传神绘画史，创造出了一部丰富多彩的审美文化史和娱乐文化史。这一部娱乐文化史是内在的，是精神的，是审美的。中国人的心灵，就在充满家庭温情的审美娱乐中得到陶冶、净化和升华。

一家人围成一桌打麻将，这是中国家庭极为普遍的娱乐方式，也显示出中国的家庭娱乐与西方的团体娱乐的基本区别。中国传统娱乐的家庭化，一方面与家庭伦理社会的特点有密切关系，从而进一步塑造了中国人内向型的性格；另一方面又因不擅长集团性的娱乐活动，同样未能培养起足够的从事集体娱乐活动的能力，欣赏集体娱乐活动的习惯，如交谊舞、歌剧、足球赛以及歌剧观众和"足球迷"等。

林语堂曾对中西娱乐文化的个人化与团体化作过一番有趣的比较。他说："英美社会生活中某些不可缺少的组成部分，比如体育运动、政治、宗教都是中国社会明显缺乏的"；中国人也玩游戏，不过"中国游戏并不像板球那样将游戏者分成两组，相互争夺。协力配合这样的事鲜为人知。在中国人孤僻的游戏中，参加者自己为一方。中国人喜欢扑克，而不喜欢桥牌。他们一直在玩麻将，而麻将则更像扑克，而不像桥牌。在这种'麻将'哲学中，或许可以看到中国人个人主义的特点"。①

当今世界的信息化和全球化，对中国人"个人主义"的麻将哲学和麻将性格是一个巨大的挑战和冲击。不过，中国人是谦虚的，好学的，又是善学的。我们有理由相信，中国人会乘此东风，在全球化的交流融合中，使民族性格和民族精神得到新的升华。

费孝通指出："文化的深处时常并不是在典章制度之中，而是在人们洒扫应对的日常起居之间。一举手，一投足，看是那样自然，不加做作，可是事实上却全没有任意之处，可说是都受着一套从小潜移默化中得来的价值体系所控制。"② 长久以来制约着中国人"一举手，一投足"的这一套"价值体系"，就来源于"一块田、一个家、一张桌"的乡土生活。从农耕经济、宗法政治到家园文化，这是乡土中国的本质特征，是中华文化的生发之根，也是认识乡土中国的民族性格和价值观念的一把钥匙，更是创造新的民族文化的历史根基。

"一方水土养一方人"。人类永远不可能离开"一块田、一个家、一张桌"。在"乡土中国"这一方水土上诞生发展起来的中华传统文化，具有普遍意义和永恒生命，是中华民族对人类文明和人类智慧的伟大贡献。同时，在21世纪的今天，改革开放的中华民族，正从"黄土"走向"蓝海"，从"家庭"走向"城市"，从"书房"走向"广场"。中华文化正敞开胸怀，广纳百川，中学为体，西学为用，力求使农业文明与工业文明、宗法政治与民主政治、书房文化与广场文化，互为补充，有机融合，遵循创造性转化和创新性发展的原则，创造出适应新时代需要的新文化。

把握乡土中国的三大特征，有助于阅读《乡土中国》。《乡土中

---

① 林语堂：《中国人》，郝志东、沈益洪译，学林出版社1994年版，第178页。

② 费孝通：《美国人的性格》，华东师范大学出版社2013年版，第101页。

国》可称是一项中国文化模式的研究，主要论述了乡土中国文化模式的六大要素，即乡土本色、社会结构、家族制度、礼治秩序、权力结构以及社会变迁。乡土中国文化模式的六大要素与乡土中国的三大特征是紧密联系的：作为乡土中国本色的"熟人社会"，形成于累世定居、赖以生存的"一块田"；乡土中国的"差序格局"、家族制度、礼治秩序、权力结构等，则是对"一个家"的宗法政治和"一张桌"的家园文化的多角度阐释。因此，阅读《乡土中国》，可以从社会学角度更深刻地读懂养育我们的"一方水土"，从理论上把握乡土中国的深层文化模式。

　　让我们放松心情，进入《乡土中国》的阅读之旅吧！

第一章
《乡土中国》75 年阅读史

——从教授"旁白"到教师"导读"

　　1947 年 2 月 3 日至 1948 年 3 月 18 日，费孝通在《世纪评论》上开设"杂话乡土社会"专栏，前后共发表了 14 篇文章；1948 年 4 月，这些文章经编排改动后，以《乡土中国》为书名，初版于上海"观察社"。①

　　写作史的结束，便是阅读史的开始。若从 1947 年 2 月《世纪评论》上"杂话乡土社会"专栏文章最初面世算起，《乡土中国》迄今已有超过 75 年的阅读史。75 年阅读史大致可分四个阶段，每个阶段各有不同的阅读主体：最初是作者的自我解读；继而是书评家的推介评说；然后是学者的专业研读；最近是教师的文本导读。如果说作者的自我解读对文本理解具有"点睛"意义，书评家的推介评说开启了文本的经典化进程，那么学者的专业研读大多是对文本的深度阅读，它们对教师的文本导读均具有独特的参考价值。本章将从上述四个方面回顾《乡土中国》75 年阅读史，旨在为读懂《乡土中国》提供不可或缺的阐释史语境。同时本书认为，教师的"导读"，应当遵循"抓住一个中心，紧扣三个要点"的"适度导读"

---

　　① 《乡土中国·旧著〈乡土中国〉重刊序言》："这书出版是在一九四七年，离今已有三十七年。"此处作者记忆有误。上海"观察社"初版《后记》作者落款："三十七年二月十四日于清华胜因院"；而民国"三十七年"，即 1948 年。

原则，"过度导读"可能适得其反。

一、作者的自我"旁白"

费孝通的自我解读，始于 1948 年《乡土中国》初版《后记》，延续至 20 世纪八九十年代的《旧著〈乡土中国〉重刊序言》（为避免行文啰嗦，以下有时简称为《重刊序言》或《序言》）以及各种讲演和访谈。近半个世纪的自我解读，作者对本书的学术课题、学术性质、学术方法、理论要义、学术目的、如何阅读、价值意义以及缺陷遗憾等话题，都作了明确而坦率的解答。

晚年费孝通曾有"教授贵在旁白"之论。1997 年 5 月 5 日，他说："我讲课的时候，把文章先发给大家看，看后再听我讲。讲我这篇文章，讲我的思想是怎么来的，讲思想结果的形成过程。用电影电视的行话讲，这叫'旁白'。旁白比正文好。不看正文，听不出旁白的意思。光看正文，听不到旁白的东西。……所以说，教授的本领是旁白。教授贵在旁白。"[1] 费孝通的自我解读，就是关于《乡土中国》的"旁白"，它为读懂《乡土中国》提供了一把钥匙。

费孝通的"旁白"，以 1948 年的初版《后记》开篇，并可与 1984 年的《重刊序言》合读。从《后记》到《序言》相隔 37 年，这是《乡土中国》沉睡的 37 年；37 年后重获新生，《重刊序言》与初版《后记》前后呼应。以《后记》与《序言》为中心，联系其他场合的各种解读，作者的"旁白"主要解答了如下几个问题。

其一，本书的学术课题，即《乡土中国》研究和回答的核心问题是什么？ 1948 年《后记》说："我在这书里是以中国的事实来说

---

① 张冠生记录整理：《费孝通晚年谈话录（1981—2000）》，生活·读书·新知三联书店 2019 年版，第 247 页。

明乡土社会的特性。"①1984 年《序言》说："尝试回答我自己提出的'作为中国基层社会的乡土社会究竟是个什么样的社会'这个问题。"1984 年，费孝通在题为《社会调查自白》的系列演讲中又说："《乡土中国》就是我企图从农村社会的基础上来解剖中国传统社会结构和观念，而构成一种'乡土社会'的类型。"②

这三段话，《序言》是对《后记》的重申，《自白》则作了进一步发挥。概而言之，包含三层意思。一是《乡土中国》的研究对象，是以看得见的、现实的、作为中国"基层"的乡土社会为对象，通过它来解剖中国传统的社会结构和观念。所谓从"基层"的乡土社会上看，亦即不是从"中层"的市民社会，更非从"上层"的宫廷社会看，这一点对理解全书内容极为重要。二是《乡土中国》的研究宗旨，是通过"中国传统社会结构和观念"的解剖，提供一种具有普遍意义的传统"乡土社会"的类型，亦即一种不同于现代"都市社会"的文化类型或文化模式。如果说本尼迪克特《菊与刀》中的一套概念提供的是一种日本社会的文化模式，那么费孝通的《乡土中国》中的一套概念提供的则是传统乡土中国的文化模式。三是"乡土社会"与"中国乡土社会"这两个概念有所不同，二者的关系是，"一个在前，另一个在后，一个是普遍的，另一个是特殊的，一个是论，一个是证"③。《后记》偏重于前者，《自白》有兼顾二者的意味。

其二，本书的学术性质，即《乡土中国》是一份调查报告，还是一部学理著作？《序言》说：与《江村经济》、《禄村农田》等"调查报告"性质不同，《乡土中国》"不是一个具体社会的素描，而是

---

① 费孝通：《乡土中国》，人民出版社 2015 年版，第 120 页。《乡土中国》现今各种版本均有《重刊序言》和初版《后记》，为节省篇幅，以下出自《序言》、《后记》的引文不再作注。

② 费孝通：《师承·补课·治学》（增订本），生活·读书·新知三联书店 2021 年版，第 166 页。

③ 阎明：《"差序格局"探源》，《社会学研究》2016 年第 5 期。

从具体社会里提炼出的一些概念……是包含在具体的中国基层传统社会里的一种特具的体系"。换言之，《乡土中国》是"观念中的类型，属于理性知识的范畴"，是由一组概念命题构成的理论著作。

作者 28 岁完成《江村经济》，38 岁完成《乡土中国》。两本书跨越十年，实为姊妹篇：一个是个案素描，一个是宏观概括；一个是对某一村庄生活的面面俱到的事实勾画，一个是对传统社会结构和观念的学理概括。作为概念体系的《乡土中国》，既有认识意义，也有方法论意义。《序言》说："搞清楚我所谓乡土社会这个概念，就可以帮助我们去理解具体的中国社会。概念在这个意义上，是我们认识事物的工具。"因为，在社会人类学家看来，科学的社会调查事前必须悬有一种可以运用的假设。假设与科学不可分。以使用假设始，以实地证验终。同时，本书的学科性质和理论品格提示了读者应关注的重心。读《乡土中国》不同于读《故乡》、《边城》，主要不是欣赏作者的文章笔法，而是抓住书中"提炼出的一组概念"。例如，"熟人社会"、"差序格局"、"家族社会"、"礼治秩序"、"长老统治"等。抓住了这一组概念，就把握了传统乡土社会的结构和观念。

其三，本书的学术方法，即贯穿《乡土中国》全书的研究思路和论述方法是什么？简言之，它采用的是社会人类学的"类型比较法"。《乡土中国》属于"社区分析"范畴。费孝通把社区分析分为两步，即个案调查和类型比较。《后记》说："社区分析的初步工作是在一定时空坐落中去描画出一地方人民所赖以生活的社会结构。"《江村经济》属于"初步工作"。《后记》继续说："《乡土中国》却是属于社区分析第二步的比较研究的范围。在比较研究中，先得确立若干可以比较的类型，也就是依不同结构的原则分别确定它所形成的格式。""乡土中国"比较的类型是"移民美国"。在《乡土中国》中，作者或明或暗地，"把住处经常迁移的美国城市居民和中国传统的市镇和乡村的居民相比较"①。从这个意义上说，作者的《美国人的性格》（1947 年）与《乡土中国》（1948 年）是"姐妹篇"。《后记》也告诉读者，这两本书可以合着看。因为，《乡土中国》"以中国的事实来说明乡土社会的特性"，《美国人的性格》"根据美国的事实说明移民社会的特性"，二者在方法上是相通的。

比较研究是社会人类学或文化人类学的基本方法。只有进行比较研究，才能阐明文化类型的不同特性。整体而言，《乡土中国》中的类型比较可分三个层面：一是中国的乡村与城镇的比较；二是中国乡土社会与西洋城市社会的比较；三是中国古代社会与当今乡村社会的比较。不过，第三层次的古今比较不够具体，也欠深入。

其四，本书的学术创新，即《乡土中国》的理论要义是什么？提出了哪些创新性观点？1948 年，费孝通在给美国人类学家雷德菲尔德的一封信中，谈到他在《乡土中国》中的理论发现："我已经用中文写了一本关于中国乡村的小书，这本书事实上也可称是一项中国文化模式的研究。但我并不像本尼迪克特那样从民族性方面处理我的材料，而是偏重于结构分析。在第一部分，我分析了社会关系的一般模式，认为中国是'差序格局'（亲属的模式），西方是'团体格局'（成员平等）。从这一差异性出发，我发展出中西方道德模式上的不同：（西方）普遍的爱与（东方）系于私人地位的偏爱。在书后面的部分我区分了权力的四种类型（横暴权力、同意权力、教化权力和时势权力），并且相应给出了中国乡村社区传统的四种形式。"②

费孝通的这则"旁白"，对理解全书内容极为重要。有两点特别值得重视：一是《乡土中国》实质是"一项中国文化模式的研究"，

① 费孝通：《师承·补课·治学》（增订本），生活·读书·新知三联书店 2021 年版，第 242 页。

② 转引自张江华：《"乡土"与超越"乡土"：费孝通与雷德菲尔德的文明社会研究》，《社会》2015 年第 4 期。

它有别于本尼迪克特从民族性出发，而是偏重于社会结构的分析；二是在这项"中国文化模式"的研究中，费孝通提出了一系列创新性观点，即以"差序格局"为特点的社会关系模式、系维着私人伦理关系的道德模式以及中国乡村社区的权力结构模式等。1984 年，费孝通在以"社会调查自白"为题的系列讲演中，谈到传统中国基层社会的"乡土本色"时，认为封闭经济、熟人社会、无文字社会、差序格局、重农轻商、崇尚传统，这六个方面是其基本特征。[①]1998 年，费孝通在编《费孝通散文》时，从《乡土中国》选入了 5 篇，依次是《乡土本色》、《文字下乡》、《再论文字下乡》、《差序格局》和《从欲望到需要》。两段"旁白"和文章选择，时间不同，内容有异，强调重点有别，但对领悟全书要义和理论新义都具有启发意义。

其五，本书的学术特点，即《乡土中国》的学术特色是什么？长处何在？有无缺陷？晚年费孝通在比较《乡土中国》与钱穆的《国史大纲》后，对此作了清醒反思和客观评说。大致可概括为三点。

首先，费孝通认为这两本书都在谈"中国特色"，但角度和材料不同。他说："我的方法同钱穆先生不同。他是借助书本从中国历史里边总结出来的一些他认为是文化上的精华，我是从农民生活里边看出来一些中国农民的特点。一个方向，两个层面。用的材料不一样。他是从历史上的事实出发，我是从看得见的现实出发。"[②]社会学家费孝通的研究途径不同于历史学家钱穆：钱穆是从"中国历史"来看中国民族特性和中国文化[③]；费孝通则是从当下的"乡土社会"、"从看得见的现实出发"来解剖中国传统社会结构和观念。

---

① 费孝通：《师承·补课·治学》（增订本），生活·读书·新知三联书店 2021 年版，第 167—171 页。

② 张冠生记录整理：《费孝通晚年谈话录（1981—2000）》，生活·读书·新知三联书店 2019 年版，第 288 页。

③ 钱穆：《从中国历史来看中国民族性及中国文化》，九州出版社 2011 年版，第 18 页。

费孝通的方法也被称为"从普通人的生活里边做出大学问"①的方法，有其独特的原创性。

其次，这种只从"看得见的现实出发"的方法，也给《乡土中国》带来了无法弥补的缺陷。费孝通晚年对此有深刻反思："《乡土中国》里边说的中国农民特点，是从历史里边来的，是我们先人传下来的。我只讲了特点，没有讲传下来的过程。讲讲这个过程，很要紧，有些道理是要从过程里边才能看出来的。所以说，没有这个过程是个缺陷，是个遗憾。可是这个缺陷，我已经没有办法弥补了。"②费孝通的这段话，有助于我们客观评价《乡土中国》的长处和不足，有助于理解《文字下乡》等章节因有违"历史大线条"、"全然不看历史演化"③而引起的异议。

再次，针对《乡土中国》存在的"只讲特点，没讲过程"的缺陷，费孝通明确提出了学术研究应当遵循"历史的了解和现实的观察"相结合的双重原则。他说："我希望下一代人，还得要从两个方面努力，就是历史和现实两个方面。光看历史，不够，光看现实也不够。你如果足够尊重现实，大概一定会回到历史里边去找现实的来路"；"怎么去理解中国文化的精华，我想应该是两个办法，就是历史的了解和现实的观察"。④作为一位具有国际影响的学术大家，费孝通活到老，学到老，不断反思，不断升华，这种实事求是

---

① 张冠生记录整理：《费孝通晚年谈话录（1981—2000）》，生活·读书·新知三联书店 2019 年版，第 510 页。

② 张冠生记录整理：《费孝通晚年谈话录（1981—2000）》，生活·读书·新知三联书店 2019 年版，第 289 页。

③ 郑也夫："功能学派只关注文化的功能，漠视其产生的原因……而《乡土中国》中这缺点暴露最突出的是'文字下乡'一节。就是只从眼下功能之发挥去推断现象之原因，全然不看历史演化。"（郑也夫《评〈乡土中国〉与费孝通》，《中华读书报》2015 年 9 月 16 日。）

④ 张冠生记录整理：《费孝通晚年谈话录（1981—2000）》，生活·读书·新知三联书店 2019 年版，第 289—290 页。

的精神是令人敬佩的。

其六，本书的学术位置，即《乡土中国》在作者乡村研究系列著作中的学术地位何在？作者在《乡土重建》（1948 年）《后记》中有一段说明。他说："《乡土重建》继续《乡土中国》……这两本集子虽则是同时写的，但性质上却属于两个层次。在《乡土中国》里，我想勾出一些中国基层社会结构的原则，接下去应当是更具体地把这结构，从各部分的配搭中，描画出一个棱角。关于这工作，我也在尝试。就是我在《观察》周刊所发表过的从'社会结构看中国'那一套，但是牵涉太广，一时还不能整理出一个样子。这里所做的其实是第三步工作，就是把这传统结构配入当前的处境里去看出我们现在身受的种种问题的症结，然后再提出一些积极性的主张来，希望有助于当前各种问题的解决。"[1] 今天看来，当年的这段"旁白"非常重要，它几乎勾画了作者一生的学术规划和学术目标。

首先说明了《乡土中国》在作者乡村研究系列中的位置。如前所说，作者乡村研究的第一步是具体社会素描的《江村经济》。据此，作者乡村研究的规划实际上包含四步：《江村经济》的社区素描——《乡土中国》的概念体系——《皇权与绅权》的"社会结构"棱角描画——《乡土重建》的发现症结和解决问题。在这个系列中，作为理论著作的《乡土中国》实为第二步。

其次，这个学术四部曲也道出了作者最终的学术目标，即"看出我们现在身受的种种问题的症结，然后再提出一些积极性的主张来，希望有助于当前各种问题的解决"。学理研究的《乡土中国》不是最终目的，解决问题的"乡土重建"才是最终目标。这实质上与此前梁漱溟提出的"认识老中国，建设新中国"[2] 的"乡村建设理

---

① 费孝通：《乡土重建》，华东师范大学出版社 2019 年版，第 112 页。

② 梁漱溟：《中国文化要义》，上海人民出版社 2003 年版，第 7 页。

论"是一致的。晚年费孝通把自己一生的志业概括为四个字："志在富民"①。从早年的"乡土重建"，到晚年的"志在富民"，前后一脉相承。这种"务实"的学术态度，带有深刻的中国知识分子传统烙印。谈到中国知识分子的传统美德时，费孝通曾说："随手我可以举出两条：一是'天下兴亡，匹夫有责'，二是'学以致用'。这两条很可以总结我自己的根本态度。"②确实，费孝通的社会人类学是"迈向人民的人类学"③，费孝通的学问是"踏遍青山"、"志在富民"的学问。那么，这是否也可以解释作者在《乡土中国》中着力抓住现实的基本"特点"，不在历史"过程"上多用心力的原因？

"看书不能不看人"，这是费孝通的读书原则。他说："我们看书不能不看人，要看是谁写的，什么时候写的，为什么这么写的，为什么有这套思想。弄清楚这些，才能理解作者，懂得作者。"④"理解作者，懂得作者"，同样就能"理解作品，懂得作品"。费孝通的"教授旁白"，正有助于我们"看书先看人"，从而理解作品，读懂《乡土中国》。

综合上述"教授旁白"，可以作三点概括：其一，《乡土中国》属于社区分析的第二步，是一部采用社会人类学的比较方法，从看得见的、现实的基层"乡土社会"出发，来解剖中国传统社会结构和观念的理论性著作；其二，它在具体的"社区—村落"的基础上归纳出中国社会结构的全貌，提供的是一套概念体系，属于理性知识的范畴；其三，"从看得见的现实出发"的《乡土中国》，不同于

---

① 费孝通：《师承·补课·治学》（增订本），生活·读书·新知三联书店 2021 年版，第 248 页。

② 费孝通：《师承·补课·治学》（增订本），生活·读书·新知三联书店 2021 年版，第 225 页。

③ 费孝通：《师承·补课·治学》（增订本），生活·读书·新知三联书店 2021 年版，第 117 页。

④ 张冠生记录整理：《费孝通晚年谈话录（1981—2000）》，生活·读书·新知三联书店 2019 年版，第 439 页。

钱穆"从历史上的事实出发"的《国史大纲》，两部著作，"一个方向，两个层面"。因此，如果能把《乡土中国》和《国史大纲》合着看，那么，对传统中国的社会结构和思想观念，既可以把握其表层"特点"，又可以认识其深层"过程"。

二、书评的推介评说

《乡土中国》的最初读者，除了作者的自我"旁白"，就是"初版"和"重刊"后的"书评家"。书评家的推介和评说，从 1948 年 4 月上海"观察社""初版"，到 1985 年生活·读书·新知三联书店"重刊"，延续至 20 世纪 90 年代初，前后四十多年。这四十多年可细分为四个时段，有四种不同的评价态度和阅读视角。最先是书评家的客观推介，继而是批评者的反驳甚至批判，接着是时评者的借题发挥，最后被推为作者的代表作。从客观推介，到反驳批判，再到多角度解读和肯定性评价，《乡土中国》的书评史，经历了一波三折、充满戏剧性的过程。

时空距离的陌生化和神秘感，往往会把认识对象变为崇拜的偶像。一般来说，"第一读者"在时空上最接近作者，他的评价也可能更为客观真实。那么，谁是《乡土中国》的"第一读者"？

费孝通的师长、著名社会学家潘光旦，最可能是《乡土中国》的"第一读者"。晚年费孝通曾说："我同潘先生的关系，很多人都知道。我同他接触之多，关系之深，大概除了他的女儿之外就轮到我了……潘先生是死在我怀里的。"[①] 费孝通和潘光旦的"生死之交"，不只是日常交往，更是学问切磋。1946 年，费孝通的《民

---

① 费孝通：《师承·补课·治学》（增订本），生活·读书·新知三联书店 2021 年版，第 448、452 页。

主·宪法·人权》出版，潘光旦为之作序，誉之为"未经'国定'的一种公民读本"。1947 年，费孝通最看重的著作《生育制度》出版，潘光旦为之写了著名长序《派与汇》，成为《生育制度》阅读史上影响深远的"第一读者"。在《乡土中国》中，费孝通多处引用潘光旦的论著，如《说"伦"字》、《冯小青》等，"差序格局"这个核心概念，也是在潘光旦对"伦"的深入研究基础上抽绎出来的①。遗憾的是，当时同为清华园邻居的潘光旦，并未再为《乡土中国》写序，也未见留下任何评论文字。不过，《乡土中国》与潘光旦学术思想的渊源关系，已成为当代学者关注的课题。②

1948 年 5 月 20 日，时任清华大学社会学系讲师的全慰天③在上海《大公报》上发表了《评费著〈乡土中国〉》一文。当时距《乡土中国》出版仅一个月，也是迄今所见最早的书评。全慰天因此可视为《乡土中国》阅读史上的"第一读者"。全慰天书评受到读书界关注，随即在《新书月刊》创刊号上转载。全文 15 段。开篇写道："费孝通先生虽从农村经济与手工业研究中提出'小康经济'的理论，但他本人历年所发表的文章与出版的书籍，数量上已远超过'小康经济'的生产水准，而是'工业化'了。"作者以不无调侃的笔调称赞了费孝通的"多产"。在当时的知识界，费孝通也确实以"多产"著称。第二段概述全书论题与方法，认为《乡土中国》是著者以功能观点分析中国社会的结果"。第 4 段介绍全书目录。5 至 14 段，顺着全书内在理路，逐章介绍全书要义。作者细读全书，

---

① 郑也夫：《评〈乡土中国〉与费孝通》，《中华读书报》2015 年 9 月 16 日。

② 参阅翟学伟《再论"差序格局"的贡献、局限与理论遗产》（《中国社会科学》2009 年第 3 期）、阎明《差序格局探源》（《社会学研究》2016 年第 5 期）等。

③ 全慰天，湖南益阳市南县人，生于 1917 年，社会学家；1943 年毕业于西南联大社会系，1946 至 1952 年任清华大学社会系讲师，1953 年后任中国人民大学经济系教授；1948 年上半年曾参加费孝通主持的"中国社会结构"问题讨论班，宣读《论王权与兵》、《论"家天下"》两篇论文，收入吴晗、费孝通等著《皇权与绅权》一书。

理解准确，篇幅不长，概述精当，可视为《乡土中国》的袖珍版。今天的读者倘能细读此文，对把握《乡土中国》全书要义仍有极大助益。文末作者说"本书是有价值的"。对《乡土中国》的肯定性评价，全文仅此一句。文章主调是客观推介，以引导读者购买阅读："笔者为减轻写这篇介绍文字的责任，甚望读者能与原书见面。海水的冷暖和咸淡，只有各自用舌头去体会，才能知道。"这也是当年推销性书评的常语。

几乎与之同时，小说家端木蕻良在上海《求是月刊》1948年第2期上发表了《评费孝通〈乡土中国〉》（以下简称"端文"）。端文同样"沿着这本小书所收集的十四篇文字的排列来说话"；所不同的是，变全氏的"客观推介"为端氏的"反驳指摘"。端文的反驳从《乡土本色》开始。《乡土本色》认为中国农民不同于美国农民，"大多是聚村而居"，并列出四点原因。端文反驳道："中国农民的聚村而居的原因，不包括在他举出的因素里。而是被生产工具落后这一个本质的因素所决定的。"美国的乡下大多是一户人家自成一个单位，这是因为"美国政府在殖民没有到，就开始修铁路，在殖民刚到的地方，便大量供给自卫的枪械子弹和畜牧。美国西部的开荒者，他们一开始便是以一个小庄园主的姿态来出现的，一个小农业公司的姿态出现的"。中国农民使用的是"一块三角铁，一块圆滚石，一条弯曲的木棍，这样他们怎么能和美国的开荒者相比"。从共时横向比较看，端文的反驳不无道理。然而，费孝通所概括的主要是指在漫长的历史中延续积淀而成的中国乡村社区的特征，"美国乡村"只是作为社会学意义上的比较类型。因此，端文的批驳便有似是而非的错位之嫌了。《差序格局》开篇说："在乡村工作者看来，中国乡下佬最大的毛病是'私'。"端文反驳道："这也不正确，乡下人并不是'私'，而是怕'公'……公者乡酋地保县太爷，乡公所之谓也……你想想一个乡下人，愿意去捅一个县太爷和乡公所吗?"这显然偷换了概念。

如果说文章开头尚有较多说理,后面的批驳就越来越简单化了。驳《文字下乡》"乡下人不需要文字"之说,端文引了一首苗族民歌:"一张白纸飘过街,那个读书那个乖,有钱读书把官作,无钱读书苦难挨。"然后连用两个"扯淡"。驳《男女有别》中"乡土社会中阻碍着共同生活的人充分了解的却是个人生理的差别","这更是扯闲淡"。驳《礼治秩序》,"这话也不对。礼在乡下只是特权的合法化罢了"。全文几乎从开头批到结尾。文章最后写道:费先生"想用些现象来挽救本质,说乡土文化是'天工',说乡土社会'不靠计划',说中国乡土是不动的,死的,愿意让人来吸血的。想用无益的说词来掩盖真实的事实的有机的发展,想用尾巴来遮住眼睛,想用美国眼睛来看中国,想用沙子来掀起风,想用骆驼来穿针孔,巧妙是很巧的,但是他经不住真理的考验"。端文的立场是阶级论的,方法是摘句式的,没有同情的理解,只有无情的批驳,对《乡土中国》作为乡村社会学著作的学术品格和理论价值,尚缺乏正确认识。

端木蕻良比费孝通小两岁,曾是费孝通的清华同学。1932年,他考入清华大学历史系,同年加入"左联"。1934年发表长篇小说《科尔沁旗草原》,这是他的成名作,也是代表作。以《科尔沁旗草原》为代表的早期创作,大都以东北故乡为背景,展现出在民族与阶级的双重压迫下人民的灾难和战斗。作家怀着忧郁的心情眷恋着故乡的土地,为人民遭受的苦难而愤怒。深入了解端木蕻良的经历和思想,再来看这篇书评中的立场和态度,就不难理解了。据此可以这样说:端文是具有丰富乡土生活经验和鲜明阶级意识的左联作家,对进行客观的社会学调查的留英人类学博士的批驳。

10年之后的1958年,社会学早被取消,费孝通也被打成右派。

在一派反右声浪中，中南财经学院教师彭明朗在《江汉论坛》1958年第3期上发表了《"乡土中国"里的费孝通》（以下简称"彭文"）一文。彭文的态度与端文相似，但立场更为偏激，由基于乡土经验的"批驳"，变而为出于政治形势的"批判"。彭文开篇写道："'乡土中国'中的14篇文章是先在讲台上对青年学生放毒的讲稿，接着又'随讲随写，随写随寄，随寄随发表'在'世纪评论'上，对更多的人放毒，但他唯恐这样还放得不够，又编为'观察丛书'出版，从1948年4月到7月，仅短短4个月即发行了3版，可见毒是很快很广的。"① 这段文字，若去掉"放毒"二字，倒是客观地叙述了《乡土中国》当年"畅销"的盛况。但此时，"畅销"也成为一种罪过。

那么，在彭文看来，《乡土中国》放了哪些"毒"呢？一是以捆柴为喻解释西洋现代社会的结构是"团体格局"，这是对万恶的"资本主义的一首赞美诗和颂歌"；二是说"中国乡下佬最大的毛病是'私'"，这"可见在费孝通眼睛里，中国人民的天生'私'性严重到什么程度了"；三是"和费孝通相反，我们认为旧中国是一个半封建半殖民地的社会，而不是什么'乡土社会'"；四是费孝通描画"乡土中国"的"棱角"，说是"土"、"愚"、"私"、"安"等，"一望而知，这和洋奴政客胡适所诬蔑中国人民和民族的'五鬼闹中华'中的'五鬼'是大同小异，如出一辙的"；五是说"乡土社会"是"无讼"社会，"事实相反，在旧中国劳动人民不是无冤可讼，而是不敢讼，无处讼，无钱讼，'衙门八字开，无钱莫进来'"……②

如果说端木蕻良基于乡土经验和乡村情感的"批驳"尚有某些值得反思之处，那么彭明朗出于当时政治形势的"批判"则完全是

---

① 彭明朗：《"乡土中国"里的费孝通》，《江汉论坛》1958年第3期。
② 彭明朗：《"乡土中国"里的费孝通》，《江汉论坛》1958年第3期。

"欲加之罪，何患无辞"了。从 20 世纪 50 年代到 70 年代末，这是中国现代阅读史上的非正常时期，几乎所有严肃的学术著作都遭到今天看来令人啼笑皆非的非学术解读。彭文的这种"大批判"式的文章，在当时极为普遍，也不足为奇。

《乡土中国》75 年阅读史，在中国大陆 [①] 似有两个空白：一是 1948 年之后到 1958 年，二是 1958 年之后到 1985 年。1985 年生活·读书·新知三联书店"重刊"《乡土中国》前夕，陈树德在《读书》1985 年第 5 期上发表了《从〈乡土中国〉看费孝通的学术生涯》一文，由此重新开始了《乡土中国》的正常化阅读，同时也开启了《乡土中国》的经典化进程。

1980 年，费孝通获得"第二次学术生命" [②]。随即，他受上级部门的委托，先后在中国社会科学院筹建了社会学研究所，在北京大学恢复了社会学系，自己也重新开始了学术研究工作，并从 1980 年开始主持每年一期的"社会学高级讲习班"。费孝通是中国早期社会学的奠基者之一，又对中国社会学的恢复重建和发展拓展作出了巨大贡献。三联书店"重刊"《乡土中国》和陈树德的书评，意味着对费孝通前期学术成果的重新肯定。

陈文开篇写道："费孝通教授从事社会学研究五十年，踏遍青山，立足实际，从实地接触中来研究中国社会"；"他写下了许多蜚声中外的论著……这些著作犹如一座座航标，记载着这位年事已逾七旬的老学者在学术上的劳绩"。 [③] 从 1958 年的彭文到 1985 年的陈文，对费孝通的评价形成了鲜明对照。接着文章对《乡土中国》的研究课题、理论内容、比较方法等，作了全面的分析评价。值得关

---

① 1960 年代，台湾翻印了《乡土中国》（如台北绿洲出版社 1967 年重印版）；1960—1970 年代，《乡土中国》一直是台湾和香港学者研究传统中国社会结构和文化观念的重要参考书。

② 张冠生选编：《费孝通散文》，浙江文艺出版社 1999 年版，第 514 页。

③ 陈树德：《从〈乡土中国〉看费孝通的学术生涯》，《读书》1985 年第 5 期。

注的至少有四点。

一是描述了《乡土中国》的理论结构。文章写道："《乡土中国》一书汇集了《乡土本色》等十四篇论文，分别从乡村社区、文化传递、家族制度、道德观念、权力结构、社会规范、社会变迁等诸多方面分析、解剖了乡土社会的结构及其本色；至于后记，简直是一篇学术自传。"[①] 这是《乡土中国》阅读史上首次描述其内在理路的文字，对理解全书各篇的学术主题极富启示，故此后曾被反复引用。[②]

二是认为《乡土中国》揭示了传统中国乡土社会的五大特征。即社区狭小、传统道德、家族统治、以礼代法和封建教化，并对五大特征逐一作了具体阐释。这部分实质概括了全书要义，对今天读懂《乡土中国》仍具有参考价值。认识传统是为了走向未来。正如作者所说："《乡土中国》问世的年代，中国社会正处在剧烈的变迁过程中，费孝通教授已经预见到，数千年乡土社会正在蜕变，崭新的社会即将临盆。"

三是指出了《乡土中国》社区研究的特点和比较研究的方法。对《乡土中国》运用类型比较法论述中西文化差异的特点和意义，作了客观分析和肯定评价。文章指出："《乡土中国》尽管进行了中西文化的比较，但主要却是通过比较论述传统的社会结构和传统人的问题。今天的中国在这两方面都已发生了巨大的变化……如果在我国开展这一课题的研究，那么《乡土中国》在方法上仍有许多地方值得借鉴，在内容上则是我们进行比较社会学研究的一份重要的史料。"

四是对费孝通从社会调查着手开展社会学研究的途径给予高

---

① 陈树德：《从〈乡土中国〉看费孝通的学术生涯》，《读书》1985 年第 5 期。
② 郑杭生《对中国社会学的巨大贡献——纪念费孝通先生从事学术研究 70 周年》（《江苏社会科学》2006 年第 1 期）评《乡土中国》部分借用了这段文字并作了发挥；《乡土中国》北京大学出版社 2012 年版"名师评点"首段又摘录了经发挥的郑杭生语。

度评价。文章认为："尽管社会调查和社会研究之间的着眼点不同，但是一部学术上有贡献的著作却往往是叙述与解释兼而有之。《乡土中国》就是这样一本著作。"① 而重实践，重观察，重实地调查研究，正是费孝通一生倡导和践行的学术准则。

《乡土中国》的重刊，让这部书获得"第二次学术生命"，并迅速引起读书界和思想界的广泛兴趣。当时正值改革开放初期，经济改革和政治改革正逐步推进。1987 年，任晓在《博览群书》第 9 期发表了《土地·血缘·政治文化——读费孝通先生旧著〈乡土中国〉》一文，认为"从这本著作中看到了文化研究和政治改革讨论的契合点"。任晓通过对"差序格局"的分析，引发了一番议论："所谓差序格局，就是以个人为中心，以亲属关系为基准形成的群体……这种差序格局不仅成了社会交往关系的规则，而且也同样在政治领域中找到了它的栖身之地，赐土封侯，世卿世禄等无一不是血缘亲属关系在政治上的反映……这种人情化的政治传统是如此之强大，以至在当代中国依然顽强地投射其阴影"；因此，随着经济改革的深入，"人们终于认识到改革政治文化的迫切性了"。任晓的议论不无道理。而从《乡土中国》阅读史看，此文最值得称道的，应是最先抓住"差序格局"这一核心概念，并对其含义作了简明的界定分析。

1989 年，郭国灿在《读书》第 1 期发表了《"移民精神"与"乡土意识"》一文，把美国历史学家康马杰的《美国精神》与费孝通的《乡土中国》进行比较，试图解决"心中萦绕的一个久难去怀的文化困惑"：即"具有四、五千年文明的古老中华与不过三百年历史的美利坚的文化根本差异，究竟何在？这种差异又意味着什么？"作者以《美国精神》和《乡土中国》为据，把两种文化的差异概括为四大方面：一、清教伦理与家族伦理；二、"个人主义"与"自我

---

① 陈树德：《从〈乡土中国〉看费孝通的学术生涯》，《读书》1985 年第 5 期。

主义";三、实验主义与实用理性;四、移民精神与乡土意识。同时,逐一对两种文化的差异和意义作了分析。这篇文章的时评色彩更为明显,字里行间流露出彼高我低、彼优我劣的意味。费孝通固然建议《美国人的性格》和《乡土中国》两本书可以合着看,但是,按文化功能论的观点,一方水土养一方人,一方人的需要产生一方文化。文化是人为了满足其需要而产生的,一种文化体系中的各个要素,从器物到信仰,对人的生活来说都是有特定功能的,都是不可或缺的。因此,不同文化模式的构成要素可能不同,但绝无高下优劣之分。当然,随着社会变迁和人的需要的变化,一种文化在发展过程中必然会吸取其他文化的合理成分,这是不待言的。从《乡土中国》阅读史看,此文所概括的"移民精神"与"乡土意识"的四点差异,对认识移民文化和乡土文化两种文化模式的特点,不乏参考价值。

从1948年到1989年,经过40多年一波三折充满戏剧性的阅读阐释,到了1992年,《乡土中国》终于被列入中外社会学的经典行列。其标志是《乡土中国》收入了张静、霍桂桓主编的《中外社会科学名著千种评要》(以下简称《评要》)之《社会学》分册。

《社会学》分册"编写说明"首条即提出选择范围和选择标准:"本书共介绍了中外社会学学术名著95种,上起古希腊,下至当代。所选论著,基本上是根据著作的理论意义和影响以及作者的学术地位等方面的考虑确定的。"[①]选择范围涵盖古今中西,选择标准不可谓不严。《社会学》"名著"分两部分:一是"马克思主义经典作家社会学论著评要",从马克思《1844年经济学哲学手稿》到毛泽东《论十大关系》共14种;二是"中外社会学名著评要",从柏

---

① 张静、霍桂桓主编:《中外社会科学名著千种评要·社会学》,华夏出版社1992年版,第3页。

拉图《理想国》到李沛良《社会研究的统计分析》共 81 种，其中，中国学者包括李达的《现代社会学》（1926）、孙本文的《社会学原理》（1935）、费孝通的《乡土中国》（1948）、潘光旦的《优生原理》（1949）等共 15 种。不过，直至晚年，在回答"你写的众多的书中最喜欢哪一本"的提问时，费孝通表示："我自己认为《生育制度》比《江村经济》重要。"①《乡土中国》却没有提及。换言之，《乡土中国》被视为费孝通的学术代表作，这是学界的选择而非作者自己的选择。这一点是颇为值得玩味的。

《评要》对《乡土中国》的介绍约两千字，按照文章顺序，分三大段缕述全书要义，具体内容与全慰天和陈树德书评大同小异。最后评曰："《乡土中国》属于社区分析第二步比较研究的范围，是费孝通理论研究的一部力作。他在分析乡土中国社会结构时提出的一些概念和方法，对于认识今天的中国社会，仍有许多借鉴作用。"②选择就是评价。《评要》以平实的语言肯定了《乡土中国》的理论原创性和学术典范性；而这两点正是学术经典的基本品格。

《评要》在《乡土中国》的阅读史上具有承上启下的意义，它是前期"书评"的总结，也把《乡土中国》纳入中外"社会学名著"的体系，赋予其社会学经典的地位，从而引起更多专业学者的关注和研读。

三、学者的专业研读

学者的专业性研读，始于《评要》之后的 20 世纪 90 年代，至

---

① 张冠生记录整理：《费孝通晚年谈话录（1981—2000）》，生活·读书·新知三联书店 2019 年版，第 517 页。

② 张静、霍桂桓主编：《中外社会科学名著千种评要·社会学》，华夏出版社1992 年版，第 204 页。

2005 年前后纪念费孝通从事学术研究 70 周年达到高潮。此后，研读日益深入，热情延续至今。迄今 30 年左右的专业性研读，从论述内容看，大致可分四个方面：一是总体性评价，二是整本书研读，三是专题性深入，四是学理性对话。

其一，总体性评价。有两位学者的两段文字，见解独到，启人深思。一是 1997 年孙郁在《费孝通：乡土情怀》中的评述。孙郁是现代文学研究者，《费孝通：乡土情怀》是其专著《百年苦梦：20 世纪中国文人心态扫描》中的一篇。他对费孝通充满敬意，对费孝通的为文为人给予高度评价。他写道："他不像传统文人那样书斋气。在他的文字里，总疏散着中国乡土社会浓浓的文化气息。他谙熟诸种西洋社会学理论，但骨子里，又很东方化。我觉得很少有像他那类的学人，终其一生，把所学的知识，与中国乡土社会那么深地结合在一起，且推动了一个古老的乡土社会，向现代工业文明的迈进。"钦佩之情，溢于言表，学术评价，入情入理。接着，他谈了阅读《乡土中国》的感受和感想：

> 我最初接触他的著作《乡土中国》时，曾被其平淡中的深刻，典雅中的博杂所吸引。我想起了马林诺夫斯基、吴文藻，也想起了沈从文。费孝通的世界是哲理的，是诗的，但更带有中国乡土社会的宁静而又躁动的颤音。还很少有人把一部学术著作写得这么平和、清秀，流溢着静穆的光彩。《乡土中国》仿佛一幅神异的画卷，把古中国的精神魂魄勾勒出来。如果说鲁迅、沈从文等人曾用感性的形象昭示了乡土社会的生活图景，那么在费孝通的笔下，则闪现着古中国乡土文明理性的光环，他把感性的生活抽象化了，在他的世界里，可以谛听到中国土地多元的声音，它那么深刻地印证了鲁迅、沈从文以来的艺术传统。应当说，中国的社会学理论，在他那里，获得了新

的活力。①

孙郁不是社会学家，而是文学评论家，这段优美的文字充满了诗性色彩。他从自己专业角度阅读《乡土中国》，有两点极具启发性。一是对《乡土中国》写作风格的描述，"平淡中的深刻，典雅中的博杂"，极为精到，"平和、清秀，流溢着静穆的光彩"，极为精彩，有助于理解《乡土中国》的学术风格，也有助于领略其"语文"价值。二是把《乡土中国》与鲁迅、沈从文以来的文学传统相联系，启示我们可以通过《乡土中国》深化对鲁迅、沈从文文学世界的理解，也可以通过鲁迅、沈从文的文学描写丰富对《乡土中国》学理内容的认识。可见，与《乡土中国》"合着看"的角度是多元的，可以是社会学著作之间的，可以是社会学与历史学之间的，也可以是社会学与文学之间的。

二是 2006 年郑杭生在《对中国社会学的巨大贡献——纪念费孝通先生从事学术研究 70 周年》一文中的评述。2005 年 4 月 24 日，费孝通在北京逝世，享年 95 岁。郑杭生是中国人民大学社会学教授，曾任中国社会学会会长，而中国社会学会的首任会长就是费孝通。郑杭生此文是费孝通逝世后代表中国社会学界对先生学术贡献所作的总体性评价。郑杭生指出："纵观费孝通先生 70 年的学术研究，他对中国社会学的巨大贡献主要表现在三个方面，这就是他对中国早期社会学所作的贡献，对中国社会学恢复重建所作的贡献，对中国社会学发展和拓展所作的贡献。"② 在论述费孝通"成绩卓著的社会学中国化"部分，对《乡土中国》作了这样的评述：

---

① 孙郁：《百年苦梦：20 世纪中国文人心态扫描》，群言出版社 1997 年版，第 186—187 页。

② 郑杭生：《对中国社会学的巨大贡献——纪念费孝通先生从事学术研究 70 周年》，《江苏社会科学》2006 年第 1 期。

《乡土中国》是费孝通先生在社区研究的基础上从宏观角度探讨中国社会结构的著作，分别从乡村社区、文化传递、家族制度、道德观念、权力结构、社会规范、社会变迁等各方面分析、解剖了乡土社会的结构及其本色。著名的"差序格局"等有中国风格的社会学理论，就是在这本书中提出和论证的。《乡土中国》是社区研究的一部比较成熟之作，代表了费孝通先生早期社会学研究生涯的一个重要转折点，即从实地的社区研究转变为社会结构的分析。费孝通先生所从事的这项工作，在当时的中国社会学界，是有开创性的。①

这段文字内涵颇为丰富，依次从学术课题、研究方法、理论结构、核心命题、学术地位及学术原创性等方面，对《乡土中国》作了较为全面的评价。从某种意义上说，这也代表了中国社会学界对《乡土中国》的评价。因此，北京大学出版社 2012 年出版的《乡土中国》"名师点评"的首段，就摘录了郑杭生的这段评语。

其二，整本书研读。"绝对不引证自己没有从头到尾读过的一本书"，这是人文学科的学者必须遵循的"金科玉律"②。《乡土中国》"重刊"后，作为中国社会学的经典之作，迅速成为学者的"必读书"。学者们在研读全书的同时，发表了一批角度不同的研读心得。可细分为如下四个层次。

一是全书要义的概述。如张伟明的《〈乡土中国〉阅读导引》(《现代语文》2004 年第 1 期)，王铭铭、杨清媚的《费孝通与〈乡土中国〉》(《中南民族大学学报》2010 年第 4 期) 等。此类概述与当年全慰天"书评"内容相似，思路清晰，客观平实，有助于初读者对

---

① 郑杭生：《对中国社会学的巨大贡献——纪念费孝通先生从事学术研究 70 周年》，《江苏社会科学》2006 年第 1 期。

② ［英］鲍桑葵：《美学史》，张今译，商务印书馆 1985 年版，第 3 页。

全书内容和要点的理解。

二是概念序列的诠释。如刘世定的《〈乡土中国〉与"乡土"世界》（《北京大学学报》2007 年第 5 期）。此文试图解决的核心问题是：《乡土中国》中提出的一系列重要概念，是否仅仅属于"乡土中国"，还是同样适用于中国之外的"乡土"世界？为探讨这一问题，文章分三步展开。首先把全书刻画乡土中国的重要概念提取出来，并找出对应性概念，从第一篇《乡土本色》的"礼俗社会"与"法理社会"到第十三篇《名实的分离》的"名实分离"与"名实一致"，共提取 14 组①。理论是概念的系统。这 14 组概念构成了《乡土中国》全书的理论框架。其次考证这些概念哪些被费孝通仅限于适用"乡土中国"，哪些则不限于此。进而将当代社会科学研究中的若干重要理论和《乡土中国》中的概念对应起来，探讨这些概念的适用边际和当代学术意义。这是文本的深度解读，对认识《乡土中国》学术概念的特殊意义和普遍意义，富有启示性。

三是理论结构的分析。《乡土中国》作为一部"乡村社会学"的理论专著，全书 14 篇文章，其内在的逻辑顺序和逻辑结构是怎样的？这是不能不阐释清楚的问题。如果说陈树德的描述是较为初步的，那么 2000 年以后专业学者的分析则是有意识的。王铭铭、杨清媚的《费孝通与〈乡土中国〉》、陈心想的《走出乡土：对话费孝通〈乡土中国〉》（生活·读书·新知三联书店 2017 年版）、岳永逸的《费孝通和他的〈乡土中国〉》[见《乡土中国》（注解本）中华书局 2020 年版"导读"] 等各自作出不同分析。把握全书的逻辑结构和内在理路，是读懂全书的关键，本书第二章将作专门探讨。

---

① 这 14 组概念依次是：1.礼俗社会与法理社会；2.熟人社会与陌生人社会；3.文盲社会与文字社会；4.差序格局与团体格局；5.私人间道德与团体道德；6.小家族与小家庭；7.男女有别与两性恋爱；8.礼治秩序与法治秩序；9.无讼社会与司法诉讼；10.无为政治与有为政治；11.教化权力与横暴权力、同意权力；12.长老统治与民主和专制统治；13.血缘社会与地缘社会；14.名实分离与名实一致。

四是现代意义的发掘。《乡土中国》描述的是"前现代"中国的乡土社会，当今中国正快速进入"现代化"的城市中国。在这种背景下，《乡土中国》还有没有价值和意义？刘志琴的《〈乡土中国〉的现代意义》（《河北学刊》2006 年第 1 期）对此作出了肯定性回答。文章把《乡土中国》界定为"前现代中国的国情咨询报告"，认为书中所提出的"礼治秩序"、"差序格局"等概念，是以民间传统习俗为基础进行社会管理，并提升为一系列制度化的社会管理模式。这是认识前现代中国社会国情，切入中国传统文化的重要思路；同时，费孝通在《乡土中国》等系列著作中，提出了怎样改造乡土社会的设想，由三农问题再回过头来参照费孝通的设想，可以发现其见解对处理三农问题大有裨益。总之，《乡土中国》作为"前现代中国的国情咨询报告"，只要中国尚未完全实现现代化，它仍具有一定的实践指导意义。其实，刘世定探讨概念序列的适用边际和当代学术价值，同样属于发掘《乡土中国》的现代意义。

学者整本书研读的"四部曲"，从全书要义概述、概念序列诠释、理论结构分析到现代意义发掘，显示出逐步深化的进程；同时，这一阅读进程具有潜在的方法论意义，今天"整本书阅读"的思路，实与之暗合。

其三，专题性深入。《乡土中国》的专题性深入，以原创概念为中心，扩展到文本内容的多个方面。

首先是原创概念的研究。刘世定所提取的 14 个（组）概念，几乎都有论文作专题探讨。其中，"熟人社会"、"礼俗社会"、"差序格局"、"礼治秩序"、"无讼社会"、"长老统治"、"血缘和地缘"以及"四种权力"的探讨，最为热门。原创概念的专题研究主要有三条途径：一是对概念内涵的解读、分析和发挥；二是把概念作为理论方法进行实证研究；三是探索概念的中西思想渊源。

近 30 年讨论最多、最深入的是"差序格局"，几十篇论文涉及多个角度。一是诠释"差序格局"含义和意义。如孙立平《"关系"：社会关系与社会结构》(《社会学研究》1996 年第 5 期)、陈俊杰和陈震《"差序格局"再思考》(《社会科学战线》1998 年第 1 期)、马戎《"差序格局"：一个中国传统社会结构和中国人行为的解读》(《北京大学学报》2007 年第 3 期)、翟学伟《再论"差序格局"的贡献、局限与理论遗产》(《中国社会科学》2009 年第 3 期)、廉如鉴《差序格局概念中三个待澄清的疑问》(《开放时代》2010 年第 7 期)等。二是探讨"差序格局"与传统文化的关系。如吴飞《从丧服制度看"差序格局"——对一个经典概念的再反思》(《开放时代》2011 年第 1 期)、阎云翔《差序格局与中国文化的等级观念》(《社会学研究》2006 年第 4 期)、潘建雷和何雯雯《差序格局、礼与社会人格——再读〈乡土中国〉》(《中国农业大学学报》(社会科学版) 2010 年第 1 期)、周飞舟《差序格局与伦理本位》(《社会》2015 年第 1 期)、陈占江《差序格局与中国文化的二重性》(《云南社会科学》2015 年第 3 期)、刘灿姣《村落中的个人与社会——从〈乡土中国〉看传统村落文化》(《新课程评论》2020 年第 2 期) 等。三是观察"差序格局"的现代发展趋势。如杨善华和侯红蕊《血缘、姻缘、亲情与利益——现阶段中国农村社会中"差序格局"的"理性化"趋势》(《宁夏社会科学》1999 年第 6 期)、谢建社和牛喜霞《乡土中国社会"差序格局"新趋势》(《江西师范大学学报》2004 年第 1 期)、沈毅《"仁"、"义"、"礼"的日常实践："关系"、"人情"与"面子"——从差序格局看儒家"大传统"在日常小传统中的现实定位》(《开放时代》2007 年第 4 期) 等。四是研究"差序格局"的现代转型问题。如李沛良《论中国式社会学研究的关键概念与命题》(北京大学社会学所编《东亚社会研究》，北京大学出版社 1993 年版)、肖瑛《差序格局与中国社会的现代转型》(《探索与争鸣》2014 年第 6 期) 等。五是追溯"差序格局"思想渊源。如张江华《"乡土"与超越"乡土"：

费孝通与雷德菲尔德的文明社会研究〉、阎明《差序格局探源》(《社会学研究》2016 年第 5 期)等。荦荦大端，不一而足。问题探讨，互有交叉；论文之间，互有对话。

其次是《乡土中国》与《论语》关系的研究。如史鑫卉《〈论语〉与乡土中国》、杨思贤《〈乡土中国〉对〈论语〉的诠释》(《学海》2020 年第 4 期)、韩东育《〈论语〉与乡土中国的密钥》(《延边大学学报》2021 年第 2 期)等。

再次是对《乡土中国》写作、出版的回顾考证。如瞿见《帐前犹忆护灯人：费孝通〈乡土中国〉出版考》(《中华读书报》2020 年 6 月 3 日)、丁元竹《费孝通先生写作〈乡土中国〉的前前后后——纪念费孝通先生诞辰 110 周年》(《人民政协报》2020 年 7 月 20 日)等。随着阅读史的延续，专题研究将不断拓展，不断深入。

其四，学理性对话。从以上论文可以看出，近 30 年学者的研读中，与《乡土中国》的学理对话一直没有停止。但是，最为集中的对话反思，是一本专书和一篇论文。一本专书是陈心想的《走出乡土：对话费孝通〈乡土中国〉》(生活·读书·新知三联书店 2017 年版)；一篇论文是郑也夫的《评〈乡土中国〉与费孝通》(《中华读书报》2015 年 9 月 16 日)。

陈心想是旅美学者，《走出乡土》是与《乡土中国》"对话"的札记集。作者为什么写这本札记呢？他近年回国，惊讶于故乡的巨大变化，想到"费孝通《乡土中国》里的描写与我早年熟悉的乡土如此一致，但让我感到如此亲切的描写和分析，如今都要成了明日黄花。我开始重读《乡土中国》，来理解当下这个社会的变化……当我一页一页读着《乡土中国》的时候，忽然想到：为什么我不对照这个范本来看看，乡村人是如何走出乡土的呢？"于是，"以札记的由头，记录下我读书的感想、观察到的变化以及对美国的某些了解，尝试通过几方对照，给当下乡土中国或者城市化中的中国一个解释";同时,"为了对话的完整性,我对《乡土中国》的每章内容都尽可能全面介绍,让未读过《乡土中国》的读者也可读来无碍,方便理解对话"。① 全书由 14 篇札记组成,每一篇的标题都体现出对话性。如第一篇"乡土本色:走出乡土",第二篇"文字下乡:乡民进城",如此等等。阅读《走出乡土》,既有助了解"乡土中国"基层社会的过去,也可以看到乡土中国"走出乡土"的过程。《走出乡土》是《乡土中国》有益的辅助读物。

郑也夫是北京大学社会学教授,与陈心想是师生,他的这篇文章就是为《走出乡土》一书写的序。郑文开头坦率表示:"我不是费先生的学生和崇拜者,且对他晚年的思想观点和道路选择颇有些不同看法。"② 他就以这样的身份和姿态加入了《走出乡土》与《乡土中国》的对话和讨论,提出了许多直言不讳、富于启发性的见解,是深入理解《乡土中国》和《走出乡土》不可多得的文本。

郑氏谈《江村经济》与《乡土中国》的关系以及《乡土中国》的学术特色,令人印象深刻。他以一贯的坦率笔调写道:"我觉得《江村经济》绝不下于《乡土中国》。完成前书时费 28 岁,后书时 38 岁。跨越十年的这两书实为姊妹篇。一个微观;一个宏观;一个是对某一村庄生活的面面俱到的事实勾画,一个是对传统社会秩序的融会贯通的理论思考……《江村经济》在深入调查一端,《乡土中国》在理论思辨一端。而二者在他那里发生了关联,没有《江村经济》和魁阁的六年(1939—1945)的乡村研究,就不会有《乡土中国》的宏观思考。"关于《乡土中国》的学术特色,郑文认为:"准确地说,《乡土中国》是一本通俗的理论著作,它形成了概念,讲出了自家的道理。通俗的理论也是理论,艰深的理论史不是理论。

① 陈心想:《走出乡土:对话费孝通〈乡土中国〉》,生活·读书·新知三联书店 2017 年版,第 38—39、324 页。
② 郑也夫:《评〈乡土中国〉与费孝通》,《中华读书报》2015 年 9 月 16 日。

而《乡土中国》是通俗理论著作中的精品。"确实，用费孝通自己的话来说，《乡土中国》就是一部"用散文笔法写的人类学著作"。

2020 年初，中国人民大学社会与人口学院教授岳永逸，为中华书局版《乡土中国》(注解本)(2020 年 4 月版)写了一篇"导读"，题为《费孝通和他的〈乡土中国〉》。近三万言的"导读"共六节：一、费孝通其人；二、《乡土中国》的知识谱系；三、《乡土中国》的成书与主旨；四、"熟人社会"：《乡土中国》的概念；五、《论语》"心得"与费氏"金句"；六、乡土中国与当代世界。细心的读者会发现，这六节几乎涵盖了"学者专业研读"四大方面所涉及的所有主要论题。当然，论题相近，内容并不雷同。文章提供了有价值的材料，提出了独到见解，内容和方法值得参考。

四、教师的"适度导读"

2019 年，《乡土中国》被列入统编高中语文教材"整本书阅读"的指定书目。这是一个历史性事件，它将开启《乡土中国》阅读史的新时代。从 2019 年以来，《乡土中国》的阅读呈现出"专家研读"和"教师导读"双线并进、相互启发的态势。本节先对近两年教师导读史作简要回顾，再对教师导读的原则、适度导读等问题略述己见。

其一，《乡土中国》导读概况。教师的文本导读，是面向中学生的普及性阅读，有其相应的任务、要求、角度和方法。2019 年以来，围绕为什么读、读什么、如何读、阅读的意义是什么等问题，语文学科专家和一线语文教师发表了大量文章，提出了各种见解。

从文本看，有论文，也有专书。2019 年以来发表的导读论文，呈"井喷"态势，已有数百篇之多。其中较受关注的是统编教材编者、语文学科专家和社会学专家的相关文章。如温儒敏的《年轻时有意识读些"深"一点的书——〈乡土中国〉导读》(《名作欣赏》2019 年第 12 期)、顾之川的《怎样阅读〈乡土中国〉?》(《语文建设》2019 年第 12 期)、顾之川的《为什么要读〈乡土中国〉?》(《新课程评论》2020 年第 2 期)、陈心想的《高中生如何阅读〈乡土中国〉》(《新课程评论》2020 年第 2 期)等。2019 年《乡土中国》出现于统编教材,2020 年就出版了多种导读专书。如邓彤、王从华主编的《〈乡土中国〉整本书阅读》(上海教育出版社 2020 年 7 月版),刘智清、王锡婷主编的《〈乡土中国〉整本书阅读与研习手册》(中华书局 2020 年 9 月版),以及稍后屈伟忠注析的《乡土中国》(详细注析版)(人民文学出版社 2023 年版)等。

从内容看,有"概论",也有"方案"。所谓"概论",就是通论为什么读、读什么、如何读、阅读的意义是什么等学理性问题。温儒敏、顾之川、陈心想的文章就属于概论性的。所谓"方案",就是一线教师总结各自的导读经验,提供各自的导读教案。目前各种语文教学类刊物发表的文章,大多属于方案性的教案和教学建议。上述三本导读专书,则合"概论"与"方案"为一体,有学理阐述,有文本细读,有教学建议,有拓展材料等。邓彤、王从华主编的《〈乡土中国〉整本书阅读》包含四大部分,即"阅读战略"、"阅读导航"、"任务学习"和"思考与练习";编写思路和主体内容更偏重于教师的导读教学。刘智清、王锡婷主编的《〈乡土中国〉整本书阅读与研习手册》也包含四大部分,即"其人其作"、"章节研读"、"拓展阅读"和"学习任务";其中的"章节研读",包括"章节阅读指导"、"段落大意归纳"、"思维导图"和"词语释义",是全书的"文本细读",有助于学生对《乡土中国》文本的理解。屈伟忠的《乡土中国》(详细注析版)包括四个部分,即"注释"、"内容提要"、"关键概念阐释"、"思维导图"。这三本书各有所长,教师"导读"时，可以各取所需。

其二，《乡土中国》导读原则。《乡土中国》的"导读原则"是什么？统编本《普通高中教科书语文必修高一上册》"整本书阅读"单元提示指出："阅读《乡土中国》，要注意理解书中的关键概念，把握全书的逻辑思路，了解这本书的学术价值；学会根据阅读目的选择阅读方法，积累阅读学术著作的经验。"[①] 我认为，这是对学生提出的阅读要求，也是教师应遵循的导读原则。这段话可分两个层次，不妨倒过来从后往前来理解。首先，《乡土中国》是一部研究传统中国乡村社会结构和观念的学术著作。因此，完整阅读《乡土中国》的目的，就是在了解中国乡村社会的同时，"积累阅读学术著作的经验"，亦即学会阅读学术性著作。其次，不同类型的书籍，有不同的阅读方法。学术著作是由系列概念构成的理论体系。因此，阅读《乡土中国》应当按照"理解关键概念"、"把握逻辑思路"、"了解学术价值"或"掌握理论体系"的顺序，循序渐进。其实，这也是"学术著作"普遍适用的阅读原则。我们不妨把这一导读原则概括为"一个中心，三个要点"。学术著作的教师导读，就应当围绕一个中心，紧扣三个要点：即围绕"学术著作"这一中心，紧扣"理解关键概念"、"把握逻辑思路"、"了解学术价值"或"掌握理论体系"三个要点。

《乡土中国》的导读，尤其应当如此。费孝通曾表示：《生育制度》是"一本我喜欢的理论性著作"[②]。《生育制度》全书 16 章，有章有节，秩序井然，概念明确，论述严谨，是一部更为典型的学术著作。与之相比，从著作形态看，《乡土中国》并不是一部"规范"的"理论性著作"。《乡土中国》有三个特点：诗性的概念，散文化的结构，杂话式的表述。这三个特点，增强了学术文本的可读性，

---

① 教育部组织编写：《普通高中教科书语文必修高一上册》，人民教育出版社 2019 年版，第 79 页。

② 费孝通：《中国文化的重建》，华东师范大学出版社 2014 年版，第 91 页。

同时也增加了理解的困难。因此，教师的导读，特别应当"紧扣三个要点"。按照"先整体把握，再单篇深入"的阅读习惯，不妨把"三个要点"的顺序调整如下：梳理全书理论结构，界定每篇关键概念，疏通全篇论述思路。

首先，化散文为论著，梳理全书理论结构。叶圣陶说："目录表示本书的眉目，也具有提要的性质。所以也须养成学生先看目录的习惯。"[①] 以"眉目"喻"目录"，妙！"眉目"可以"传情"，"目录"可以"达意"，可以展示全书的逻辑层次和理论结构，因而"具有提要的性质"。阅读学术著作，先看目录，有助于把握全书理论结构，做到整体在胸，"所以必须养成学生先看目录的习惯"。然而，翻看《乡土中国》的目录，这不像一部规范的学术著作，而像一部随性的"散文随笔集"。《乡土中国》散文化的目录，对全书概要的了解，造成三重困难：每一篇的标题或是一个短语，或是一个概念，大多不是一个意思明确的判断或命题；每一标题下面没有分层次的小标题，无法看到论题展开的论述思路；全书 14 篇，每一篇的标题各自独立，没有显示出标题与标题之间或并列、或递进、或转折、或拓展深化的逻辑关系。"整本书阅读"的目的，是为了弥补"单篇短章"所造成的"眼花缭乱，心志不专"[②] 的弊端。如果我们不能让学生看到《乡土中国》是一部结构完整的学术著作，那么学生读完 14 篇文章，难免依然"眼花缭乱，心志不专"。

细读《乡土中国》全书，我们可以发现，在看似"散文随笔式"的目录背后，这是一部思路绵密、逻辑有序、起承转合、层层深化的严谨学术著作。为了让学生在细读全书之前，能认识到这是一部结构严谨的学术著作，能够把握全书的"提要"，教师导读有必要

---

① 叶圣陶：《叶圣陶语文教育论集》，高等教育出版社 2015 年版，第 18 页。

② 叶圣陶：《叶圣陶语文教育论集》，高等教育出版社 2015 年版，第 59 页。

"化散文为论著，梳理理论结构"。具体而言，可分两步走：首先在原标题下增加一个"副标题"，以显示篇与篇或章与章之间的逻辑关系；进而在每一篇标题下增加若干"小标题"，以显示论题展开的论述思路。当然，这并非轻而易举的事情。在谈到学者的"整本书阅读"时，已经介绍过他们对"理论结构的分析"，可以用"众说纷纭"来形容。因此，如何赋予《乡土中国》一个既符合文本原义，又符合作者原意的理论结构或逻辑框架，尚需教师研读原著，花一番功夫。本书第二章将对此作初步探讨。

其次，化诗性为理性，界定每篇关键概念。学术著作不同于文学作品，人物形象是理想艺术表现的真正中心，概念范畴则是学术著作阐释的真正中心。从某种意义上说，一部书就论述一句话、一个命题，一篇文章就阐释一个问题、一个概念。因此，阅读《乡土中国》就应当抓住每一篇的一个或一组"关键概念"。第一篇《乡土本色》的关键概念就是"礼俗社会"与"法理社会"、"熟悉人社会"与"陌生人社会"；这两组概念相互联系，是全书的逻辑基点。"差序格局"、"家族社群"、"礼治秩序"、"长老统治"等，都是"礼俗社会"或"熟人社会"不同层面的特点。

《乡土中国》中的概念并非都是诗性的，作者在行文中随时都在给专业术语和重要名词下定义。以《乡土本色》为例。谈到乡土社会的"地方性"，作者随即给"地方性"下了定义："地方性是指他们活动范围有地域上的限制，在区域间接触少，生活隔离，各自保持着孤立的社会圈子"；继而论述乡土社会"是一个'熟悉'的社会"，又对"熟悉"下了定义："熟悉是从时间里、多方面、经常的接触中所发生的亲密的感觉。这感觉是无数次的小摩擦里陶炼出来的结果"。[1] 但是，全书确有不少关键概念，或没有明确界定，

---

[1] 费孝通：《乡土中国》，人民出版社 2015 年版，第 6 页。

或借用比喻作诗意描述。"差序格局"是典型一例。正如有学者所说："'差序格局'这个概念是在一种类似于散文风格的文章中提出来的。在文章当中，没有对于概念的明确定义，而是一种极为形象但又很难用准确的术语进行描述的比喻……从某种意义上来说，人们在这种分析中所见到的是一种极有洞见和启发的思想，而不是一种严格的学术结论。"① 因此，"差序格局"成为最含混难解的概念，其内涵和外延，众说纷纭，莫衷一是。此外，像礼俗社会、礼制秩序、无为政治、长老统治以及"四种权力"、"血缘与地缘"等，都是概括力极强、内涵极为丰富的概念。然而，作者对之描述多而界定少，读者对之可以意会而难以言传。于是，这就需要教师在导读中"化诗性为理性，界定概念涵义"，以便学生理解掌握。概念是事物本质的提炼和概括。莫说一个中学生，任何一个成年读者，读完《乡土中国》整本书，能理解和掌握 14 篇文章中的 14 个或 14 组关键概念，便已得其精髓了，亦即对"作为中国基层社会的乡土社会究竟是个什么样的社会"的问题，已经有基本的认识了。

再次，化杂话为论证，疏通每篇论述思路。1954 年，曹聚仁在《小品散文的新气息》一文中，称赞费孝通的散文风格："深入浅出，意远言简，匠心别见，趣味盎然。"② 1998 年，李国涛认为费孝通是"文学圈外文章高手"："我愿作一个大胆的揣测：费老的文章受到英国散文的很大影响……'不喜欢舞文弄墨，却能运用一种平易、清楚而有力的语言'……所有艰深的学术问题，费老都能讲得浅显易懂，而且使人产生兴味。处处有实际生活，又处处有理论，有学术"；"只是补充一句，在任何地方，读者都会感觉出：这是一位社会人类学家写的文章，因为它不只是作有趣的报道，它实际上在阐释某

---

① 孙立平：《"关系"、社会关系与社会结构》，《社会学研究》1996 年第 5 期。
② 曹聚仁：《文坛五十年》，生活·读书·新知三联书店 2011 年版，第 362 页。

一个社会学的主题"。①借用李国涛的话来形容《乡土中国》的文章风格，可谓恰如其分：平易清楚，浅显易懂，生动有趣，学理盎然。

读费孝通的《乡土中国》，能给人一种轻松的文学享受。孙郁初读《乡土中国》，就是被其"平淡中的深刻，典雅中的博杂"所吸引。然而，正是这种"典雅中的博杂"的杂话式文风，可能越出"学术著作"的阅读期待。《乡土中国》的论述方式，并不严格遵循教科书式的"三段论"，而是把论证寓于杂话之中：富于想象的比喻与严格界定的概念并存，事例的生动叙述与学理的层层剖析交错，文断意不断的跳跃性结构与潜在的起承转合的理路重叠，如此等等。《乡土中国》的这种"典雅中的博杂"的杂话风格，阅读起来轻松有趣，但也会给初读学术著作的学生带来困惑。学生会因为抓不住要点而焦虑，会因为理不清头绪而茫然。当年梁漱溟读费孝通《乡土重建》中的文章，曾发出这样的感叹："真令人怀疑：究竟写一篇文章所给人的影响，是增加了明白，还是增加了不明白？"②

如前所说，《乡土中国》的阅读，能够把握全书的理论结构和逻辑框架，同时又能理解和掌握 14 篇文章中的 14 个或 14 组关键概念，便已得其精髓了。然而，正如冯友兰所说："在达到哲学的单纯性之前，需先穿过复杂的哲学思辨丛林。"③阅读学术著作是一种艰苦的思维训练。"不经一番寒彻骨，怎得梅花扑鼻香？"只有穿越思辨的丛林，才能达到哲学的澄明。同样，只有穿越思辨的丛林，只有从疏通思路的细读中得来的"概念"和"结论"，才可能变"模糊"为"明晰"，化"熟知"为"真知"。因此，"化杂话为论证，疏通论述思路"，就成为教师导读的第三个任务。

其三，《乡土中国》的适度导读。"适度导读"与"过度导读"相对；

---

① 李国涛：《文学圈外文章高手》，《博览群书》1998 年第 3 期。
② 费孝通：《乡土重建》，华东师范大学出版社 2019 年版，第 114 页。
③ 冯友兰：《中国哲学简史》，北京大学出版社 1996 年版，第 295 页。

强调适度导读，就是为了避免过度导读。何谓适度导读？何谓过度导读？遵循导读原则，抓住一个中心，紧扣三个要点，指导学生踏踏实实读完《乡土中国》整本书，从而积累阅读学术著作的初步经验，这就是适度导读；超越这个范围，给学生提出阅读《乡土中国》之外的其他阅读要求，让学生阅读各种《乡土中国》的"研习手册"或"导读专书"，对《乡土中国》的意义和价值作过度诠释，就是过度导读。

温儒敏在《导读》中说："网络阅读容易碎片化，而整本书阅读可以'磨性子'，祛除浮躁，培养毅力，涵养心智。老师可以给一些阅读方法的建议，主要让学生课外自主阅读，没有必要像单篇课文教学那样精雕细刻，也没有必要布置很多'活动'和'任务'。"[①] 在我看来，这段话包含两层意思：前者是强调整本书阅读的目的意义；后者就是强调适度导读，反对过度导读。所谓"老师给一些阅读方法的建议"，在我看来就是"抓住一个中心，紧扣三个要点"，这就是适度导读；"像单篇课文教学那样精雕细刻"、"布置很多'活动'和'任务'"，这就是过度导读。然而，从近几年发表的导读文章和出版的导读专书看，尤其是"导读专书"，已经出现"过度导读"的现象：或过度布置"活动"和"任务"，或逐章逐节过度提供"拓展阅读"材料，或过度提出研究课题和写作要求等。过度导读的结果，必将舍本逐末而适得其反。这是必须引起注意和警惕的。

最后，教师的"导读"如何才能做到"适度"？"适度导读"，关键是掌握好这个"度"。什么是"度"？"度"就是"掌握分寸，恰到好处"。只有掌握分寸，恰到好处，才能达到预期目的。这就对承担导读任务的教师，提出了相应的知识准备要求。只有准备充

---

① 温儒敏：《〈乡土中国〉导读》，见《乡土中国》人民文学出版社 2019 年版，第 2 页。

分，才能游刃有余。如果说学生的阅读要求应"适度而止"，那么教师的知识准备则"多多益善"。

《乡土中国》实质是一部富于创造性的中国"乡村社会学"概论。它在理论上，属于社会人类学的功能主义学派；在方法上，采用社区研究的"类型比较法"；在学术思想上，直接受到雷德菲尔德的《乡土社会》的影响；在取材途径上，不同于钱穆的《国史大纲》，《乡土中国》只讲了"特点"，没有讲"过程"。《乡土中国》的上述特点，为教师的"知识准备"勾画了一个大致范围。

费孝通的"旁白"对《乡土中国》上述特点作了不同程度的阐释和提示。根据费孝通的"旁白"，除了精读《乡土中国》的初版《后记》和《重刊序言》，教师对以下几本书，似应当有所了解：读《江村经济》，可以了解乡村研究从调查报告到学理概括的过程；读《美国人的性格》，可以加深体会社区研究的类型比较法；读雷德菲尔德的《乡土社会》，可以了解《乡土中国》的思想资源和费孝通的创造性发挥；读钱穆的《国史大纲》，可以了解中国乡村社会的历史发展过程。此外，读陈心想的《走出乡土》，有助于了解改革开放以来中国社会从"乡土中国"逐步"走出乡土"的进程。

一本《乡土中国》涉及一个学科的理论和历史。有道是，要给学生一杯水，教师应有一桶水。具备了《乡土中国》所涉及的理论知识和历史知识，教师的导读就能游刃有余，适度而止了。

本书第二章对《乡土中国》"理论结构"分析、第三章到第九章对《乡土中国》每一篇"要义和思路"的概括，力求为学生的阅读理解作"适度导读"；每一章中对相关的理论问题、历史背景和典型个案的延伸性探讨，则主要为教师导读提供必要的"知识准备"。

第二章
《乡土中国》的理论结构

——"用散文笔法写的人类学著作"

  《乡土中国》同费孝通的大部分著作，都可以说是"用散文笔法写的人类学著作"。《乡土中国》的"散文笔法"主要表现在四个方面：文章标题的散文化，全书结构的散文化，论述思路的散文化，行文风格的散文化。其中，全书结构的散文化，对把握全书理论体系影响最大。读懂《乡土中国》，需要把散文化的结构转化为学理性的结构。《乡土中国》的研究对象是传统中国农村的"社会结构"或农村中个人与社会关系。立足这一焦点，可以把《乡土中国》全书分为六章，进而可以归纳为三大部分；同时，每一章拟出合适的大标题，每一篇在原题下拟出学理性的副标题，全书的理论体系就可以清晰呈现。

一、"用散文笔法写的人类学著作"

  中学生阅读《乡土中国》的目的之一，是为了掌握"学术著作"的一般读法。与文学创作一样，学术著作的体裁是多样的，有对话体，有书信体，有逻辑规范体，有杂话散文体等。《乡土中国》是什么体式的学术著作？费孝通的一段"旁白"，间接地回答了这一问题。

1980 年 4 月至 5 月，费孝通随中国社会科学院学术交流团访美。回国不久，出版了《访美掠影》一书。在这本书中，作为社会人类学家的费孝通，以特有的散文笔法，记录了相隔 35 年后重访美国时的所见所闻所感。1997 年 10 月 31 日，费孝通谈到《访美掠影》的文体特点时说：

> 我的散文融化在我的文章里边，包含着我的学术思想。……
>
> 早先写的《访美掠影》就是用散文笔法写的人类学著作。分析美国文化。
>
> 比《重访英伦》深一步。我要讲的都隐在里边。很多人都看不出来。①

这段话很重要，可视为费孝通对自己的学术风格或文章笔法的自我阐释。所谓"我的散文融化在我的文章里边"，意思就是：文学性的散文笔法融化在学术性的文章里，或者说学术性的文章是用散文笔法写出来的，也就是"用散文笔法写的人类学著作"。其实，不只是 20 世纪 80 年代的《访美掠影》，包括 40 年代的《乡土中国》、90 年代的《行行重行行》在内，费孝通的大部分著作都可以说是"用散文笔法写的人类学著作"。

为什么这样说呢？费孝通自述文章风格的形成可以证明。1987年，费孝通在接受访谈时说："我的文风基本上是 20 年代在苏州上中学时形成的。我的学术思想基本上是在 30 年代建立的。"② 根据费孝通晚年自述，他的文风或文章笔法，学习模仿的是晚清文学家

---

① 张冠生记录整理：《费孝通晚年谈话录（1981—2000）》，生活·读书·新知三联书店 2019 年版，第 361 页。

② 费孝通：《中国文化的重建》，华东师范大学出版社 2014 年版，第 77 页。

龚自珍①，他的学术思想属于马林诺夫斯基的人类学功能学派。这就是说，用龚自珍式的散文笔法进行学术写作，在散文化的文笔中表达学术思想的文风，从20世纪的二三十年代便已逐渐形成。无论作家还是学者，写作风格一旦形成，就有相对的稳定性。《乡土中国》的文风便是费孝通一贯风格的表现。其次，《乡土中国》的最初命名也透露出文体的风格特色。费孝通曾把《访美掠影》称为"旅行杂话"②，而《乡土中国》最初就是以"杂话乡土中国"为题在杂志上连载的。《访美掠影》是"杂话"，《乡土中国》也是"杂话"。换言之，它们是性质相同的"学术杂话"，都是"用散文笔法写的人类学著作"。

1999年，浙江文艺出版社出版了《费孝通散文》。在这本散文集中，《访美掠影》的文章选入3篇，《乡土中国》的文章选入5篇。在费孝通看来，《乡土中国》的散文价值似乎更高于《访美掠影》。那么，《乡土中国》的散文性或散文笔法表现在哪些方面？在笔者看来，与"规范化"的学术著作相比，至少表现在四个方面。

一是文章标题的散文化。标题是文章的眼睛。现代学术著作的标题，大都是意思清晰、表达完整的句子或命题。朱光潜的《谈美》是一本书信体的美学著作，全书15篇文章，标题均由正题和副题组成。如第一章标题："我们对于一棵松树的三种态度——实用的、科学的、美感的"，在比较中揭示"美感态度"的特点；第二章标题：

---

① 费孝通："我的文章是学龚定庵、魏源的。文章背后有他们，别人看不出来。我的学术文章写得不如杂文好。杂文笔法就来自龚自珍。我很用心地学过几年，在高中三年级得了'国学先进奖'。"（张冠生记录整理：《费孝通晚年谈话录（1981—2000）》，生活·读书·新知三联书店2019年版，第180页。）

② 费孝通《访美掠影》"释题代序"："有人从外地回来，拉住不放，挤些新闻，用以解闷，也是人之常情。所以一个无意写游记的人，也会因别人的催促而无法拒绝，至少我这几篇《访美掠影》是这样逼出来的……不敢言文，说些杂话，不受章法的拘束，想到什么写什么，倒也自在。"（费孝通：《美国人的性格》，华东师范大学出版社2013年版，第161页。）

"当局者迷，旁观者清——艺术和实际人生的距离"，进一步阐述"美感距离"的意义，正副标题，相互说明，清晰明确。《乡土中国》的文章标题，则大都不是意思明确的完整句子或命题，而是含蓄隐晦的词语和短语。14 篇文章的标题，少则两个字，如《家族》、《无讼》，多则 8 个字，如《系维着私人的道德》，大多是四五个字的，如《乡土本色》、《文字下乡》、《差序格局》、《男女有别》、《礼治秩序》、《无为政治》、《长老统治》、《血缘与地缘》、《名实的分离》等。从随性的标题看，这更像一本随笔性的"杂话集"，而不像一部理论性的学术专著。

二是全书结构的散文化。完整的理论体系和有序的理论结构，是现代学术著作的基本特点。读完《谈美》的 15 个标题，你会发现，这是一部逻辑有序，层层递进，体系完整的美学专著。但读完《乡土中国》的 14 个标题，单从表面看，很难发现标题之间的逻辑关系和理论过渡，更难以见出《乡土中国》作为一部"乡村社会学"的理论体系和理论结构。《乡土中国》的 14 篇文章，似乎各自独立，除《文字下乡》和《再论文字下乡》外，看不出篇与篇之间或并列、或递进、或深化的逻辑关系，类似随意编排的松散的散文集的结构，不像章节分明、严谨有序、层层推进的学术著作的结构。《生育制度》是费孝通另一部重要的理论著作，《生育制度》的标题虽然也大都是短语，但能见出清晰的逻辑联系。以第一章至第五章的标题为例："种族绵续的保障"、"双系抚育"、"婚姻的确立"、"内婚和外婚"、"夫妇的配合"，围绕生育和婚姻，层层深入展开。

三是论述思路的散文化。现代哲学家陈康有句名言："问题是哲学的中心，论证是哲学的精髓。"[①] 一篇明理论道的学术论文，

_____

① 汪子嵩、王太庆编：《陈康：论希腊哲学》，商务印书馆 1995 年版，第 534 页。

"论证"比"问题"更为重要。而规范的学术论证,一般都要遵循"始、叙、证、辩、结"的论证过程,或"现象、问题、讨论、解答"的论证程序;围绕中心,条分缕析,起承转合,环环相扣。《乡土中国》作为研究中国乡村社会特点的社会学名著,有"问题"也有"论证";作为社会学本土化的经典之作,更是提出了许多独创性的见解和观点。但是,就文章的论述思路看,似乎不是严格的论文式的,而是杂话式的,散文式的。全书 14 篇,篇幅大致相当。但是,每一篇的分段颇为随意,多的有 20 段,如《差序格局》,或 19 段如《文字下乡》、《礼治秩序》;少的只有 11 段,如《无为政治》、《名实的分离》,或 12 段如《长老统治》。每一段的文字则长短不一,长的十几行,短的二三行。最令人困惑的是,自然段落之间,往往缺乏明显的起承转合、环环相扣的逻辑联系,思路的跳跃性往往多于论证的有序性。

费孝通自己也偏好这种论述思路,强调文章要"凌空",要有"灵感",要善于"东搭西搭"。费孝通曾表示,自己的文章就是在"灵感"的触动下,把许多概念结合在一起,"东搭西搭"搭出来的。当年,有位吴江老乡看了费孝通的文章,对费老说:"你写得不错,能东搭西搭。"费孝通对老乡说:"你懂了。东搭西搭,把原来分散的东西搭在了一起,搭出了名堂。事情就是这样。文章是怎么做出来的?就是东搭西搭。你能搭得起来,讲出道理,这就是本领。搭来搭去,用实际生活中的例子去说明,这就是实证主义。承认客观存在,思想符合实际,这才有搭起来的可能。"[1] 不是条分缕析,环环相扣,而是"东搭西搭","凌空跳跃",这成为《乡土中国》最显著的论述思路和结构特点。

---

① 张冠生记录整理:《费孝通晚年谈话录(1981—2000)》,生活·读书·新知三联书店 2019 年版,第 341 页。

四是行文风格的散文化。费孝通的文章，语言生动活泼，论述深入浅出，充满生活气息；同时，善于通过生活实例说理，通过形象比喻明理，富于趣味性和文学性。因此，费孝通的文章，公认"好看"。读费孝通的学术文章，可以获得艺术的享受。孙郁初读《乡土中国》，就被其"平淡中的深刻，典雅中的博杂"所吸引，被其"平和、清秀、流溢着静穆的光彩"①所折服。在现代散文史上，费孝通占有一席之地。20世纪50年代，曹聚仁在《文坛五十年》中，论及"小品散文的新气息"，认为王昆仑的《红楼梦人物论》、冯友兰的《新世训》、费孝通的《民主·宪法·人权》，都是"采取散文小品形式来写成的"学术佳作；进而比较了三者的风格特色："冯氏的散文谨严，王氏的散文畅达，费氏的散文'深入浅出，意远言简，匠心别见，趣味盎然'。都为其他文艺作家所不能及的，虽说他们都不以文艺作家见称"②。20世纪90年代，费孝通被称为"文学圈外的文章高手"。李国涛在《文学圈外文章高手》中，接着曹聚仁的话说：

> 曹氏说，此类之作，都是散文小品和闲话的一类。我才知道费老也是文学界的高手，无怪其作品如此灵动多姿，风光无限……在阐述社会问题时，总保有亲切家常的风范。我这样说是因为，作为一个对人类社会学完全外行的人，读费老的学术随笔，也可以始终保持浓厚的兴趣，并且有所获益。所有艰深的学术问题，费老都能讲得浅显易懂，而且使人产生共鸣。③

曹聚仁和李国涛的话，不是针对《乡土中国》说的，但完全可

---

① 孙郁：《费孝通：乡土情怀》，《社会科学辑刊》1998年第2期。
② 曹聚仁：《文坛五十年》，生活·读书·新知三联书店2011年版，第362页。
③ 李国涛：《文学圈外文章高手》，《博览群书》1998年第3期。

以移评《乡土中国》。

费孝通自己也追求散文化和文学性的行文风格。这主要表现在互为关联的两个方面，一是强调文章"好在隐喻"，二是主张"文章要隐"。

首先，费孝通主张"文章好在隐喻"："文章不能直写，背后都有东西的。好就好在隐喻上。不直接说出来，懂的人就懂了。"① 意蓄象中，隐而不发，不着一字，尽得风流，这是文章美学的最高境界。况且，每一个比喻或象征都无形中包含一个类比推理，具有丰富的想象空间。不过，有道是"一切比喻都是蹩脚的"。学术论文过分追求含蓄隐晦，用形象比喻代替逻辑论证，概念缺乏定义，命题缺乏分析，是有碍阅读理解的。恰如费孝通自己所说："当我们讨论时，如果不在概念上有清楚的规定，很容易因为用同一名词指着不同对象而发生混淆。"② 用比喻代替定义，更容易出现这种混淆。

其次，主张"文章要隐"。费孝通说："文章要隐，这就高级了……文章写到这一步，不着一字，可是全部把它托出来了。我的文章还是直露了一点，可是笔法就是这个笔法。"费孝通明确表示，这种"隐"的文章笔法，直接来源于龚自珍。晚年他对访谈者作了明确交代："你要知道我的笔法是哪里来的，今天同你谈得深一点。龚定庵写一个隐居的人，文章题目是《记王者隐》③。一个隐居的人，很难写，不能直接把他说出来。龚定庵一段一段地写，都是别人对他的反映，都可以看到他在里边活动。这篇文章用隐蔽的笔法写隐士，这就高了，高了。文章要隐，这就高级了。他全篇文章里，一

---

① 张冠生记录整理：《费孝通晚年谈话录（1981—2000）》，生活·读书·新知三联书店 2019 年版，第 341 页。

② 费孝通：《乡土重建》，华东师范大学出版社 2019 年版，第 19 页。

③ 此篇原题为《记王隐君》；见（清）龚自珍：《龚自珍全集》，上海人民出版社 1975 年版，第 174—175 页。

句都不让主人公出现，可是却让这个人物活起来了。"①把"文章要隐"的笔法，几乎提到至高无上的境界。古人云，文似看山不喜平。所谓"文章要隐"，通俗地说，就是通过"侧面烘托"或"以宾做主"，以增强主题的隐蔽性和文笔的曲折性。费孝通的散文《做人要做这样的人——读〈蚕丝春秋〉书后》就是这种笔法。正如费孝通自己所说："我是写姐姐，可是用郑辟疆作主题"②；姐姐费达生"隐"在姐夫郑辟疆身后。

《乡土中国》同样采用"文章要隐"的笔法，表现有二：一是每一篇的开篇，不是开门见山，直奔主题，而是大都从侧面叙述或侧面烘托开始；二是从"文章要隐"的角度看，全部篇章似可分为两类，一类对论题作正面论述，如《乡土本色》、《差序格局》等；一类对论题作"侧面烘托"，如《男女有别》、《礼治秩序》、《无讼》等。《无讼》最为典型，全文对何谓"无讼"、为何"无讼"、如何做到"无讼"等题中之义，并未作应有的正面论述。"隐"的笔法，在写作上是"高级了"，但对读者的阅读理解，无疑增加了难度。《乡土中国》的读者，对"文章要隐"的笔法应有充分认识。

晚年费孝通，似乎意识到"用散文笔法写的人类学著作"具有利弊二重性。于是，他对自己的读者提出了这样的"希望"：

> 希望大家在读我的书的时候，看看我的思想有没有中国的特点，这些特点又是怎么表现出来的，以及找出我在书中所讲的根本东西是什么。有人认为我的书好看，其实那些最好看的地方正是功夫最不到家的地方，因为道理讲不清楚，就要耍花

---

① 张冠生记录整理：《费孝通晚年谈话录（1981—2000）》，生活·读书·新知三联书店 2019 年版，第 225 页。

② 张冠生记录整理：《费孝通晚年谈话录（1981—2000）》，生活·读书·新知三联书店 2019 年版，第 226 页。

腔。花腔的确能吸引人，但那只是才华而不是学问。我的哥哥曾批评我："才胜于学，华多于实。"说的就是功夫不到家。所以我希望青年人千万不要学我的笔法。①

1984 年，在民盟中央组织的暑期"多学科学术讲座"上，费孝通作了题为"社会调查自白"的系列讲演。在讲演的"引子"中，他对学员讲了上面这段话，真诚坦率，语重心长。这段话亦可视为费孝通著作的"阅读法"，至少包含三层意思。一是指出读书"三要点"，即"看看我的思想有没有中国的特点，这些特点又是怎么表现出来的，以及找出我在书中所讲的根本东西是什么"。这里最重要的是"中国特点"和"根本东西"，亦即社会学的中国化和"志在富民"。二是反思"书好看"问题，即"其实那些最好看的地方正是功夫最不到家的地方，因为道理讲不清楚，就要耍花腔"。必须指出，费孝通书中"那些最好看的地方"，绝非都是"功夫最不到家的地方"，更非都是"耍花腔"。然而，一代大家的真诚坦率，足以令后学肃然起敬。同时提醒我们，评价一部书，应当实事求是，绝不能"见肿称肥"，变欣赏为瞻仰。三是反思"才与学"问题，即"花腔的确能吸引人，但那只是才华而不是学问"。换言之，对一个学者来说，应以"学问"为主，以"才华"为辅，以"功夫"为主，以"花腔"为辅。费孝通的"才学观"，与中国传统才学观是完全一致的。清代学者叶燮在《原诗》中说得好："识以居乎才之先，识为体而才为用。"②

费孝通阐述的"阅读法"，同样是《乡土中国》的阅读原则。

---

① 费孝通：《师承·补课·治学》（增订本），生活·读书·新知三联书店 2021 年版，第 137 页。

② （清）叶燮等著：《原诗·一瓢诗话·说诗晬语》，霍松林等校注，人民文学出版社 1979 年版，第 24 页。

如上所述，《乡土中国》是一部"用散文笔法写的人类学著作"，而"散文笔法"主要表现在四个方面：文章标题的散文化，全书结构的散文化，论述思路的散文化，行文风格的散文化。四点之中，全书结构的散文化，对把握全书的理论体系影响最大。因此，要真正读懂《乡土中国》，就需要对全书的理论结构作一分析，力求把散文化的杂话结构转化为学理性的逻辑结构。

二、《乡土中国》结构诸种观点

《乡土中国》的任务是论述"包含在具体的中国基层传统社会里的一种特具的体系"[①]。然而，从全书的表层结构或目录体例看，却并没有呈现出"一种特具的体系"，缺乏逻辑的有序性和理论结构的完整性。这在一定程度上影响了读者对《乡土中国》"特具的体系"的把握。因此，在 75 年阅读史上，不少学者尝试揭示《乡土中国》内在的理论结构，以便掌握这个"特具的体系"。具体而言，包括费孝通的自我"旁白"在内，有四种观点值得参考。

1. 费孝通的自我"旁白"：两大部分

1948 年，费孝通在给美国人类学家雷德菲尔德的信中，谈到《乡土中国》的内容时写道："在第一部分，我分析了社会关系的一般模式，认为中国是'差序格局'（亲属的模式），西方是'团体格局'（成员平等）。从这一差异性出发，我发展出中西方道德模式上的不同：（西方）普遍的爱与（东方）系于私人地位的偏爱。在书后面的部分我区分了权力的四种类型（横暴权力、同意权力、教化权力和时势权力），并且相应给出了中国乡村社区传统的四种形式。"[②]

---

① 费孝通：《乡土中国》，人民出版社 2015 年版，第 3 页。
② 转引自张江华：《"乡土"与超越"乡土"：费孝通与雷德菲尔德的文明社会研究》，《社会》2015 年第 4 期。

根据费孝通的说明，全书分为两大部分：第一部分从第 1 篇至第 9 篇，着重分析"中国社会关系一般模式"，以《差序格局》与《系维着私人的道德》为核心篇章；第二部分从第 10 篇至最后，论述了中国乡村社区传统的四种权力形式，以《无为政治》与《长老统治》为核心篇章。这一划分揭示了全书的两大理论重心，突出了作者的两大理论创新，有助于读者把握全书要义。但过于简略了，未能说明全书 14 章之间起承转合的逻辑关系。

2.陈树德的主题概括：七大主题

1985 年，陈树德在《乡土中国》书评中，首次对全书理论内容作了完整的介绍概括。他写道："《乡土中国》一书汇集了《乡土本色》等 14 篇论文，分别从乡村社区、文化传递、家族制度、道德观念、权力结构、社会规范、社会变迁等诸多方面分析、解剖了乡土社会的结构及其本色；至于后记，简直是一篇学术自传。"①

这是《乡土中国》阅读史上，首次描述其内在理路的文字。全书 14 篇文章，被归纳为 7 大主题，具有一定的概括性，散文化的标题获得了学理品格。遗憾的是，作者并没有说明 14 篇文章与 7 大主题的分属关系，更没有说明 7 大主题之间的逻辑关系和逻辑进程。

3.陈心想的结构分析：四大部分

陈心想在《走出乡土：对话费孝通〈乡土中国〉》中，首次明确提出了"《乡土中国》的结构"问题，并试图对全书的理论结构作完整分析。他把全书分为四大部分，并对每一部分各章的要义和关系作了简要说明。他的分析大致如下。

第一部分：前五章，主要"是对当时乡村工作者对乡村人的偏见的分析"。"第一章，乡土本色是'土'；第二、三章从文字下乡

① 陈树德：《从〈乡土中国〉看费孝通的学术生涯》，《读书》1985 年第 5 期。

的时间和空间维度，分析乡村对文字的需求，乡村人不是没有文字而'愚'的问题，根本就不是'愚昧'的事；第四章和第五章主要通过差序格局的社会结构来分析所谓乡村人的'私'的问题，因为这个水波纹式的圈子，对内则公，对外而言则为私，是公还是私，得看从哪个角度看了。"

第二部分：六、七两章，论述团体家族与男女有别两个相互联系的问题。第六章谈论"功能论下的生计团体家族"问题；第七章谈论"由此引发的压抑爱情、稳定婚姻的男女有别的观念"。

第三部分：八、九两章，论述社会秩序的维护问题。第八章"礼治秩序"和第九章"无讼"，是传统中国社会秩序的治理特点和理想，与现代的法治秩序形成对照。

第四部分：十至十四章，集中讨论权力问题。"第十章和第十一章，根据静态和变迁条件划分出几大类型的权力概念：静态权力、横暴权力、同意权力和长老统治的教化权力；第十二章、十三和十四章，则讨论社会变迁的权力问题：时势权力，知识权力（知识就是力量）也是时势权力的一部分。而第十二章，专门讨论了从血缘到地缘的社会变迁问题，对时下城市化背景下的社会变迁很有启发意义。"

陈心想说："我把全书十四章内容大体分成这样四个部分，别人可以不同意，但是这个划分能够帮助我们从宏观上理解和把握全书的内容，也好在这些范畴范围内考察当下社会。"[1] 陈心想着眼全书理论结构的分析，比之陈树德的主题概括，更有助把握整体的理论体系；对 14 章要义的分析，也有助理解各章的逻辑关系。但是，把前五章作为一个部分，似乎过于粗略，这五章既有"偏见的分

---

① 陈心想：《走出乡土：对话费孝通〈乡土中国〉》，生活·读书·新知三联书店 2017 年版，第 46—47 页。

析"，更有"理论的创新"，也是作者特别强调的全书核心之一；同时，没有从"乡村社会学"角度说明划分四部分的理论依据，也没有揭示各部分之间的逻辑联系。另外，四种权力是指横暴权力、同意权力、教化权力和时势权力，并无"静态权力"之说。

4.岳永逸的层次分析：七个层次

岳永逸在《乡土中国》(注解本)"导读"中认为，尽管《乡土中国》是在"杂话乡土中国"专栏基础上形成的专著，"但与专栏相较，专著明显有着更系统的思考、更严整的逻辑，并非费孝通在'后记'和'重刊序言'中反复强调的仅仅是一个'初步的尝试'或'一段尝试的记录'"①。高度评价了《乡土中国》全书思考的系统性和体例的严整性。据此，他把全书14篇文章分为七个逻辑层次，并依次对七个层次及14篇文章之间的逻辑关系，作了梳理分析。

其一，《乡土本色》："作为开篇，总领性的《乡土本色》的核心问题是'何为乡土社会'，当然这也是整本书都在回答的问题，因而答案'熟人社会'也开门见山，论证则始终围绕作为具象与抽象的'土'。"

其二，《文字下乡》、《再论文字下乡》："显然是一个板块，实际上都是在谈一个字，'愚'，核心问题是：扫盲识字真的很重要吗？"前一篇从空间格局解释乡下人没有文字的需要；后一篇从时间格局解释乡下人没有文字的需要。换言之，熟人社会"熟"的机制、方式、过程和感觉，使得作为交流方式之一、而且只能有限度传递信息的文字并不是第一位的。

其三，《差序格局》、《系维着私人的道德》："分别说的是'整个社会的结构'和'道德'，但都指向一个'私'字。"作为乡土中

① 费孝通著、岳永逸注解：《乡土中国》(注解本)，中华书局2020年版，第25页。

国社会结构的"差序格局"是一个立体结构,它包含纵向的刚性的等级化的"序"和横向的弹性的以自我为中心的"差",其维系有赖尊卑上下的等级差异的存在;而差序格局中的道德只有在私人联系中发生意义,这使得乡土中国的社会关系是从一个个人推出去的,是私人联系的增加,社会是一根私人联系构成的网络。对"差序格局"的含义作了精到诠释,并阐明了两篇之间的逻辑联系。

其四,《家族》、《男女有别》:"《家族》要回答的是'何为小家族'这个问题。最小的家族可以等于家庭,小家族是绵续的,长期性的事业社群。说清了社会基本单元'家'之后,诠释在同一个家庭中生活的男女的关系,即'男女有别'。该篇的核心问题是乡土中国的男女'情感定向为何不同',指向的是一个'情'字。"

其五,《礼治秩序》、《无讼》:"在'情'淡的家庭与乡土中国,究竟是什么维持着既定的秩序而运转?这就是《礼治秩序》回答的问题";而在传统中国向现代民族国家转变的中国,"法律如何下乡?法治秩序如何取代礼治秩序?这是'无讼'要处理、回答的问题"。费孝通认为,重要的不是送法下乡,而是变革乡土社会的结构和思想观念,即使在送法下乡之后,也还必须正视人们如何使用法律条文和法庭。

其六,《无为政治》、《长老统治》:这两篇"都在解释乡土中国的'权'"。具体言之,《无为政治》要解释的是,何为皇权?乡土社会的权力结构是怎样的?在费孝通看来,长期笼罩中国的皇权,名义上是专制、独裁,但实际是微弱的、挂名的、无为的。在乡土中国的基层社会,实际依靠的是"长老统治",一种非民主又异于不民主的教化权力,这是《长老统治》的要义。

其七,《血缘与地缘》、《名实的分离》、《从欲望到需要》:"最后三篇虽然各有不同,但其实都指向的是一个'变'字。《血缘与地缘》聚焦于个体的认同问题,回答的是"我是谁"这样的终极问题。在乡土中国，地缘不过是血缘的投影。在此意义上，偌大的中国不过是一个拟制的家。相较而言，《名实的分离》、《从欲望到需要》都更加直接回答的是"乡土社会如何演变"。"前者说的是因为长老权力和时势权力的博弈而导致的名实分离所生之变，后者说的是当经验（欲望）被计划、知识和理性（需要）所取代时所生之变局。"①

在本书看来，岳永逸的层次分析，至少有三个优点。一是划分七个层次比分为四个部分更准确、更合理、也更匀称；尽管我认为一、二两个层次不妨合而为一。二是对七个层次与 14 篇文章之间的逻辑关系，作了更为清晰的梳理，更为细致的说明，并试图用"土"、"愚"、"私"、"情"、"礼"、"权"、"变"七个关键词总领全书。三是对 14 篇文章的要义作了要言不烦的阐释，有助于读者把握各篇主题。如果在此基础上，能从"乡村社会学"角度，给每个层次拟出合适的大标题，给每一篇文章在散文化的正标题下拟出合适的学理性副标题；那么，《乡土中国》全书的理论结构和逻辑体系，就可能赫然呈现在读者面前了。

三、《乡土中国》的理论结构

完整的理论体系和有序的理论结构，是学术著作的写作规范和基本标志。而规范的现代学术作著，在体例结构上，至少有三个特点：

一是划分出章节，确立全书的理论框架；

二是拟出大标题，展示论题的逻辑进程；

---

① 费孝通著、岳永逸注解：《乡土中国》（注解本），中华书局 2020 年版，第 25—32 页。

三是拟出小标题，展示每篇的论述层次。

根据这一原则，参酌上述学者的分析，不妨把《乡土中国》这部"乡村社会学"，分成六章，每章二至三节不等；再拟出每一章的大标题和每一节的学理性小标题，以展示章与节之间的逻辑关系。如果加上《重刊序言》和初版《后记》，全书可分八大部分，粗拟章节标题如下。

《乡土中国》的理论结构

《重刊序言》：《乡土中国》是"具体社会里提炼出的概念体系"

第一章　乡土中国的社会本色

1.《乡土本色》

　　——乡土中国是聚族而居的"熟人社会"

2.《文字下乡》

　　——"熟人社会"传情达意无"空间阻隔"

3.《再论文字下乡》

　　——"熟人社会"经验传递无"时间阻隔"

第二章　乡土中国的社会结构

4.《差序格局》

　　——乡土中国的社会结构是"差序格局"

5.《系维着私人的道德》

　　——"差序格局"的道德是"系维着私人的道德"

第三章　乡土中国的家族制度

6.《家族》

　　——乡土中国的基本社群是"家族"

7.《男女有别》

　　——乡土中国的感情定向是"男女有别"

　　根据上述对《乡土中国》理论结构的分析，全书对乡土中国的基本特征或文化模式的论述，不妨作这样的概括：乡土中国的文化是以"土"为根基的乡土文化，乡土中国的社会则是扎根泥土、聚族而居的熟人社会。这是乡土中国的本色所在，由此形成了乡土中国多方面的鲜明特点：从社会结构看，乡土中国是一种差序格局，不同于西方的团体格局；从基本社群看，乡土中国是事业性的"小家族"，不同于西方生育性的小家庭；从社会秩序看，乡土中国是通过礼治维持秩序的礼治社会或礼俗社会，不同于西方用法律维持秩序的法治社会或法理社会；从权力结构看，乡土中国的权力结构可分上下两层，上层因经济的"匮乏"而导致皇权的无为，基层则依靠"传统"保证长老行施教化权力；从社会发展看，随着社会变动速率的加快，乡土社会必然向现代社会变迁，即血缘的乡土社会向地缘的商业社会变迁，教化权力向时势权力变迁，自然经济向计划经济变迁。这是《乡土中国》全书要义，也是乡土中国的"文化模式"。

学术著作理论体系的建构，有内外两方面的规定。外在规定，取决于学术写作的形式要求；内在规定，取决于研究对象的性质特点。本文把《乡土中国》的主体内容分为六章，除了学术写作的形式规范，还基于研究对象的性质特点。

《乡土中国》是一部"乡村社会学"或"农村社会学"著作。农民、农业、农村，即所谓"三农"，是"农村社会"的三大要素。农村社会学的研究对象是什么？不同的学者有不同的看法和取舍。概括起来，有三类意见：一种认为农村社会学是对农村社会作整体综合研究的学科，如对"三农"作整体性的研究，这是整体宏观论观点；一种认为农村社会学是研究农村某一局部现象的学科，如对农民、农业、农村，从不同角度进行分别研究，这是专题微观论观点；一种认为农村社会学是研究农村中个人与社会之间关系的社会学分支，这是关系论的观点。①

"关系论"者认为，宏观与微观是观察事物的两种不同角度，强调任何一个方面，都有片面性；应该把二者辩证地结合起来，找出其中最能揭示农村社会本质的焦点。而最能揭示农村社会本

---

① 关于"社会学"和"农村社会学"的研究对象问题，可参阅费孝通《乡土中国·后记》、刘豪兴主编《农村社会学》(第三版)(中国人民大学出版社 2015 年版)第一章绪论等。

质的焦点，就是农村中个人与社会之间的关系。个人是社会的存在物，人是社会关系的产物。社会塑造个人，个人创造社会。因此，抓住农村中个人与社会的关系，就能深刻揭示农村社会的本质特点。

《乡土中国》的研究对象是什么？费孝通明确说："是社会结构的分析，偏于理论性质"，是"以全盘社会结构的格式作为研究对象"①。"结构"的本质就是"关系"；部分与部分、部分与整体的关系就是结构。"社会结构"就是个人与个人、个人与社群、个人与社会组成的关系。《乡土中国》就是通过"社会结构"或"社会关系"的分析，尝试回答"作为中国基层社会的乡土社会究竟是个什么样的社会"这个问题。

"社会结构"或"社会关系"是《乡土中国》研究的中心，也是分析《乡土中国》理论结构的依据。把《乡土中国》全书分为六章，就是立足乡土中国的"社会结构"或"社会关系"。全书六章，不是并列关系，而是先总后分、由静而动的关系。从内在逻辑看，可以归纳为三大部分。

第一部分即第一章，总论"乡土中国的社会本色"。首先，阐述乡土中国社会关系的本质特征，即扎根泥土而形成的"熟人社会"或"礼俗社会"，而不是西方式的"陌生人社会"或"法理社会"；"土"、"熟"、"礼"，是《乡土本色》中的三个关键词。其次，"乡土中国"既然是"熟人社会"而不是"陌生人社会"，由此也就成为不需要文字的"无文字社会"。

第二部分即第二至五章，从四个方面分论乡土中国"社会关系"的具体特点，即"社会结构"、"家族制度"、"社会规范"、"权力结构"。而"差序格局"是乡土中国社会关系最根本的特点，它一方

① 费孝通：《乡土中国》，人民出版社 2015 年版，第 12、16 页。

面与西方社会的"团体格局"相区别，另一方面又派生出乡土中国特有的"家族制度"、"社会秩序"和"权力结构"。

第三部分即第六章"乡土中国的社会变迁"，由静而动，论述以"熟人社会"为特点的"乡土中国"，向以"陌生人社会"为特点的"城市中国"的变迁，从而为"乡土重建"提供参考。

有序的理论结构是学术著作的标志，也有助于理论观念的有效传播。车尔尼雪夫斯基在比较柏拉图与亚理斯多德（现多译作亚里士多德）美学理论的传播效果时，说过一段至理名言：

> 真理若不是纳入一种完整的体系，运用起来就不方便；谁给科学创造了体系，他就能独立使科学成为通俗易解，他的见解也将融会在群众中间传播开来。

亚理斯多德的《诗学》与柏拉图的"对话录"就是一个鲜明对比。它充分表明，一种体系是使思想产生可靠有效影响的重要条件。车尔尼雪夫斯基接着说："亚理斯多德第一个在独立的体系中申述了美学见解，他的见解几乎统治了二千多年，可是在柏拉图那里却可以找到比他还多的关于艺术的真正伟大的思想；也许，他的理论甚至不仅比亚理斯多德深刻，而且比他更完整，然而它并没有给归纳成为体系，一直到最近几乎没有引起什么注意。"[①] 这是令人遗憾的。

在理论结构的有序性上，柏拉图的"谈话录"与亚理斯多德的《诗学》形成鲜明对照；同样，宗白华的《美学散步》与朱光潜的《谈美》也好有一比。读宗白华的《美学散步》是轻松愉悦的，但要把

---

① ［俄］《车尔尼雪夫斯基论文学》（中卷），辛未艾译，上海译文出版社 1979 年版，第 183—184 页。

握其要义却并不容易。本章对《乡土中国》理论结构的分析，是否能让此书更为"通俗易解"，更易"在群众中传播开来"？答案应当是肯定的。

四、《乡土中国》与"农村社会学"

《乡土中国》属于"农村社会学"范畴，是 20 世纪 40 年代，费孝通在西南联大和云南大学讲授"乡村社会学"课程时整理出来的。当时，中国的"农村社会学"已有 20 多年的学科史和课程史，形成了较为成熟稳定的学科内容和课程体系。那么，与此前的"农村社会学"相比，费孝通的《乡土中国》有什么特点？它是否涵盖了"农村社会学"的全部内容？要回答这一问题，有必要了解一下此前"农村社会学"的学科内容和著作体例。

中国传统学术无社会学。社会学产生于西方，法国哲学家孔德被视为社会学的开创者。清朝末年，社会学由西方传入中国。此后，经历了从译介西方著作到中国学者自著的过程。中国学者自著的"普通社会学"早于"应用社会学"或"门类社会学"，也早于"农村社会学"。1923 年世界书局出版的德普与延年编辑的《社会学入门》，应当是中国学者自著的"普通社会学"的第一部书。1924 年商务印书馆出版的顾复的《农村社会学》，则是中国学者自著的"农村社会学"的第一部书。[①]

从 1924 年到 1948 年，中国学者自著且影响较大的"农村社会学"著作有近十部。下面择要作一介绍，并与费孝通的《乡土中国》作一比较。这有助于我们认识《乡土中国》的学术特点。

从顾复的首创之作说起。顾复的《农村社会学》，全书 19 章，

---

① 参阅孙本文：《当代中国社会学》，商务印书馆 2011 年版，第二章、第八章。

113 页。全书纲目如下：

第一章　农村社会之意义

第二章　农村社会之起源

第三章　农村社会之种类

第四章　农村与社会之关系

第五章　农村之环境

第六章　农村之特质

第七章　农村社会之特质

第八章　吾国农村衰微之原因

第九章　吾国农村改造之方针

第十章　今后农村社会之趋势

第十一章　农村自治

第十二章　农村教化

第十三章　农村金融

第十四章　农村合作

第十五章　农村改良之设施

第十六章　土地问题

第十七章　农业劳动问题

第十八章　佃户问题

第十九章　农村调查

　　顾复的《农村社会学》与费孝通的《乡土中国》相比，二者既有相同之处，也有明显的不同。首先，二者的学术目的是相同的。顾复《乡村社会学》开篇，强调了"农村社会学"的必要性和急迫性。他说："吾国工商业尚不发达，资本主义亦甚幼稚。五千年来，以农立国，主张保守，性好和平；但求自给，不喜竞争。政治制度、文化礼俗，莫不以此为根本。社会问题不如欧美之为都市的、工商的，而为乡村的、农业的，其情势大为相异，此农村社会学之宜研究一也。"① 从中国的历史和现实出发，强调农村社会急需研究，从而为农村改造和乡村建设提供理论基础，其见解是极为正确的。

费孝通在《乡土重建》的"后记"中有相同的表述。他说："我多年来研究的对象是中国的乡村……在乡村里可以看到中国大部分人民的生活，一切问题都牵连到这些在乡村里住的人民。我也相信目前生活最苦的是住在乡村里的人民，所以对于他们生活的认识应当是讨论中国改造和重建的重要前提。"② 认识农村，认识农民，从而作为改造和重建乡土中国的前提，费孝通的看法和顾复是一致的。其实，这也是当时所有"农村社会学"研究者共同的看法。杨开道在《农村社会学》（1929 年版）"自序"中同样写道："近几十年来，我们在国内常常听到许多的声浪：'乡村自治'、'农村运动'、'乡村生活运动'……这许多不同的运动里，却有一个相同的目的，就是改良农人生活。但是不充分了解农村生活的自身，和农村社会的基本原理，我们一定不能够达到我们增进农人生活的目的。"③ 从某种意义上说，中国的"农村社会学"，就是在当年"乡村自治"、"农村运动"、"乡村生活运动"的声浪中发展起来的。

其次，二者的内容则有明显区别。遵照先认识、后改革的顺序，顾复认为《农村社会学》应由三大部分构成："农村社会方面之研究，可分为三部：第一部为农村状况之研究，第二部为农村改良之方法，第三部为农村问题。"④ 根据这一逻辑顺序，从第一章"农村社会之意义"至第七章"农村社会之特质"为第一部分，即

---

① 孙本文：《当代中国社会学》，商务印书馆 2011 年版，第 156 页。
② 费孝通：《乡土重建》，华东师范大学出版社 2019 年版，第 118 页。
③ 孙本文：《当代中国社会学》，商务印书馆 2011 年版，第 158 页。
④ 孙本文：《当代中国社会学》，商务印书馆 2011 年版，第 155 页。

农村状况之研究；从第八章"吾国农村衰微之原因"到第十二章"农村教化"为第二部分，即为农村改良之方法；从第十三章"农村金融"到第十九章"农村调查"为第三部分，即具体农村问题的研究。

费孝通《乡土中国》14 篇，我们把它概括为六章三大部分：第一部分即第一章，总述"乡土中国的社会本色"；第二部分即第二章至第五章，分述乡土中国社会关系的具体特点；第三部分即第六章，揭示"乡土中国的社会变迁"的趋势。全书所要回答的只是一个问题：即"尝试回答我自己提出的'作为中国基层社会的乡土社会究竟是个什么样的社会'这个问题"[①]。换言之，《乡土中国》的主题是认识和剖析中国传统乡土社会的特质，具体地说是"以全盘社会结构的格式作为研究对象"[②]；它仅属于顾复《农村社会学》"农村状况之研究"的第一部分，而且集中于对传统中国农村社会结构的研究。

若与金陵大学农业经济系教授乔启明的《中国农村社会经济学》（商务印书馆 1945 年版）相比，《乡土中国》研究对象的集中性更为明显。乔著全书分 6 编 19 章，共 458 页。这是一部内容更为丰富，体例更为严整的著作。全书纲目如下：

第一编　总论

　　第一章　农村社会与农村社会经济学

第二编　人口基础

　　第二章　农村人口数量与分布

　　第三章　农村人口组合

　　第四章　农村人口消长

---

① 费孝通：《乡土中国·旧著〈乡土中国〉重刊序言》，人民出版社 2015 年版，第 2 页。

② 费孝通：《乡土中国》，人民出版社 2015 年版，第 116 页。

乔启明把"农村社会学"与"农村社会经济学"作了区分。他认为："农村社会学是研究农村社会问题的一种应用科学，以社会目光，观察及解释农村人口、经济、文化与组织等复杂现象；就其所得结果，以供指示农村社会活动的正当方向"；而"农村社会经济学的主要任务，在研究农村社会内的经济因素，但以非经济的因素，如农村宗教、娱乐、教育等，皆能直接或间接影响农村人口的经济行为，亦在研究之列。因此，农村社会经济学，得解释为研究农村社会内农村人口经济及非经济的共同行为的科学。其范围包括人口、土地、文化、农民生活及农村组织五项"。[①]

乔启明虽然在概念上把"农村社会学"与"农村社会经济学"作了区分；但在内容上，"农村社会学"的"人口、经济、文化与组织等复杂现象"与"农村社会经济学"的"人口、土地、文化、农民生活及农村组织五项"，基本上是重合的。因此，孙本文指出："乔氏此书，与其称为农村社会经济学，毋宁称为农村社会学，因其讨论范围实已包括农村社会的各方面状况，不过特别偏重农村社会经济现象罢了。"[②] 其实，顾复的《农村社会学》，除"人口"外，同样包括了乔启明《农村社会经济学》所讨论的所有问题。

不过，无论与顾复的《农村社会学》的相比，还是与乔启明的《农村社会经济学》相比，费孝通《乡土中国》研究对象的集中性和研究范围的有限性，都是极为明显的。《乡土中国》不是全面介绍"农村社会学"的系统知识，而是分析乡土中国的社会结构和文化模式。不妨回顾一下费孝通给雷德菲尔德信中的要点。费孝通认为《乡土中国》的内容包含两部分：第一部分，分析社会关系的一般模式，认为中国是"差序格局"，西方是"团体格局"；第二部分即书的后面的部分，区分了权力的四种类型，并且相应给出了中国乡村社区传统的四种形式。简言之，《乡土中国》的主题是分析乡土中国的社会结构和文化模式。具体而言，包含两个层次：一是基于亲属关系的社会结构模式，即"差序格局"而非"团体格局"；二是基于礼俗文化的权力结构模式，即长老的教化权力而非政府的横暴权力。而基于亲属关系的"差序格局"与基于礼俗文化的"教化权力"是密切联系的；正如西方的"团体格局"与"同意权力"

密切相联一样。

最后，从学术功用看，《乡土中国》与当时的"农村社会学"也有所不同。当时的"农村社会学"，旨在直接指导当下的农村社会生活的改进。正如孙本文给杨开道的《农村社会学》所写的序所说："我国农村社会生活之应当改进，几乎异口同声，但是究竟怎样去改进，那便不是玄谈空论所能奏效，其道就在洞明农村生活的特征，及其种种变迁发展的痕迹，发见其原理原则以决定改进计划。而这种知识，惟农村社会学供给之，所以农村社会学的研究，实为我国目前改进农村生活必要的步骤。"① 如前所说，费孝通在《乡土重建》的"后记"中也强调了这一点；但就《乡土中国》而言，其目的功用，则与一般的"农村社会学"有所不同。

费孝通在《旧著〈乡土中国〉重刊序言》中说："这本小册子和我所写的《江村经济》、《禄村农田》等调查报告性质不同。它不是一个具体社会的描写，而是从具体社会里提炼出的一些概念……搞清楚我所谓乡土社会这个概念，就可以帮我们去理解具体的中国社会。概念在这个意义上，是我们认识事物的工具。"② 简言之，《乡土中国》是从具体社会里提炼出的一些概念，其功用是帮我们去理解传统的乡土社会；它旨在认识过去，而不是直接指导当下。

据此，《江村经济》、《乡土中国》和《乡土重建》，这三本书构成一个学术序列：《江村经济》是具体社会的调查报告，是一个农村社区的个案描写；《乡土中国》是从具体社会里提炼出的一套概念，是认识事物的工具，用以解剖传统的乡土社会；《乡土重建》则在认识过去的"文化症结"的基础上，为乡村重建提出积极的主张。换言之，从《江村经济》到《乡土中国》再到《乡土重建》，

---

① 孙本文：《当代中国社会学》，商务印书馆 2011 年版，第 158 页。
② 费孝通：《乡土中国·旧著〈乡土中国〉重刊序言》，人民出版社 2015 年版，第 3 页。

这是一个从经验到理论，再从理论到实践的序列。《乡土中国》处于"理论"的位置，提供了认识乡土社会的方法论。所以，《乡土中国》虽然篇幅不大，并以"杂话"的笔法写作，但比之当时偏于知识的"农村社会学"，更具有学理性和方法论品格。

第三章
乡土中国的社会本色

——《乡土本色》解读

    理论著作是概念、范畴、命题的体系。只有解剖了论著的论述结构，才能把握论著的思想精髓。因此，要读懂《乡土中国》，就应当超越表层的自然段落，把握深层的逻辑层次。据此，本书以下各章，将围绕每一篇的中心论题，概述各篇的理论要义，剖析各篇的论述层次，为每一层次拟出小标题，力求把散文化的论述，转化为学术性的论述。然后，围绕各篇的核心概念或核心论题，对相关的理论问题和历史问题，作必要的补充性或延伸性论述。

    根据对《乡土中国》全书理论结构的分析，本章由《乡土本色》、《文字下乡》、《再论文字下乡》三篇构成。其中，《乡土本色》是本章的核心篇章，"熟人社会"则是本章的核心概念，也是乡土社会的本质特点所在。乡土中国是面对面的"熟人社会"，个人的今昔之隔和社会的世代之隔，都可以通过语言口耳相传，文字是多余的；在"乡土重建"的现代，只有社会结构发生变化之后，农民有了新的需求，"文字才能下乡"。这是本章的理论要义，也是三篇的逻辑关系。

    为论述方便，逻辑上相互联系的三篇，一分为二。先解读《乡土本色》，并对"熟人社会"这一核心概念作进一步阐释；再解读《文字下乡》和《再论文字下乡》，并对"无需文字"的质疑作一探讨。

一、乡土中国是聚村而居的"熟人社会"

——《乡土本色》的要义与思路

《乡土本色》是全书的开篇，它不仅是第一章的核心，也是全书的奠基性篇章。要把握乡土中国的"社会本色"，必须先读透《乡土本色》；要读懂《乡土中国》全书，也必须先读透《乡土本色》。

"乡土本色"，即"乡土中国的社会本色"。围绕这一中心，本篇首先阐述了乡土中国的四大特色：即乡土中国是"种地谋生"的农业社会，乡土中国是"不流动"的定居社会，乡土中国是"聚村而居"的村落社区，乡土中国是礼俗性的"熟人社会"。其次，进而指出，从人和人的关系看，以"土"为根、聚村而居、礼俗性的"熟人社会"，这是乡土中国的本质所在。最后，乡土中国的"熟人社会"是温情和诗意的，小地方的人在悠长的时间里，从容地摸熟了每个人的生活，就像母亲对于她的儿女一般。但在进入现代社会的过程中，乡土社会中养成的生活方式就产生了"流弊"。这是全文要义。全篇17段，可分6个逻辑层次。

1."从基层上看去，中国社会是乡土性的"（1段）

开篇第一句极为重要。"基层"一词，尤为重要，即当我们说"中国社会是乡土性的"，不是社会的"中层"，更不是社会的"上层"，而是社会的"基层"，即"那些被称为土头土脑的乡下人，他们才是中国社会的基层"。"基层"的"乡土社会"，这是对全文及全书的研究对象作了明确而严格的规定。这一点的重要性，下文再谈。

从第2段到第15段，从四个方面，阐述了"乡土中国"的四大特点。

2.乡土中国是"种地谋生"的农业社会（2—3段）

乡土中国离不开"土"。乡下人的谋生方式，是"拖泥带水下田讨生活"。因此，乡土中国是靠"种地谋生"的农业社会，形成了"土是命根"的传统。当然，"从土里长出过光荣的历史，自然也会受到土的束缚，现在很有些飞不上天的样子"。

3. 乡土中国是"不流动"的定居社会（4—6段）

乡下人的"土气"是因为"不流动"而发生的；而"不流动"是由"种地谋生"的生存方式所决定的。首先，农业与游牧或工业不同，它直接取资于土地，粘着在土地上。因为，土地是"搬不动"的，庄稼是无法"行动"的，伺候庄稼的人也不能随意"流动"。其次，安土重迁的乡土中国，由此成为一个"不流动"的世代定居的社会。

4. 乡土中国是"聚村而居"的村落社区（7—10段）

中国乡土社区的单位是村落，"聚村而居"是乡土中国的社区特点。首先，"聚村而居"与"不流动"的定居性，有联系又有区别："不流动"是从人和空间的关系上说的；"聚村而居"则是从人和人在空间排列关系上说的。其次，中国农民聚村而居的原因有四点：一是小农经营，所以聚在一起；二是农业需要水利，水利需要合作；三是为了安全，人多相互保护；四是土地平等继承的原则。再次，中国农民的聚村而居，村和村之间的孤立隔膜，使得乡土社会的生活富于地方性。最后，"聚村而居"的中国农村，不同于"单门独户"的美国农村。

5. 乡土中国是礼俗性的"熟人社会"（11—15段）

"熟人社会"是聚村而居的"地方性"的直接结果。首先，"乡土社会在地方性的限制下成了生于斯、死于斯的社会"。每个孩子都是在人家眼中看着长大的，每个人都是相互熟悉的。于是，聚村而居的社区成了"没有陌生人"的"熟悉的社会"或"熟人社会"。其次，社会学分出两种不同性质的社会，即"有机团结"的礼俗社会和"机械团结"的法理社会。生活上"被土地圈住"的"熟人社会"，是礼俗社会而非法理社会。再次，礼俗性的"熟人社会"与法理性的"陌生人社会"有明显区别：一是"在一个熟悉的社会中，我们会得到从心所欲而不逾规矩的自由。这和法律所保障的自由不同"；二是"乡土社会的信用并不是对契约的重视，而是发生于对一种行为的规矩熟悉到不假思索时的可靠性"。而这也成为"土气"的一种特色。

6. 乡土中国进入现代社会的流弊（16—17 段）

乡土中国的"熟人社会"是温情和诗意的，但有两个流弊：一是认知上是个别的，不追求普遍原则，如"孔子在不同人面前说着不同的话来解释'孝'的意义；二是熟人社会养成的生活方式，不适应陌生人组成的现代社会。于是，"土气"成了骂人的词汇，"乡"也不再是衣锦荣归的去处了。这是全文的总结，也为后文论述乡土中国向现代社会的变迁，埋下了伏笔。

全文六个层次，除开头和结尾，中间四部分，"种地谋生"、"不流动"、"聚村而居"、"熟人社会"，呈现出互为因果的内在联系，也是乡土中国的本色或本质所在。

二、"乡土社会"与"熟人社会"

——《乡土本色》的两大要点

基层的"乡土社会"作为研究对象，"熟人社会"作为乡土中国的本色，这是本篇的两大要点，它对读懂全书极为重要。

1.《乡土中国》研究的是"基层"的乡土社会。

关于《乡土中国》的研究对象，费孝通从时间和空间两个方面作了规定；前者是直接的，后者是间接的。

首先，空间的规定，即作为中国社会"基层"的乡土中国。本文开篇说："从基层上看去，中国社会是乡土性的。"《旧著〈乡土中国〉重刊序言》又说：《乡土中国》尝试回答的是"作为中国基层社会的乡土社会究竟是个什么样的社会"。作者反复强调"从基层上看"、"中国基层社会",这是对研究对象所作的空间规定。换言之,"乡土中国"是全书的研究对象,这只是"从基层上看去",就"基层"而言才能说中国社会是"乡土性"的;它并不是指从基层到上层的整个中国社会结构。

任何一个社会的整体结构都可以粗分为三个层次,即基层的乡村社会,中层的城市社会,上层的宫廷社会。中国社会的整体结构,同样由基层、中层和上层三部分构成。正如作者所说:一方面,"从这基层上曾长出一层比较上和乡土基层不完全相同的社会";另一方面,"在近百年来更在东西方接触边缘上发生了一种很特殊的社会"。但是,这些"非基层"的社会的特性,并不在本文和本书的讨论范围之内。本书的讨论范围,严格限定于"基层"的"乡土中国"。这样的"乡土中国",用社会人类学的语言来描述,就是"小型的、孤立的、自给自足、各自抱团的群体"[①];也不妨用"日出而作,日落而息,凿井而饮,聚村而居"来形容。

其次,时间的限定,即作为研究对象的"乡土中国",涵盖多长的历史长度?"乡土中国"的时限,仅仅是指当下的乡土中国,还是指历史长河中的乡土中国,本书并没有作明确限定。于是,有学者作了"顾名思义"的推测:"《乡土中国》意在概括一个大时空的特征。书名即可证明。乡土当为中国空间之大半;作者未设时限,就是说他要概括漫长历史中延续、积淀成的乡土社会特征。内容更可证明:差序格局、礼治、无讼、长老、名实分离,均为大时空的乡土社会的特征之概括。"[②]应当说,这一推测是有道理的。

费孝通虽然未在本书中对"乡土中国"的时限作明确规定,但

---

① [美]罗伯特·芮德菲尔德:《农民社会与文化》,王莹译,中国社会科学出版社 2013 年版,第 6 页。

② 郑也夫:《评〈乡土中国〉与费孝通》,《中华读书报》2015 年 9 月 16 日。

他在其他著作中对"传统社会"的时限作过明确界定。1948 年，他在《论绅士》中说："绅士是封建解体、大一统的专制皇权确立之后，中国传统社会中所特具的一种人物。"[①]稍后，他在《中国士绅》中，进而对"传统社会"的时限作了更明确界定："'士绅'这个词，指的是在中国传统社会中占有一定地位、发挥一定功能的一个阶层。这里所谓的'传统社会'是指临近公元前 3 世纪时封建制度解体之后，由中央集权一统天下的帝国时期。"[②]学界所谓"传统中国"或中国"传统社会"，亦是指从秦汉到清末这一时段的两千多年的中国。

在《乡土中国》中，传统的"乡土社会"与现代的"都市社会"是相对的。因此，"传统社会"就是指"乡土社会"，也就是指"乡土中国"。"传统社会"是指临近公元前 3 世纪时封建制度解体之后，由中央集权一统天下的帝国时期；那么，"乡土中国"同样如此，同样概括了"公元前 3 世纪封建制度解体之后，由中央集权一统天下的帝国时期"，这一漫长的历史中延续、积淀成的乡土社会特征。

理论是对象的客观延伸物，离开了特定的对象，真理就可能变成谬误。因此，阅读本书，把握住空间是"基层"的、时间是"传统"的"乡土中国"这一特定对象，至关重要。

"乡土中国"不只是本文和本书的对象，也是费孝通一生关注的对象。1948 年，他在《乡土重建》"后记"中写道："我多年来研究的对象是中国的乡村。乡村只是整个中国的一部分，我从这部分的认识中得来的看法自不免亦有所偏……我只能说在乡村里可以看到中国大部分人民的生活，一切问题都牵连到这些在乡村里住的人

---

①　吴晗等著：《皇权与绅权》，华东师范大学出版社 2015 年版，第 1 页。

②　费孝通：《中国士绅》，生活·读书·新知三联书店 2021 年版，第 15 页。

民。我也相信目前生活最苦的是住在乡村的人民，所以对于他们的认识应当是讨论中国改造和重建的重要前提。"① 可以说，"乡土中国"是费孝通的研究对象，"乡土重建"是费孝通的学术志向，而"志在富民"则是费孝通的终生理想。"基层"的、"传统"的"乡土中国"，对于"农民的朋友"的费孝通来说，具有多重意义。

2."熟人社会"是乡土中国的社会本色。

从基层上看去，中国社会是乡土性的。乡土中国的本色，便是一个聚村而居的面对面的"熟人社会"。白居易五言古诗《朱陈村》，对 1500 年前"朱陈村"这个"熟人世界"，有生动具体的描写。诗曰：

> 徐州古丰县，有村曰朱陈。去县百余里，桑麻青氛氲。
> 机梭声札札，牛驴走纭纭。女汲涧中水，男采山上薪。
> 县远官事少，山深人俗淳。有财不行商，有丁不入军。
> 家家守村业，头白不出门。生为陈村民，死为陈村尘。
> 田中老与幼，相见何欣欣！一村唯两姓，世世为婚姻。
> 亲疏居有族，少长游有群。黄鸡与白酒，欢会不隔旬。
> 生者不远别，嫁娶先近邻。死者不远葬，坟墓多绕村。
> 既安生与死，不苦形与神。所以多寿考，往往见玄孙。

"女汲涧中水，男采山上薪。"依山傍水，聚族而居，男耕女织，安居乐业，重农轻商，不慕财货，亲属情谊，无官无讼。明代诗评家都穆对《朱陈村》所描写的"民俗淳质"的"熟人世界"无比神往。他在《南濠诗话》中写道："朱陈村在徐州丰县东南一百里深山中，民俗淳质，一村惟朱、陈二姓，世为婚姻。白乐天有《朱陈村》三十四韵……予每诵之，则尘襟为之一洒，恨不

---

① 费孝通：《乡土重建》，华东师范大学出版社 2019 年版，第 118 页。

生长其地。"①

《朱陈村》可谓传统中国熟人社会的缩影。"熟人社会"是乡土中国的本色和本质，也是《乡土本色》全篇乃至《乡土中国》全书的核心概念。

首先，"熟人社会"是《乡土本色》的核心概念。《乡土本色》共 17 段，2 至 15 段谈论了"乡土中国"的特点。"乡土中国"与"熟人社会"，一体两面。因此，换一个角度，乡土中国的特点，就是熟人社会的特点：乡土中国是种地谋生的农业社会，这是熟人社会的生成根基；乡土中国是不流动的定居社会，这是熟人社会的空间格局；乡土中国是聚村而居的村落社区，这是熟人社会的社区特点；乡土中国从熟悉得到自由和信任，这是熟人社会的行为规矩；乡土中国人的认识是个别的、具体的，不追求普遍原则和抽象原理，这是熟人社会的认知特点。

其次，"熟人社会"是第一章的核心概念。第一章包含《乡土本色》、《文字下乡》、《再论文字下乡》三篇；其中，《乡土本色》是核心，《文字下乡》和《再论文字下乡》是延伸性或派生性的。二者是一种因果关系：乡土中国是聚村而居的"熟人社会"，而不是现代的"陌生人社会"；既然乡土中国是"熟人社会"，是"面对面的社群"，因而也就无需间接的传情达意的文字媒介，"文字是多余的"，"熟人社会"便成为"无文字社会"了。

作者在《文字下乡》中说："在熟人中，我们话也少了，我们'眉目传情'，我们'指石相证'，我们抛开了比较间接的象征原料，而求更直接的会意了。所以在乡土社会中，不但文字是多余的，连语言都并不是传达情意的唯一象征体系。"总之，只有"熟人社会"，才可能是"无文字社会"。《文字下乡》和《再论文字下乡》关于"文

---

① 丁福保辑：《历代诗话续编》（下），中华书局 1983 年版，第 1364 页。

字多余"的论述，是由"熟人社会"派生的，也是就"熟人社会"这个特定对象而言的。

再次，"熟人社会"又是全书的基础性概念。《乡土中国》的学术任务，是尝试回答一个问题，即"作为中国基层社会的乡土社会究竟是个什么样的社会"？而"乡土社会"的本色就是"熟人社会"。因此，第二部分第二章至第五章谈论的四大问题，即差序结构、家族制度、礼治秩序、长老统治等，就是对作为乡土本色的"熟人社会"的多角度阐释。具体而言，礼俗性的"熟人社会"的社会结构是"差序格局"；礼俗性的"熟人社会"的社会制度是宗法性的"家族制度"；礼俗性的"熟人社会"的社会秩序是"无讼"的"礼治秩序"；礼俗性的"熟人社会"的权力结构是长老统治。总之，乡土中国的上述特色就是"熟人社会"的特色；阅读《乡土中国》，应当围绕"熟人社会"这一核心概念来理解上述问题。

"熟人社会"是乡土中国的本色，也是传统中国的特色，它使中国人生活在充满亲情、信任和亲密感的人情世界里。在《乡土本色》的字里行间，不时可以感受到费孝通对"熟人社会"的眷恋之情。城里人说乡下人"土气"，费孝通则赞美这种"土气"。他写道："只有直接有赖于泥土的生活才会像植物一般的在一个地方生下根，这些生了根在一个小地方的人，才能在悠长的时间中，从容地去摸熟每个人的生活，像母亲对于她的儿女一般。陌生人对于婴孩的话是无法懂的，但是在做母亲的人听来都清清楚楚，还能听出没有用字音表达的意思来。"这是一段散文，一段富诗意的散文。将近四十年后的 1987 年，费孝通再次流露出对充满温情的熟人世界的眷恋。他说："让我十分坦白地说，如果我能选择，我有理由宁可回到旧日，回到一个富有的又平均的农民的世界。那时我会享受和平的心境、稳定的生活和友好的环境。我会生活在熟悉的世界里，享受有人情的生活。"①

　　这种"熟悉的世界","人情的生活","友好的环境",便是陶诗中描写的"诗性生活":"清晨闻叩门,倒裳往自开。问子为谁欤,田父有好怀。壶浆远见候,疑我与时乖"(《饮酒·其九》),"故人赏我趣,挈壶相与至。班荆坐松下,数斟已复醉。父老杂乱言,觞酌失行次"(《饮酒·其十四》)等等。然而,恰如费孝通所说,这种宁静的环境,人情的生活,在熟悉的人中找到和平和安全,也许只存在于诗中,现实世界里也许从来没有过。不过,人是感情的动物,"熟悉的世界","人情的生活","友好的环境",永远是人们追求的理想,永远是人们心灵的绿洲。因此,故乡、故土、故人情,便成为历代诗歌的永恒主题。

三、"熟人社会"与"半熟人社会"

　　传统的乡土中国是"熟人社会",现代的中国农村已变成"半熟人社会"。费孝通说:"只有抓住了比较研究,才能谈得到自觉。"②把传统的"熟人社会"与现代的"半熟人社会"作一比较,有助于深入理解以自然村为基础的传统乡村和以行政村为基础的现代农村。

　　1. 自然村与"熟人社会"。

　　《乡土本色》中所说的"熟人社会",是以聚族而居或聚村而居的自然村为基础的。从历史上看,"村"是农村社会产生以来十分古老的一个概念,历史上一直是以自然村的面目出现的。自然村是由村民经过长时间聚居而自然形成的村落。我们的祖先,在靠近可耕地的地方,如果有条河川或溪流,为灌溉和其他方面提供足够的

---

①　费孝通:《中国文化的重建》,华东师范大学出版社 2014 年版,第 111 页。
②　费孝通:《中国文化的重建》,华东师范大学出版社 2014 年版,第 130 页。

用水，人们依山傍水而居，一座村庄就自然地诞生了。由于居住地域和居住环境的不同，可以分为村落、村庄和村寨。一般南方人习惯于称自然村为村落，北方人习惯称为村庄，而山区居民习惯称为村寨。称谓不同，含义相同，均指农村的自然聚居群落。传统的自然村，有两个显著特点。

首先，自然村大都是中等单元的聚居空间。在广袤的中国大地上，由于文化习俗、居住习惯、外界威胁、地形地貌的不同，不同地域的村庄聚落形式千差万别。有数千人的大村庄，也有一家一户的独居村。从总体来看，中国传统村庄，一般都为数十人至数百人的中等单元的聚居空间。陶渊明《桃花源记》："村中闻有此人，咸来问讯。"郑板桥《增图牧山》诗："僮奴数十家，鸡犬自成村。"村中来人，咸来问讯；数十人家，鸡犬相闻。这表明传统村庄规模都不大。清末一位外国旅行家有更为具体的描述："在中国这个国家，所有乡村都不大。每村不过是由其街道两旁的一排房屋组成。在长一英里的道路两边，大约只有 80 到 100 间房屋。"① 这个中等单元的聚居空间，就成为乡土中国的村民长期聚居繁衍的生活舞台。②

---

① 转引自萧公权：《中国乡村：19 世纪的帝国统治》，九州出版社 2021 年版，第 17 页。

② 其实，18 世纪工业革命之前，包括东西方在内的一切"文明社会"，都是由一串串纵横交错的"自然村"或"小农庄"构成的聚落。法国作家莫罗阿（1885—1967）在《情操与习尚》（即傅雷译《人生五大问题》）中，对作为欧洲社会"母细胞"的"小农庄"曾有生动的描写："在原始的共产时代以后，一切文明社会的母细胞究竟是什么呢？在经济体系中，这母细胞是耕田的人借以糊口度日的小农庄，如果没有了这亲自喂猪养牛饲鸡割麦的农人，一个国家便不能生存……每一群自给自食的农人都确知他们的需要，遇着丰年，出产卖得掉，那么很好，可以买一件新衣，一件外套，一辆自由车。遇着歉收，那么，身外的购买减少些，但至少有得吃，可以活命。这一切由简单的本能统治着的初级社会，联合起来便形成稳重的机轴，调节着一个国家的行动。"（［法］莫罗阿：《人生五大问题》，傅雷译，生活·读书·新知三联书店 2015 年版，第 7—8 页。）从人类漫长的历史看，人们长期生活在由"自然村"或"小农庄"构成的范围狭小的乡土社会中，世俗化社会不过是近数百年的事，都市生活不过最近才开始。

其次，累世聚居使自然村成为"熟人社会"。在这种中等单元的聚居空间里，由于累世聚居，朝夕相处，成为一个"熟人社会"。"熟人社会"是中国传统乡村的本质特征。根据《乡土本色》的描述，它具有如下三个特点：首先，"每个孩子都是在人家眼中看着长大的，在孩子眼里周围的人也是从小就看惯的"，即这是一个"熟悉"的，没有陌生人的社会；其次，"我们大家都是熟人，打个招呼就是了，还用得着多说吗？"即人与人之间是知根知底的，熟人之间是用不着多说的；再次，"乡土社会里从熟悉得到信任。这信任并非没有根据的，其实最可靠没有了，因为这是规矩……乡土社会的信用并不是对契约的重视，而是发生于对一种行为的规矩熟悉到不假思索时的可靠性"，即熟人社会靠信任和规矩行事，而不是靠法律和契约行事。换言之，朝夕相处，知根知底，按规矩行事，这是熟人社会的三大特色。

中等单元、累世聚居、熟人社会，这三者是相互关联的。中等单元和累世聚居是"因"，熟人社会是"果"。在熟人社会的上述三个特点中，最后一点，即熟人社会靠信任和规矩行事，而不是靠法律和契约行事，最为重要，也是"熟人社会"与"陌生人社会"最本质的区别。于是，礼俗性的熟人社会，又形成一系列的特点：一曰差序格局，二曰礼治秩序，三曰崇尚无讼，四曰无为政治，五曰长老统治等等。

应当指出，上述熟人社会是传统中国封闭时代的乡村熟人社会。当前中国农村社会的情况已大为不同。当前的中国农村与城市相比，依然是一个熟人社会；但是，传统熟人社会的礼治秩序和长老统治早就解体，自然产生信用的规矩也已不太可靠。唯一比较可靠的是同村之人还是熟人，各自不仅了解对方的才干与人品，而且清楚对方的身家、财产及亲友关系。不过，当下中国农村的这种熟人社会，与"从熟悉得到信任"的传统熟人社会已有所不同，不妨称之为"半熟人社会"。

2. 行政村与"半熟人社会"。

"半熟人社会"的概念是当代社会学研究者贺雪峰提出来的，并认为它与行政村的出现密切相关。贺雪峰把行政村与自然村的人际关系和生活活动作了比较，然后提出了"半熟人社会"的概念。他写道：

> 行政村是否也是熟人社会？的确，行政村内不过千把号人，依然相互认识，见面打招呼也不需要多余的语言，大家具备相同的地方性知识。但是，行政村的熟人已相当地不同于自然村的熟人。自然村的熟人因为拥有村落共同的生活空间，而相互知底知根，行政村作为规划的社会变迁，虽然拥有相同的行政空间，却可能缺乏共同的生活空间，村民们是在本自然村内串门、拜年、办红白喜事，在本自然村内举行各种仪式，进行诸种游戏的。结果，行政村虽然为村民提供了相互认识的机会，却未能为村民之间提供充裕的相互了解的公共空间。对于这类行政村，不可以称为"熟人社会"，却可以称为"半熟人社会"。[①]

这里有三个问题需要回答：其一，行政村是怎么形成的？其二，自然村的"熟人社会"与行政村的"半熟人社会"区别何在？其三，提出"半熟人社会"概念有何意义？

其一，行政村是有规划的社会变迁的产物。从历史上看，行政村不是累世聚居、自然形成的村落，而是 20 世纪初，随着现代因

---

① 贺雪峰：《乡村治理的社会基础》，生活书店出版有限公司 2020 年版，第 45 页。本节对"半熟人社会"的阐述，参考贺雪峰该书《论半熟人社会》、《半熟人社会与直接选举》诸文。

素的渗入，逐步由国家建构起来的行政建制。具体而言，20世纪以来，由国家推进的现代化运动，越来越需要来自农村的财税支持。为了加强对农村资源的汲取能力，并在战争和革命中形塑农民作为一个社会行动集团的行动能力，20世纪以来的各个政权都加强了行政权力对农村社会的渗透和控制。而将居民划分到各地域进行有效控制和管理，是致力于现代化的国家政权加强对居民征税和行为管理的基本措施。行政村就是在这种有规划的社会变迁中，在自然村的基础上形成的。

　　然而，从自然村到行政村的社会变迁进行得相当缓慢，而且一波三折。在新中国成立前，虽然推行了保甲制度，以自然村为单位的权力结构依然主宰着农村的局面。例如，在华南，"在融合型的村落中，血缘共同体和村落社区是同一的，所有权利都集中在同一宗族中"；"在联合型的村落，村落政治权力分散在不同的宗族手中"。[①] 新中国成立后，行政村的形成也有一个过程。真正凸显行政村功能的是农村社会主义改造。经过合作化和人民公社运动，社管理委员会行使村的职能，反过来，村行政组织同时也管理合作社，政社合一。行政村开始成为拥有土地及其他农业生产资料的农村基层社会单元。

　　其二，行政村与自然村的区别。这主要表现在两大方面，即功能的区别和村民的行为环境和行为方式的区别。首先是功能的区别。作为有规划的社会变迁的产物，行政村逐步替代了传统自然村的一系列功能：过去的教育一般建在自然村，即村塾或私塾，现在则被行政村的村办小学所替代；过去的收成分割和生产管理大都在自然村范围内完成，现在则有行政村参与进来；过去的民间纠纷的调解由聚族而居的宗族长老解决，现在则由行政村来解决；尤为重

---

① 麻国庆：《家与中国社会结构》，文物出版社1999年版，第106—108页。

要的是，过去的自然村大都是相对独立和自主的，现在的行政村或由数个自然村组成一个行政村，或者一个大的自然村分成几个行政村，累世聚居而形成的"熟人社会"的格局被打破了，变成了一个熟人和陌生人合居的"半熟人社会"。

与自然村相比，在行政村这个半熟人社会中，人与人之间的行为环境和行为方式出现了一系列变化：一是村民之间由熟识变成了认识，由知根知底变成了见面脸熟；二是由意见总是一致变为总有少数反对派存在；三是由自然生出的规矩和信用到互相商议达成契约或规章；四是由舆论的压力变为制度的压力，由自然村的公认转变为行政村的选任或委任；五是由礼治变为法治，由无讼变为契约，由无为变为有为，由长老统治变为能人政治。总之，由于行政村功能的突出，在行政村这个半熟人社会中，村民的行为环境和行为方式发生了巨大的变化。而上述的各个方面，也正是半熟人社会与熟人社会的区别之所在。

其三，"半熟人社会"概念的理论意义。半熟人社会这一概念的提出，最初是为了认识和解决行政村村委会选举中可能出现的新问题。半熟人社会的选举大大不同于熟人社会的推举。例如，在熟人社会中，大抵不需要进行竞选，也很少有拉票的空间，别有用心或德才较次者，很难在熟人社会中有当选村干部的机会。但在半熟人社会中，竞选应该是较为公正选举的前提，因为地缘因素加入选举过程，使选举更容易受到地缘、宗族、姻亲乃至朋友、同学、同业者等支持者的分化组合，而发生戏剧性的变化。往往是参加选举或支持参选一方者的个人所拥有的特殊的人际资源状况，决定了选举结果。当竞选展开后，在行政村这一半熟人社会中进行的选举往往具有戏剧性和偶然性，熟人社会中一般不会存在的谣言，在半熟人社会的选举中大都会广泛流传。如果说，在熟人社会中，选举大都没有"谋划"的容身之地，也不存在竞选艺术发挥作用的空间，那么，在半熟人社会中，谋划选举和竞选艺术都有了萌芽。①

　　此外，半熟人社会的概念在理解村级治理中的其他事项时，也如理解村委会选举一样有效。如理解村级公共工程的建设，田地、山岭、水域的承包，以及村干部行为的评价等，也必须重视半熟人社会的特性及可能引发的问题。

　　除了上述实践意义，"半熟人社会"这一概念，还具有重要的理论意义，它对《乡土本色》中提出的"熟人社会"与"陌生人社会"是一个必要的补充。首先，熟人社会、半熟人社会和陌生人社会，这三个概念构成一个完整的逻辑系列，可以对传统与现代、乡村与城市的各种社会形态作更完整准确的描述。熟人社会是指传统的乡土中国，陌生人社会是指现代的城市中国，半熟人社会则是指以行政村为基础的现代农村。其次，借助这三个概念，可以对复杂多样、不同层次的社会形态和社区生活获得更准确的认识，作出更精确的分析。例如，在现代都市里，城市和街道是一个陌生人社会，小区或居委是一个半熟人社会，楼栋则是一个熟人社会；在一个学校里，整个学校是一个陌生人社会，院系或年级是一个半熟人社会，班级则是一个熟人社会。熟人社会、半熟人社会和陌生人社会，作为一组有序的社区研究的社会学概念，是我们认识和分析社会形态和社区生活的有效理论工具。

---

　　①　贺雪峰：《乡村治理的社会基础》，生活书店出版有限公司 2020 年版，第 52—53 页。

第四章
乡土社会"文字是多余的"

—— 《文字下乡》、《再论文字下乡》解读

如前所说，《乡土中国的社会本色》由三篇构成，即《乡土本色》、《文字下乡》和《再论文字下乡》。这三篇可理解为"一个中心、两个层次"：《乡土本色》提出的"熟人社会"是本章的中心；因为是"熟人社会"，所以就"无需文字"，这形成互为因果的两个层次。与之相联系，《乡土中国的社会本色》这一章可分为两部分：前者解读《乡土本色》，并对"熟人社会"这一核心概念作进一步阐释；后者解读《文字下乡》和《再论文字下乡》，并对"乡土社会无需文字"的质疑作一分析。为醒目起见，本章题目拟为《乡土社会"文字是多余的"》。

文字是怎么产生的？《再论文字下乡》说："文字的发生是在人和人传情达意的过程中受到了空间和时间的阻隔的情境里。"而在熟人社会这个"面对面的社群"里，人际交往中的传情达意和信息传递，可以不受空间和时间的阻隔。因此，乡土中国成为"没有'文字'的社会"，甚至连语言本身都是不得已而采取的工具。"文字下乡"，对"在熟人里长大"的乡下人来说，绝不是紧迫之事；只有乡土性的基层发生了变化，才需要文字下乡。这是谈"文字下乡"两篇文章的基本观点。围绕这一观点，作者从两个角度揭示乡土中国之所以"有语无文"的原因：《文字下乡》谈面对面的熟人社会，

人与人之间传情达意无"空间阻隔";《再论文字下乡》谈口口相传的熟人社会,传递历史经验无"时间阻隔"。

一、"熟人社会"传情达意无"空间阻隔"

——《文字下乡》的要义与思路

《文字下乡》是一篇驳论文字,着眼于"空间阻隔"。首先,反驳乡下人"愚"是因为他们不识字的观点。作者指出,愚不愚是"智力问题",识字不识字是"知识问题";事实充分证明,乡下人的智力并非不及人,"乡下多文盲"是因为乡下本来无需"文字眼睛"。其次,进而指出,在熟人社会这个"面对面的社群"里,传情达意没有空间阻隔。因此,文字是多余的,甚至语言本身都是不得已而采取的工具。表情、手势、动作,在面对面的情境中,有时比声音更容易传情达意。总之,乡土社会多"文盲",并非出于乡下人的"愚",而是由"熟人社会"的本质决定的。这是本篇要义。全文19段,可分5层。

1. 乡下人多"文盲",能说乡下人"愚"吗?(1—5段)

这一部分可分两个层次。首先以理反驳。乡村工作者认为,乡下人"愚",是因为他们"不识字",把不识字视为"愚"的根源,所以倡导"文字下乡"。作者反驳道,愚不愚是"智力问题",识字不识字是"知识问题"。因此,识字不识字,不能作为判断愚不愚的标准。再以事例反驳。"城里人"和"乡下人"、"教授孩子"和"乡下孩子",智力完全相等,各有不同的能力。教员的孩子善学习,乡下的孩子善农事。事实充分证明,乡下人的智力并非不及人。最后指出,乡下多文盲,是因为乡下本来无需"文字眼睛"。

2. 乡下人不识字,是面对面的熟人社会无需文字(6—7段)

作者提出正面观点:乡土社会的人,在熟人堆里长大,生活在

"面对面的社群"中，人和人的接触不会发生阻隔，因此文字是"多余"的。并以《项脊轩记》和日常事例说明，在熟悉的人之间，足声、声气甚至气息，都足够"报名"。

3.文字传情达意是不完全的，作为间接传达的工具是有缺陷的（8—12段）

进一步，从文字的媒介特性，说明在面对面的社群中，文字作为间接传达的工具是多余的。首先，文字发生于"结绳记事"的上古时代，缘于在空间和时间中，人和人的接触发生了阻隔。其次，文字作为"间接接触"的传达工具，传情达意易受时空影响而"走样"。为此，需要讲究文法和艺术，以减少文字的"走样"。最后，文字是间接的说话，是不太完善的工具，在面对面的直接接触中，有比文字完善的语言。

4.在面对面社群里，语言也并非传情达意的唯一手段（13—18段）

再进一步，由"文字"转向"语言"。在面对面社群里，语言也并非传情达意的唯一手段。首先，语言是用声音来表达的公共象征体系；语言只能在具有相同经验的社群中使用。其次，在一个社群里，除共同语言之外，还有少数人组成的"亲密社群"中使用的"特殊语言"；"特殊语言"的有效性，在于可以摆脱字句的固定意义，摆脱语言这个"筛子"，产生"无言胜似有言"的效果。最后，在面对面的乡土社会中，不但文字是多余的，连语言都不是传达情意的唯一象征体系。关于语言局限性的说法，令人想起刘禹锡《视刀环歌》中的佳句："长恨言语浅，不如人意深。"

5.乡土社会多"文盲"，是由于乡土社会的本质决定的（19段）

最后总结全文。作者不反对文字下乡，而是提醒提倡文字下乡的人，应当充分认识乡土中国的社会本质。乡土社会多"文盲"，并非出于乡下人的"愚"，而是由熟人社会的本质决定的。言外之意，只有改变中国社会的乡土本质，走上"乡土重建"或现代化之路，文字下乡才有必要。

全文说理和事例结合，说理层层推进，事例顺手拈来。文中的事例，都应视为社会学家"实地调查"中获得的具有社会学意义的案例。事实上，《乡土中国》全书所举事例，都应作如斯观。

1948 年，费孝通发表了《论"知识阶级"》一文，在《文字造下了阶级》一节中，对《论文字下乡》所谓"传统中国的乡土社会常常是有语无文"的要点，作了提炼概括。转引如下，或有助于理解《论文字下乡》的要义。费孝通写道：

我在《论文字下乡》里曾说乡土社会是有语无文的。中国的文字并不发生在乡土基层上，不是人民的，而是庙堂性的、官家的。所以文字的形成和文字所载的对象都和民间的性格不同。象形的字在学习上需要很长的时间，而且如果不常常用，很容易遗忘；文言文的句法和白话不同，会说话的人不一定就会作文，文章是另外一套，必须另外学习；文字所载的又多是官家的文书、纪录和史实，或是一篇篇做人的道理，对于普通人民没有多大的用处。这类文字不是任何人都有学习的机会。没有长期的闲暇不必打算做读书人。闲暇在中国传统的匮乏经济中并不是大家可以享有的。尽量利用体力来生产的技术中，每个从事生产的人为了温饱，每天的工作时间必然很长，而且技术简单，收入有限，一年中也不能有较长的假期。因之，如我在《禄村农田》里所描写的：生产者没有闲暇，有闲暇的不事生产，生产和闲暇互相排斥。换一句话说，除非一个人能得到生产者的供养，是不能脱离劳作的。在以农为主的中国经济中，这种人大都是地主，而且是相当大的地主，大到能靠收租维持生活的地主。有资格读书的必须有闲暇，只有地主有闲暇，于是读书人也就限制在这一个经济阶级中了。①

这段话从中国文字的发生、特性和内容，以及学习难度和农民的生存状态等方面，全面阐述了乡土中国无文字的根源。同时又指出，乡土中国的有语无文，是有特定范围的，主要是指没有闲暇的生产者或乡村基层的农民，不是指得到供养而有闲暇的地主阶级。因此，所谓乡土中国"有语无文"、乡土中国"文字是多余的"，只是一个相对命题，不是一个绝对命题。

二、"熟人社会"经验传递无"时间阻隔"
——《再论文字下乡》的要义与思路

《再论文字下乡》着眼于"时间阻隔"。首先，所谓"时间阻隔"包含两层意思，一是个人的今昔之隔，一是社会的世代之隔。打破个人的今昔之隔依靠感知记忆与词，打破社会的世代之隔依靠文化记忆与词。词是人的生活中沟通时间阻隔的主要桥梁。其次，一切文化中不能没有"词"，即用声音发出来的符号；但不一定要有"文字"，即写出来的符号。再次，乡土中国是生活经验历世不移、反复重演的定型社会，个别的经验就等于世代的经验。在定型的乡土中国，记忆是多余的，历史也是多余的，语言足够传递世代经验。最后，中国是乡土社会，在面对面的亲密接触中，在同一定型社会中生活的人们，怎么会有文字呢？这是本文要义。全文 16 段，可分 6 层。

1.《再论文字下乡》的角度和思路（1—2 段）

这是过渡性层次，交代论述的角度和思路。文字具有打破时空

---

① 吴晗等著：《皇权与绅权》，华东师范大学出版社 2015 年版，第 13—14 页。

阻隔的双重功能。前一篇谈空间阻隔，即面对面的乡土社会不必求助于文字；这一篇谈时间阻隔，即乡土社会的经验和文化传递，为何没有时间阻隔，为何可以无文字传递。时间阻隔有两个方面，即个人的今昔之隔和社会的世代之隔。

2. 打破个人的今昔之隔：感知记忆与词（3—4 段）

首先，与动物的"固执地受着不学而能的生理反应所支配"不同，人通过学习改造本能。学习需要靠记忆以打破个人的今昔之隔，记忆依赖象征体系，象征体系中最重要的是"词"。其次，"依本能而活动"的动物只有"当前"，没有积累。人却不然，人的当前是靠记忆保留下来的"过去"的累积。如果记忆消失了，遗忘了，我们的"时间"就阻隔了。

3. 打破社会的世代之隔：文化记忆与词（5 段）

同样，人又依靠文化记忆和词或词所表现的概念，打破社会的世代之隔。首先，文化是依赖象征体系和个人的记忆而维护着的社会共同经验。文化得靠记忆，不能靠本能。其次，"我们不但要在个人的今昔之间筑通桥梁，而且在社会的世代之间也得筑通桥梁，不然就没有了文化，也没有了我们现在所能享受的生活"。

4. 一切文化中不能没有"词"，但不一定要有"文字"（6—7 段）

首先，在人和时间的关联中，词是最主要的桥梁。因为，没有词这个象征体系，也就没有概念，没有概念，人的经验就不易在时间里累积。其次，"但是词却不一定要文。文是用眼睛看得见的符号，就是字。词也可以是用声音发出来的符号，即语言"。因此，一切文化中不能没有"词"，但不一定要有"文字"。作者通过"文字"与"词"的区别，再次说明乡下人没有文字的需要。

5. 定型的乡土中国，语言足够传递世代经验（8—15 段）

首先，乡土中国是生活方式反复重演的定型社会。人在记忆上的发展程度是依据生活需要决定的。乡土社会是安定的，历世不移的，是同一方式的反复重演的定型社会。个别的经验就等于世代的经验。经验无需不断累积，只需老是保存。其次，乡土社会的定型生活，不同于都市的变动生活，它不需要文字，记忆是多余的，历史也是多余的。在这种社会里，语言足够传递世代经验了。简言之，定型的乡土社会是通过"语言"来打破个人的今昔之隔，也是通过"词"或"语言"来打破社会的世代之隔的。

6."中国如果是乡土社会，怎么会有文字呢?"（16段）

《文字下乡》从面对面社群"无空间阻隔"，说明乡土社会是一个无文字社会；《再论文字下乡》从历世不移的定型社会"无时间阻隔"，说明乡土社会同样是一个无文字社会。那么，"中国如果是乡土社会，怎么会有文字呢?"作者从两方面回答：从历史看，中国最早的文字是庙堂性的，不是在基层上发生的，不属于基层的乡土中国；从现实看，只有当中国社会乡土性的基础发生了变化，也只有在发生了变化之后，文字才能下乡。这一段是全文总结，也是两篇论"文字下乡"要义的概括。

孙郁在《费孝通：乡土情怀》中曾说："我最初接触《乡土中国》时，曾被其平淡中的深刻，典雅中的博杂所吸引。"以上两篇正体现了这一风格。平淡和典雅，给阅读带来轻松和愉悦，深刻与博杂，则对理解力提出了挑战。

三、如何理解对《文字下乡》的质疑?

《乡土中国》出版后受到高度关注，不少人肯定其理论贡献，也不乏质疑之声。对于两篇"文字下乡"认为乡土社会"文字是多余"的观点，批评者曾从不同角度提出批评和质疑。

首先，联系生活实际，端木蕻良曾疑窦丛生。他在《评费孝通〈乡土中国〉》一文提出疑问："费先生肯定的说乡下人并不愚，我很同情，一个乡下人并不比一个大学教授糊涂，这是实情。但是说乡下人因为能当面说话，不需要文字，甚至还认为文字是'走样'，这都是扯淡。乡下人要唱本看，要唱本听。他们要记豆腐账，要写状子，要看明白官府的告示，他们也要写信。他们强烈的要求生活和满足生活的传达工具并不比城市人差。"①这确是实情，绝不能说没有道理。端木蕻良还引了一首苗族民歌："一张白纸飘过街，那个读书那个乖；有钱读书把官作，没钱读书苦难挨。"表达了苗族乡民读书识字的强烈愿望。

其次，联系中国教育史，也不免提出疑问。从西周到春秋，中国逐渐形成由"国学"、"乡学"和"私学"构成的教育体制。《礼记·学记》记载，西周的乡学是"家有塾，党有庠，遂有序"。家的学校是"塾"，党的学校是"庠"，遂的学校是"序"。在西周，从"家"开始，即有"家塾"教育。同时，中国人高度重视"儿童教育"。《周易·蒙卦》"象辞"有句名言："蒙以养正圣功也。"蒙稚之时应当培养孩子纯正无邪的品质，这是神圣伟大的功绩。这表明，从周代开始，便形成了乡村蒙学教育的传统。春秋时代，孔子成为私学教育第一人，提出"有教无类"原则。从此以后，"耕读传家久，诗书继世长"，成为乡土中国的优良传统；"朝为田舍郎，暮登天子堂"，成为乡村读书人的美好理想。

再次，"乡土中国"未设时空限定，也不免让人提出疑问。有学者认为："费的根据出自一个小时空，而《乡土中国》意在概括一个大时空的特征……作者未设定时限，就是说他要概括漫长历史中延续、积淀成的乡土社会特征。不幸，上世纪三十年代江村那个小时空中文字与教育的衰落，未必反映大时空的特征"；例如，"清代以前的中国传统社会中，私塾遍布城乡。费孝通民国二十五

---

① 端木蕻良：《评费孝通〈乡土中国〉》，《求是月刊》1948 年第 2 期。

年（1936）在开弦弓村看到村民生产生活中没有文字的需求，是个事实。而宋元明清中国乡村私塾中分明弦歌不辍，是另一个事实"。①"乡土中国"的学术界定，至少应包含三个方面，即时间、空间和内容。费孝通强调的"基层"，仅仅是空间位置的界定，未设定时限，也未设定生活内容。乡土中国的时限，除了"三十年代的开弦弓村"的"小时空"，还有五千历史文化的中国"大时空"；乡土中国的生活，除了面对面的"传情达意"，还有端木蕻良所说的经济生活、政治生活和文化生活等。这一切，显然都离不开文字。

如此种种，费孝通一无所知吗？当然不是。一方面，费孝通的研究方法不同于历史学家钱穆："他是从历史上的事实出发，我是从看得见的现实出发"②。另一方面，这两篇谈"文字下乡"的文章，具有学术性和时评性的双重品格，包含了对当时某些"乡村工作的朋友"或"平民教育"工作者的批评，批评他们脱离"乡土中国"实际的某些认识和做法。具体而言，主要是对以晏阳初为代表的"定县平民教育派"的批评。

下面，先介绍晏阳初的平民教育观；再谈费孝通对晏阳初的批评；最后谈《文字下乡》和《再论文字下乡》的学理意义。

从1926年开始，晏阳初领导的中华平民教育促进会，在河北定县进行乡村平民教育，称为"定县实验"。晏阳初认为，建设乡村必须从乡村的实况入手，而中国乡村的基本问题是"愚"、"穷"、"弱"、"私"。1931年，他在平民教育专科学校开学典礼上，进一步阐述了这一看法："我们觉得要创办一种人民生活的教育，非先了解人民生活的实况不可。因此，我们就跑到乡下，从人民的实际

---

① 郑也夫：《评〈乡土中国〉与费孝通》，《中华读书报》2015年9月16日。

② 张冠生记录整理：《费孝通晚年谈话录（1981—2000）》，生活·读书·新知三联书店2019年版，第288页。

生活去找。结果，觉得一般人民最感困惑的四个问题：一是愚，二是穷，三是弱，四是私。"① 针对这四个问题，晏阳初提出了四大教育，即文艺教育、生计教育、卫生教育和公民教育。1934 年，在《中华平民教育促进会定县实验工作大概》中，他对"四个问题"、"四大教育"、培养"四种力"的关系，作了系统阐述。他说：

> 最初欲去除一般人的愚昧，而启发其智慧，所以有文艺教育以培养"知识力"。嗣后感觉人民之"愚"与"穷"有莫大之关系，且人民之愚尚能苟延残喘，穷则不保朝夕，乃又有生计教育以培养"生产力"。后又感觉人民体弱多病而死亡率高，实为民族前途之忧，乃又有卫生教育以培养"强健力"。同时感到一般人民自私心重，因之生活散漫，不能精诚团结，于是又有公民教育以培养"团结力"。所谓四大教育，实为根据实际生活之要求，逐渐演进而创出新民教育内容之荦荦大端。②

在四大教育中，文艺教育包括"文字教育"和"艺术教育"两项。晏阳初特别强调"文字教育"。他说："文字教育是培养知识力的一个重要方法，人类文明与野蛮的分野，就在文字的有无。"③ 于是，"文字教育"成为平民教育第一步必须完成的任务，"文字下乡"也成为平民教育最响亮的口号。

晏阳初所谓四大问题，以"愚"为首，所以要"文字下乡"，要"知识去愚"；以"私"为尾，所以要"公民教育"，要"组织去私"。费孝通《乡土中国》一书，《文字下乡》从"愚"说起，《差序格局》

---

① 转引自郭丽、徐娜编：《民国思想文丛·乡村建设派》，长春出版社 2013 年版，第 8 页。

② 晏阳初：《平民教育与乡村建设运动》，商务印书馆 2014 年版，第 100 页。

③ 转引自郭丽、徐娜编：《民国思想文丛·乡村建设派》，长春出版社 2013 年版，第 8 页。

从"私"说起，探明"愚"和"私"的深层社会根源，显然都是针对晏阳初的观点的。

1948年8月14日，晏阳初发表了《开发民力　建设乡村》一文，重申"建乡须先建民"，强调"先使农民觉悟起来，使他们有自动自发的精神"。由此，针对"愚"、"穷"、"弱"、"私"四大老问题，提出必须开发四种"民力"。他说：

> 我们要达到开发民力的目的，须从整个生活的各方面下手：必须灌输知识——"知识"就是力量；必须增加生产——"生产"就是力量；必须保卫健康——"健康"就是力量；必须促进组织——"组织"就是力量。我们所谓开发民力，就是开发人民的知识力、生产力、健康力、组织力。人民自己有了这种力，才能称作"自力"，有了"自力"才能做到"更生"！①

总之，晏阳初期望通过开发四种"民力"，实现"以知识去愚，以生产去贫，以卫生去弱，以组织去私"的乡村建设目标。

平心而论，晏阳初所发现的"四大问题"，在当时破败落后的中国农村确实普遍存在，他提出开发民力建设乡村的目标也应当予以肯定。那么，晏阳初对农村问题根源的诊断是否准确？提出的解决方法是否切实有效？

1948年8月25日，费孝通发表了《评晏阳初〈开发民力建设乡村〉》一文，对晏阳初的主张提出了批评。此文可视为"三论文字下乡"，对晏文的批评可概括为三个方面。

首先，晏阳初是以"传教精神"了解教育。费孝通说："所谓

---

① 晏阳初：《平民教育与乡村建设运动》，商务印书馆2014年版，第398—399页。

传教精神就是先假定了自己'是'去'教育'别人的'不是'。传教就是'以正克邪'……晏先生认定了'愚贪弱私'的罪恶，然后可以着手'教育'；以知识去愚，以生产去贪，以卫生去弱，以组织去私。"对高高在上的"传教精神"表示不满。同时，费孝通从实地观察出发，"不能同意"中国农民到现在还没有"自觉"的看法。他指出："教育并不是以'有'给'无'，更不是以'正'克'邪'，而是建立一个能发展个性的环境。"教育者应当承认每个人都有他的判断能力，有他的理性，教育者最重要的态度是在尊重人性。教育者应当以"平等态度"教育人，而不是以"传教精神"教训人。

其次，晏阳初"对中国农村问题的诊断缺乏真正的信念"。费孝通认为，晏阳初是把复杂问题简单化了，"把中国问题看成是单纯教育问题"，看成单纯"靠文字下乡"、"以知识去愚"的问题。这实在是皮相之见。无视社会矛盾症结所在，高唱"以知识去愚，以生产去贫，以卫生去弱，以组织去私"，实效难料。在费孝通看来，中国农村问题的症结不在单纯的教育，而在于"社会制度"，在于不合理的"土地制度"。土地是农民的命根。农民没有土地，"以生产去贫，以卫生去弱"，纯为空谈。费孝通指出："农民业已自觉，要求改革这不合理的制度，而地主阶级硬是要维持这特权，不从国家全体利益打算，而从阶级利益着眼。"这是一个深刻的见解！新中国成立后，农村改革的首先任务，就是"土地改革"。

再次，费孝通针对晏阳初的观点提出了一连串的追问。他问道：在生活的"苦难"中，在"这套现实的教训中，他们还会不觉悟么？还得靠识几个字才能知道他们自救的道路么？……——我这样说并不是否定晏先生的千字课的价值，更不是否定了文字下乡。而是说，农民并不是从千字课中得到自觉，而是自觉之后才需要识字，才喜欢晏先生的千字课。这个分别很重要，因为农民已经自觉的不单纯要识几个字，他们还要靠自己来纠正这不合理的社会结构。在这自救运动中他们才需要文字教育"①。这是一串令人深省的发问。

了解了这一背景，再来读两篇"文字下乡"，就比较容易理解而不会生出种种质疑了。概言之，以晏阳初为代表的平民教育者认为，乡下人"愚"是因为他们不识字，而"人类文明与野蛮的分野，就在文字的有无"，所以要"文字下乡"，所以要进行"文字教育"。费孝通的两篇"文字下乡"，则针锋相对地加以反驳。

首先，关于乡下人的"愚"。费孝通在《论文字下乡》一文指出，愚不愚是"智力问题"，识字不识字是"知识问题"，不识字并不能说明乡下人"愚"。进而从事实和学理两方面证明，乡下人在智力上，绝不比城里人低。

其次，关于乡下人多"文盲"。费孝通从两个层面进行辨析：一是从乡土中国的社会本质看，传统乡土中国是面对面的熟人社会，传情达意没有空间阻隔，传递历史经验没有时间阻隔，所以"文字是多余的"；二是从实际的社会需要看，只有先纠正和改变"不合理的社会结构"，改革不合理的土地制度，农民有了生活保障和新的生产需要，"文字才能下乡"。这也就是《再论文字下乡》结尾所说的："我同时也等于说，如果中国社会乡土性的基层发生了变化，也只有在发生了变化之后，文字才能下乡。"

经济基础决定上层建筑，社会存在决定社会意识，特定的社会结构产生特定的社会文化；文化是手段，文化是为特定的社会需要服务的。这是马克思主义的观点，也是费孝通文化功能论的观点。1987年，费孝通说："我仍然接受马克思主义的这个观点，那就是

---

① 费孝通：《费孝通文集》（第5卷），群言出版社1999年版，第506页。

生产力决定社会的一切。物质生产是人们的基本活动，它决定人们的观念。"① 费孝通就是从马克思主义的这个观点，亦即从他的文化功能论来揭示"乡土社会无需文字"的深层社会根源的。

再次，联系两篇"文字下乡"的写作背景和特定对象，费孝通所谓"文字是多余"的"乡土中国"，不应指"大时空"中的乡土中国，而应指"小时空"中近代农村，指"小时空"中的"乡土定县"或"乡土江村"。同时，所谓"文字是多余的"，也是一种相对的说法，而不是绝对的，它主要是指乡土中国"基层"农民日常生活中的"传情达意"和历世不移的"世代经验"的传递。了解了文章的写作背景和真意，不作拘泥的学究式解释，纯学术的种种质疑，就可能涣然冰释了。

那么，要改变"乡土中国"贫穷落后的面貌，乡村建设的迫切任务是什么？当年的费孝通已有自己的坚定想法，那就是"工业下乡"，而不是"文字下乡"。1997 年，费孝通在谈到《江村经济》（1939）的写作动机时说："我这本《江村经济》是一棵我无心插下的杨柳……我是凭着从当时留我寄宿的农民合作丝厂给我的深刻印象和启发中想为这'工业下乡'的苗子留下一点记录而开始做江村调查的。"② 从社会理想出发的平民教育工作者热衷"文字下乡"，注重实地调查的费孝通则强调"工业下乡"。

现代化就是工业化，工业化才是富强之路。有了"工业下乡"，就有"文字下乡"；有了"工业下乡"，就可以"去贫去弱"；在"工业生产"中，也可以培养起"公民精神"。不过，在"中国社会乡土性的基层"没有发生变化的旧中国，费孝通难以实现"工业下乡"的愿望。在"中国社会乡土性的基层"发生了根本变化后的新中国，

① 费孝通：《中国文化的重建》，华东师范大学出版社 2014 年版，第 109 页。
② 费孝通：《中国文化的重建》，华东师范大学出版社 2014 年版，第 151 页。

费孝通才迎来"乡土重建"的好时代，迎来"工业下乡"的好时机。20 世纪 80 年代以后，乘改革开放的东风，费孝通"行行重行行"，踏遍大江南北，立足乡村大地，为推动"乡镇企业"的发展，作出了巨大贡献。

费孝通"工业下乡"的诊断和实践，也得到学界的高度评价。许倬云《汉代农业》谈到"农业中国"的出路时写道："许多有心人寻找各种方案，以拯救破产的农村。费孝通先生的重建乡土的方案，则是在农村建立工业。最近乡镇企业的蓬勃发展，终于证实了费先生的诊断可靠。"① 可靠的诊断，正来源于费孝通对乡土中国的深刻认识，来源于对社会发展大势的正确把握。

① 许倬云：《汉代农业》，程农、张鸣译，江苏人民出版社 2019 年版，第 4 页。

第五章
乡土中国的社会结构

—— 《差序格局》、《系维着私人的道德》解读

1948 年，费孝通在给雷德菲尔德的一封信中，谈到《乡土中国》的写作情况，特别阐述了《差序格局》和《系维着私人的道德》两篇的关系和主题。他说：

> 我已经用中文写了一本关于中国乡村的小书，这本书事实上也可称是一项中国文化模式的研究。但我并不像本尼迪克特那样从民族性方面处理我的材料，而是偏重于结构分析。在第一部分，我分析了社会关系的一般模式，认为中国是"差序格局"（亲属的模式），西方是"团体格局"（成员平等）。从这一差异性出发，我发展出中西方道德模式上的不同：（西方）普遍的爱与（东方）系于私人地位的偏爱。①

这段话内涵丰富，至少包含三层意思：一是《乡土中国》的研究方法和角度，即这是一项"中国文化模式"的研究，但不是从民族性方面，而是偏重于社会结构或人际关系的分析（详见第十章）；

---

① 转引自张江华：《"乡土"与超越"乡土"：费孝通与雷德菲尔德的文明社会研究》，《社会》2015 年第 4 期。

二是《差序格局》和《系维着私人的道德》前后相联，着重分析乡土中国的社会结构模式和道德模式，是全书"第一部分"的核心篇章；三是从社会结构看，中国的"差序格局"不同于西方的"团体格局"，从道德模式看，东方"系于私人地位的偏爱"不同于西方的"普遍的爱"。

本章即由《差序格局》和《系维着私人的道德》两篇构成，谈论密切相关的两个问题，即"乡土中国的社会结构"和与之相联系的"乡土中国的社会道德"。这也是"熟人社会"不同于"陌生人社会"的两大特点："熟人社会"的结构或人际关系是"差序格局"，不同于"陌生人社会"的"团体格局"；"熟人社会"的社会道德是"系维着私人的道德"，不同于"陌生人社会"的"普遍的爱"。"差序格局"这一概念是费孝通对中国社会学重要的理论贡献之一；与"差序格局"密切联系的"系维着私人的道德"，则揭示了乡土中国礼俗社会的道德原则。

一、乡土中国的社会结构是"差序格局"

——《差序格局》的要义与思路

乡土中国的社会结构或人际关系是"差序格局"。何谓"差序格局"？它有哪些特点？它与西方的"团体格局"有何区别？它和儒家的人伦次序有何联系？它对中国人的性格产生了怎样的影响？本篇围绕这些问题，逐层论述。全文 20 段，可分 6 层。

1. "私"与乡土中国社会结构有关（1—3 段）

《乡土本色》从乡下人"愚的毛病"说起，本篇从乡下佬"私的毛病"说起，都采用描述生活事例引出问题的方式。这也是作者"用散文笔法写人类学著作"的显著特色之一。

如前所说，当时有的"乡村工作者"认定"愚、贫、弱、私"

是乡下人的"罪恶",于是以"传教精神"去教育乡下人。费孝通则与之不同,他把"乡村工作者"居高临下式的"价值判断",转化为从基层上去看的"事实判断",从而进行社会学分析。费孝通指出:"这里所谓'私'的问题却是个群己、人我的界限怎样划法的问题";中国传统划法不同于西方,因之,"要讨论私的问题就得把整个社会结构的格局提出来考虑"。于是进入中西社会结构格局的比较分析,以探寻"私"的社会根源。

2. 西方的社会格局是社会成员平等的团体格局(4—5 段)

何谓"团体格局"?作者没有下定义,而以捆柴为喻,描述了团体格局的特征:一个团体由若干人组成;团体内外的界线是清楚的;团体中人的关系是相同的,如有组别或等级的分别均事先规定;与"捆柴"不同的是,一个人可以参加几个团体。然后,以最基本的社会团体"家庭"为例,作中西比较:"家庭在西洋是一种界限分明的团体",家庭成员只包括"他和他的妻以及未成年的孩子";在中国,"家庭"的含义是含糊的,中国人说"阖第光临","第"的含义是不清楚的。概言之,"团体格局"是西方"陌生人社会"的结构模式,每个团体中的每个人,关系相同,地位相等,享有相同的权利和义务,团体内外界线分明。①

3. 中国的社会格局是以亲属关系为基础的差序格局(6—10 段)

何谓"差序格局"?作者同样没有下定义,而是从"伸缩自如"的中国人的"家"说起,然后以"丢石头形成同心圆波纹"为喻,对"差序格局"作了形象化的描述:

　　……我们的格局不是一捆一捆扎清楚的柴,而是好像把一

_____

①　西方基督教会是一种典型的团体格局,教会信徒之间,关系相同,地位相等,互相一律称为兄弟、姊妹,没有长幼、尊卑、贵贱的差序等级之分。

块石头丢在水面上所发生的一圈圈推出去的波纹。每个人都是他社会影响所推出去的圈子的中心。被圈子的波纹所推及的就发生联系。每个人在某一时间某一地点所动用的圈子是不一定相同的。

"同心圆波纹"是"差序格局"的精妙比喻。然后,举例说明"差序格局"在中国社会中的多种表现。一是"亲属关系"。亲属关系是中国社会中最重要的关系,它就是这种丢石头形成同心圆波纹的性质。我们每个人都有一个以亲属关系布出去的网,每一个网络都有个"己"作为中心,但是没有一个网所罩住的人是相同的,所谓"一表三千里"。二是"地缘关系"。在乡土中国,地缘关系也是一种"同心圆波纹"。每一个家以自己的地位为中心,划出一个富于伸缩的社会圈子。范围的大小也要依着中心的势力厚薄而定。有势力的人家的街坊可以遍及全村,穷苦人家的街坊只是比邻的两三家。最后,中西社会格局的不同决定了不同的生存之道。西方界限分明的"团体格局"争的是权利,中国伸缩自如的"差序格局"却是攀关系、讲交情。这一部分是全文的重心所在。

4. 差序格局与人伦纲纪(11—13段)

对"差序格局"作正面论述后,作者便从人伦纲纪和自我主义两方面,进一步探寻"差序格局"的历史文化渊源。

首先,"差序格局"与传统的人伦纲纪是一致的。儒家最讲究的是人伦,伦是什么?伦"就是从自己推出去的和自己发生社会关系的那一群人里所发生的一轮轮波纹的差序"。伦是有差等的纲纪和次序;"差序格局"就是"人伦差序"。作者对"伦"的字源语义分析和《礼记·祭统》里所讲的"十伦",从不同角度证明了这一点。同时,"差序格局"或"人伦差序"的构成特点,是以"己"为中心"推"出去的。孔子注重的就是水纹波浪向外扩张的"推"字。在孔子看来，从己到家，由家到国，由国到天下，是一条通路。所以孟子说孔子"善推而已矣"。《中庸》的"五伦"说同样如此，在这种社会结构里，从己到天下，也是一圈一圈推出去的。

这一部分实质是探寻"差序格局"的传统思想渊源，指出它与儒家的人伦差序和《中庸》的五伦观念是一致的。明确这一点，对我们理解"差序格局"的内涵非常重要。

5. 差序格局与自我主义（14—16 段）

其次，以"己"为中心的"差序格局"，奉行的是一种自我主义。传统的自我主义不同于西方的个人主义。在个人主义下，一方面是平等观念，一方面是宪法观念。传统的自我主义，"一切价值是以'己'作为中心的主义"。在费孝通看来，自我主义不限于一毛不拔的杨朱，儒家也包括在内。二者的区别在于：杨朱忽略了自我主义的相对性和伸缩性；孔子则会推己及人，中心虽是自己，却会依着需要而推广或缩小。这一部分同样探寻"差序格局"的传统思想渊源，揭示以"己"为中心的"差序格局"与传统的自我主义的关系。

6. 差序格局与"私"的问题（17—20 段）

认识了乡土中国社会结构的特点，就可以明白传统社会中"私的问题"了。首先，在以"己"为中心的差序格局里，"一个人为了自己可以牺牲家，为了家可以牺牲党，为了党可以牺牲国，为了国可以牺牲天下"。这和《大学》里"先齐其家"到"家齐而后国治"的条理是相通的。其次，这是一个事实上的公式，而不是一种价值的判断。在这种公式里，你如果说他私，他是不承认的。"乡村工作者"的错误，就是以事实为价值，作脱离历史的道德评判。再次，"在差序格局里，公和私是相对而言的，站在任何一圈里，向内看也可以说是公的"。这就是说，在"差序格局"里，群己的关系是相对的，是模棱两可的；而在西洋社会里，国家这个团体，是一个明显的也是唯一特出的群己"界限"。这也是"差序格局"与"团体格局"的区别所在。

作者运用中西比较的方法，深刻揭示了"私的问题"的社会根源和思想根源。于是，对于农民的所谓"私的毛病"，就可以避免"乡村工作者"简单的道德批评，而是从社会结构和文化根源上去认识它，进而寻求正确的解决之道。

最后，作者总结了乡土中国"差序格局"的三个特点：

> 在差序格局中，社会关系是逐渐从一个一个人推出去的，是私人联系的增加，社会范围是一根根私人联系所构成的网络，因之，我们传统社会里所有的社会道德也只在私人联系中发生意义。

这段话从社会关系、社会范围到社会道德三个方面，概括了"差序格局"相互联系的三个特点。总结前文，引出下文，由此转入"乡土中国社会道德"的分析。

二、"差序格局"的社会道德是"系维着私人的道德"

——《系维着私人的道德》的要义与思路

本篇进而阐述"差序格局"中的社会道德。首先，乡土中国的社会结构是以"己"为中心推延出去的"差序格局"，与此相联系，乡土中国的社会道德则是以亲属关系为基础的"系维着私人的道德"；其次，团体格局中的道德是"普遍的爱"的道德体系，与之相反，"差序格局"中缺乏个人对于团体的道德要素，道德标准不能超越人伦差序。这是本文要义。围绕这个中心，全篇中西比较，逐层分析。全文18段，可分5层。

1. 社会结构格局的差别引起不同的道德观念（1—2段）

开篇两段可视为全文引言，从中西社会格局的形成，谈到道德观念与社会格局的关系。首先，作简要的人类学的溯源。"团体格局"是从原始民族的"部落"形态中传下来的。部落形态的游牧经济，"团体"是生活的前提。中国是定居型的乡土社会，每个人、每个家庭都在土地上自食其力；他们和别人发生关系是次要的，而且他们在不同场合需要不同程度的合作。因之，乡土中国便采取了以己为中心推延出去的"差序格局"。其次，社会结构格局的差别引起了不同的道德观念。道德观念是在社会里生活的人应当自觉遵守的社会行为规范的信念。道德观念的内容是人和人关系的行为规范，它"是依着该社会的格局而决定"。这是总论，下面分述。

2. "团体格局"中是"普遍的爱"的道德（3—7段）

从社会格局的差异性出发，作者发展出中西道德模式上的不同：即"（西方）普遍的爱与（东方）系于私人地位的偏爱"。换言之，西方"团体格局"中的道德体系就是"普遍的爱"。这一部分可分四个层次。首先，"团体格局"中道德的基本观念建筑在团体和个人的关系上。团体对个人的关系，就象征在神对信徒的关系中。其次，"团体格局"中的道德体系深受宗教观念的影响。在象征着团体的神的观念下，派生出两个重要观念：平等和公道。再次，所谓"平等"，首先是指在"天父"面前人人平等，为之在基督教神话中亲子间个别的和私人的联系被否定了；进而在西方社会中发展出人人平等、每个团体分子和团体的关系是相等的天赋人权观念。在执行上帝或团体的意志时，牧师和官吏等"代理者"的权力，须由"受治者"的同意中产生出来。最后，所谓"公道"，同样首先指神对每个人都是公道的，每个人都可分得神的一份爱。据此，便在团体格局的道德体系中产生了权利的观念；为了防止团体代理人滥用权力，又产生了宪法。

这一部分，从"团体格局"中道德体系的宗教来源，平等和公道的"普遍的爱"，再到道德观念以及宪法制度，娓娓道来，脉络清晰。

3."差序格局"中是系维着私人的道德（8—12 段）

"差序格局"中的道德体系，则与之相反。在以自己为中心的差序格局中，是系维着私人的道德，"克己"、"修身"是道德体系的出发点。这一部分可分三个层次。首先，社会范围从自己推出去的基本路线有两条：一是亲属关系即亲子和同胞，相配的道德要素是孝和悌；二是朋友关系，相配的道德要素是忠信。孝、悌、忠、信，都是私人关系中的道德要素。其次，在差序格局中并没有一个超乎私人关系的道德观念。孔子所说的"仁"，似乎是一个超乎私人关系的道德观念，但当他要说明仁是什么时，却又退到"克己复礼为仁"、"恭宽信敏惠"这一套私人间的道德要素了。再次，总之"仁"这个观念，只是逻辑上的总和，一切私人关系中道德要素的共相。凡是要作具体说明时，还得回到"孝、悌、忠、信"那一类的道德要素。如同要说明"天下"时，还得回到"父子、昆弟、朋友"这些具体的伦常关系。

4."差序格局"中缺乏个人对于团体的道德要素（13—15 段）

进一步在比较中说明中西道德的差异，揭示"差序格局"中个人对于团体的道德要素的缺乏。首先，在团体格局的社会中，公务，履行义务，是一个清楚明白的行为规范。这在中国传统中是没有的。其次，中国传统"忠"的观念，似乎与"公务，履行义务"相仿佛，实质并不如此。"忠"或解释为"对人之诚"，或和"衷"字相通，是由衷之意。在《论语》中，忠字甚至不是君臣关系间的道德要素。君臣之间以"义"相结合。忠君并不是个人与团体的道德要素，依旧是君臣之间的私人关系。再次，在公私的冲突里，团体道德的缺乏看得更清楚，即使负有政治责任的君王，如被孟子视为圣王的舜，也得先完成他私人间的道德。

　　5."差序格局"中的道德标准不能超脱人伦差序（16—18段）

　　经过以上比较分析，最后总结全文。首先，差序格局的社会是由无数私人关系搭成的网络，由此决定它是一种系维着私人的道德。因此，传统道德里不再另外找出一个普遍性的道德观念来，所有的道德价值不超脱差序的人伦。其次，中国的道德和法律，都因此得看所施的对象和"自己"的关系而加以程度上的伸缩。一边痛骂贪污，一边又为亲属的贪污讳隐，在差序社会里是不觉得有矛盾的。因为，在差序社会中，一定要先问清对象是谁，和自己是什么关系，才能决定拿什么标准。最后，团体格局的"普遍的爱"与墨家的"爱无差等"相类似，但和儒家的"人伦差序"恰恰相反。孟子维护儒家的"人伦差序"或"等差之爱"，所以骂"爱无等差"的墨子为"无父无君"。

　　本篇通过中西比较和文化溯源，阐述了"差序格局"中"系维着私人的道德"的形成和特点，揭示"私的毛病"的传统道德根源。"乡村工作者"的主观价值判断，变而为社会学家的客观学理分析。

三、"差序格局"与"等差之爱"

　　《差序格局》是全书最富原创性的篇章。"差序格局"是作者对中国社会学最著名的理论贡献，也是中国社会学对世界社会学理论的最大贡献；"系维着私人的道德"，则与贺麟所说的"等差之爱"颇为一致。下面对这两个概念，作进一步探讨。

　　1."差序格局"的界定和特点

　　学术著作是概念的体系。阅读学术著作应抓住概念，尤其是核心概念，在此基础上把握全书的理论体系。"差序格局"是全书最富原创性的概念，也是全书的核心概念。所谓"抓住概念"，应同时兼顾四个方面：一是渊源演变，即概念的来源和演变；二是理论内涵，即定义；三是概念外延，即相关事实；四是逻辑关系，即概念之间的区别与联系。

首先，"差序格局"至少有远近两大来源。远源可追溯到《荀子·荣辱》。《荣辱》篇论"礼义之分"与"人伦等差"曰：

> 夫贵为天子，富有天下，是人情之所同欲也。然则从人之欲则势不能容，物不能赡也。故先王案为之制礼义以分之，是贵贱之等，长幼之差，知愚、能不能之分，皆使人载其事而各得其宜，然后使悫禄多少厚薄之称，是夫群居和一之道也。故仁人在上，则农以力尽田，贾以察尽财，百工以巧尽械器，士大夫以上至于公侯，莫不以仁厚知能尽官职，夫是之谓至平。故或禄天下而不自以为多，或监门、御旅、抱关、击柝而不以为寡，夫是之为人伦。

潘光旦在《说伦字》中说："这段话说得最好，好在最足以做这个伦字的注脚。"[①] 具体而言，它从三个方面阐述了"人伦等差"的根源和特点：一是传统社会人伦差序格局的社会经济根源，即"贵为天子，富有天下，是人情之所同欲也。然则从人之欲则势不能容，物不能赡也。故先王案为之制礼义以分之"；二是传统社会人伦差序格局形成的特点，即"是贵贱之等，长幼之差，知愚、能不能之分"；三是人伦差序与社会分工，即每个人按"贵贱之等，长幼之差，知愚能不能之分"，各尽其能，各司其职，这便是"人伦"。荀子"人伦差等"与费孝通"差序格局"的内在联系，隐然可见。

---

① 潘乃谷、张海泰主编：《寻求中国人位育之道：潘光旦文选》（下），国际文化出版公司 1997 年版，第 634 页。

"差序格局"的近源，则是潘光旦在《明伦新说》、《说伦字》、《伦有二义》及《说五伦》等系列文章中，对中国传统社会人伦差序格局的研究和阐述。郑也夫曾把潘光旦和费孝通的相关论述作了排列对比，清晰显示出"差序格局"思想生发的脉络。他认为："费孝通是在潘光旦研究基础上，抽绎出'差序格局'的概念"，"费孝通的贡献在于道出了一层潘未明确表达的意思：'中国的道德和法律，都因之得看所施的对象和"自己"的关系而加以程度上的伸缩'，并提出了一个精当的术语'差序格局'"。[①] 这一看法是有依据的，因而得到学界认同。

此外，与费孝通发表《差序格局》几乎同时，哲学家冯友兰谈到传统中国的社会结构和社会关系，也有相似的描述。1947 年，他在《在中国传统社会基础上的哲学》中写道：

> 按照传统的社会理论，每个个人是个中心，从这个中心向四方辐射出关系：向上是他与其父及祖先的关系；向下是他与其子及后人的关系。向左向右是他与其兄弟及堂兄弟等等的关系。……在这辐射圈内，有着轻重不等的亲情和责任。中心的人视圈外的人为"亲毕"，而以朋友关系为基础对待之。如此按照传统的社会理论，每个个人是一个社会圆的圆心，社会圆由各种社会关系构成。[②]

"社会圆"与"同心圆"的意象，基本一致；对"中心向四方辐射出关系"，亦即"差序格局"的内涵，并作了具体的描述。可见，对于传统中国社会结构的特点，不同的学者有相同的认识和近似的

[①] 郑也夫：《评〈乡土中国〉与费孝通》，《中华读书报》2015 年 9 月 16 日。

[②] 刘梦溪主编：《中国现代学术经典·冯友兰卷》（下），河北教育出版社 1996 年版，第 1071 页。

描述。只是，冯友兰与潘光旦一样，并没有提出"差序格局"这个"精当的术语"。

其次，"差序格局"的内涵如何界定？在《差序格局》中，作者用"丢石头形成同心圆波纹"为喻作解释。然而，一切比喻都是蹩脚的，比喻不能完成理论思维。"同心圆波纹"的意象虽然精巧，但含混的诗意想象取代了清晰的学理界说。在这种形象化描述中，人们见到的是一种极有洞见和启发的思想，而不是一种严格的学术论断。或许有鉴于此，在晚年出版的《社会学讲义》中，费孝通对"差序格局"作了更为明晰的解说。他写道：

> 乡土社会的结构有个特点，就是以一己为中心，社会关系层层外推。我称之为"差序格局"。差序就是像石子投入水中引起的波纹，一圈圈推出去，愈推愈远，愈推愈薄：我，我的父亲、母亲，我的兄弟，兄弟的老婆，嫂子家的弟兄，我孩子的舅舅等，构成一个由生育和婚姻所结成的关系网。这个网可以一直推出去，包括无穷的人，正所谓"一表三千里"。这和以个人之间契约来结成的团体不同。[①]

根据作者在《差序格局》中的论述，再加上费孝通晚年上述生动具体的补充说明，我们不妨对"差序格局"下这样一个定义：

> 所谓"差序格局"是指乡土中国社会结构的模式，它以"己"为中心，以亲属关系为基础，依照亲疏远近的人伦差序，呈"同心圆波纹"，一圈圈推延出去所构成的社会人际关系的网络。

---

① 费孝通：《社会学讲义》，华东师范大学出版社 2019 年版，第 145 页。

把作为乡土中国社会结构模式的"差序格局",界定为"人际关系的网络",这是因为在文化人类学中,"社会结构"就是指"一个社区里长期存在而且起十分重要作用的人际关系网络"①。

再次,"差序格局"有哪些特点?上述定义包含了"差序格局"的几个特点。一是以"己"为中心的"自我主义"。在这种格局中,自己是中心,是投入水中的"石子",一切关系以"己"为中心一圈圈推延出去。二是以"亲属关系"为基础的熟人格局。"己"作为"石子"投入"亲属关系"的水中,虽然推延出去的人际关系有亲疏远近之别,但无不与自己有"亲属关系"而构成一个熟人社会。正是在这个意义上,我们说"差序格局"揭示了"熟人社会"的结构特点。三是公私或群己关系的相对性。在以亲属关系为基础的富于伸缩性的格局里,公和私是相对的,站在任何一圈里,向内看可以说是公、是群,向外看就可以是私、是己。四是特殊主义的伦理原则。这就是作者所说的,中国的道德和法律,都得看所施的对象和"自己"的关系而加以程度上的伸缩,一切普遍的标准不发生作用,"一定要问清了,对象是谁,和自己是什么关系之后,才能拿出什么标准来"。

最后,"差序格局"是人类历史上乡土社会的某种普遍现象。据考察,"差序格局"所显示的以亲属关系为基础的社会结构特征,也体现在西方"乡土社会"的研究中。费孝通以"同心圆波纹"来形容"差序格局",这在西方近代社会科学有关亲属及社会关系的研究中并不少见,只是以更加学术化的"多重同心圆"(concentric circles)来表述。英国历史学家梅因和德国社会学家滕尼斯都曾提出"多重同心圆"说。梅因在《古代法》中指出,在罗马时代,家

---

① [美]罗伯特·芮德菲尔德:《农民社会与文化》,王莹译,中国社会科学出版社 2015 年版,第 53 页。

庭为基本群体，由地位最高的男性传承人掌控，若干家族组成氏族，若干氏族组成部落，部落集合成联邦，其关系结构呈"多重同心圆"状。[①] 滕尼斯在《共同体与社会》中也曾以"多重同心圆"来表示家庭结构，家庭一般为三层结构，呈一系列同心圆形态：最内圈由主人及其妻子（们）组成；第二层是其子女；最外圈则是男女仆人。[②] 很显然，西方的"多重同心圆"与中国的"同心圆波纹"，结构相似而内容则有本质区别，但仍不乏相互照明的意义。

基辛格在谈到古代波斯帝国的"世界秩序"观时，引用了古希腊历史学家希罗多德的一段话，描述了波斯人"自视为人类文明的中心"的"自信"，以及基于这种"自信"的对"世界秩序"的看法。波斯人心目中的世界秩序，可以说就是一种"差序格局"的世界秩序。希罗多德写道：

> 他们最尊重的是自己，然后是邻国，再后是邻国的邻国，以此类推。尊重的程度随着距离的增加而降低。波斯人最轻视距离他们最远的人，因为他们认为自己是各方面最出色的人，其他人按离他们的远近习得一定的美德，离得最远的是最卑下的。[③]

在古波斯人看来，世界秩序以他们"自己"为中心，向外"推"出去，他们对邻国的"尊重"，因距离的增加而降低，邻国的"地位"，也因距离的增加而越来越卑下。这种"世界秩序"，与乡土中国以"己"为中心推出去的"差序格局"，颇有异曲同工之妙。在

---

① [英] 梅因：《古代法》，沈景一译，商务印书馆 2023 年版，第 82—85 页。

② [德] 斐迪南·滕尼斯：《共同体与社会》，张巍卓译，商务印书馆 2019 年版，第 107 页。

③ [美] 基辛格：《世界秩序》，胡利平等译，中信出版社 2015 年版，第 190 页。

现代国际关系中，不论大国与小国，都应一律平等。因此，我们不能接受古波斯人的这种"世界秩序"观。但是，这段话对"差序格局"作了通俗化的描述，有助于我们理解"差序格局"的结构特点。

2."差序之爱"与"等差之爱"

费孝通所谓"系维着私人的道德"，也就是他所谓基于"差序人伦"的"差序之爱"；而"差序之爱"与贺麟提出的"等差之爱"是颇为一致的。探讨"差序之爱"与"等差之爱"的关系，了解"等差之爱"的内涵，有助于深化对传统道德的人情味和局限性的认识。

首先，"差序之爱"即"等差之爱"。费孝通在《系维着私人的道德》的篇末指出："一个差序格局的社会……所有的价值标准也不能超脱差序人伦而存在。"进而，他对基于"差序人伦"的"差序之爱"作了这样的描述：

> 中国的道德和法律，都因之得看所施的对象和"自己"的关系而加以程度上的伸缩。我见过不少痛骂贪污的朋友，遇到他的父亲贪污时，不但不骂，而且代他讳隐。更甚的，他还可以向父亲要贪污得来的钱，同时骂别人贪污……这在差序社会里可以不觉得是矛盾；因为在这种社会中，一切普遍的标准并不发生作用，一定要问清了，对象是谁，和自己是什么关系后，才能决定拿出什么标准来。

联系上下文，可以发现密切联系的三个词，即"差序社会"、"差序人伦"和"差序之爱"。这三者的逻辑关系是：差序格局的社会是"差序社会"，差序社会中的人伦关系是"差序人伦"，基于差序人伦的道德态度或爱便是"差序之爱"。

贺麟在著名的《五伦观念的新检讨》中，从"五伦"的等差观念出发，提出了"等差之爱"的概念。首先，五伦即君臣、父子、夫妇、兄弟、朋友的五常伦。五伦观念认为人伦是常道，人与人之间这五种关系，乃是人生正常永久的关系，是人所不能逃避、不应逃避的关系。人不应规避政治的责任，放弃君臣一伦；不应脱离社会，不尽对朋友的义务；不应抛弃家庭，不尽父子、兄弟、夫妇应尽之道。其次，这五伦不是平等的，而是有等差的，即《荀子·荣辱》所谓是有"贵贱之等，长幼之差，知愚、能不能之分"的。换言之，君臣、父子、夫妇、兄弟、朋友，这五伦不是平等的，而是一种"等差人伦"或"等差之伦"。最后，从"等差人伦"或"等差之伦"出发，贺麟提出了"等差之爱"的概念。他说："就实践五伦观念言，须以等差之爱为准。故五伦观念中实包含有等差之爱的意义在内。'泛爱众而亲仁'，'亲亲，仁民，爱物'，就是等差之爱的典型的解释。"①

费孝通的从"差序人伦"到"差序之爱"，贺麟的从"等差之伦"到"等差之爱"，二者不仅逻辑一致，含意一致，而且表述也基本一致。《系维着私人的道德》篇末最后一句说："墨家的'爱无等差'，和儒家的人伦差序，恰恰相反，所以孟子要骂他无父君了。"墨家是"爱无等差"，儒家恰恰相反，那就是"爱有等差"。而"爱有等差"与"等差之爱"，那就更为一致了。

其次，"等差之爱"是最近人情的爱。所谓"等差之爱"，就是与人伦等差或差序人伦相对应的差等之爱，也就是以"自己"为中心自然推延出去的近人情的爱。贺麟说："爱有等差，乃是普通的心理事实，也就是很自然的正常的情绪。其实，用不着道德的理论，礼教的权威，加以提倡。说人应履行等差之爱，无非是说，我们爱他人，要爱得近人情，让自己的爱的情绪顺着自然发泄罢了。所以儒家，特别是孟子，那样严重地提出等差之爱的教训以维

———————
① 贺麟：《文化与人生》，商务印书馆 2006 年版，第 53—54 页。

系人伦间的关系。"①"等差之爱"，是合乎常情常理之爱，贴近人情之爱。

与"等差之爱"相反的，是"非等差之爱"。"非等差之爱"，足以危害五伦的正常发展。这大约有三种表现。一兼爱，不分亲疏贵贱，一律平等相爱。二专爱，专爱自己谓之自私，专爱女子谓之沉溺，专爱外物，谓之玩物丧志。三躐等之爱②，如不爱家人，而爱邻居，不爱邻居，而爱路人。这三种非等差之爱，一是不近人情，二是浪漫无节制，三是爱到狂诞的危险，均属非正常的、违背人伦的爱。

"等差之爱"不单有心理的基础，也有恕道或絜矩之道作根据。贺麟指出："持等差之爱说的人，也并不是不普爱众人，不过他注重一个'推'字，要推己及人。所谓'老吾老以及人之老，幼我幼以及人之幼'。"等差之爱，爱得近人情，不像高唱"兼爱"、"普爱"者，爱得不近人情。美国学者培黎有一句批评"四海之内皆兄弟"的话，足以为等差之爱辩护。他说："当你说一般人都是你的兄弟时，你大概不是先把一般人当作亲弟兄看待，而是先把你的亲弟兄当作一般人看待。"③这句话把空口谈兼爱之不近人情和自欺欺人之处，说得再明白不过了。

贺麟进而认为，等差之爱作为自然的心理情绪，可以分为三个不同的层次："一是以亲属关系为准之等差爱，此即儒家所提出以维系五伦的说法。一是以物为准之等差爱。外物之引诱力有大小，外物本身的价值也有高下，而我们爱物的情绪也随之有差等。一是以知识或以精神的契合为准之等差爱。"④三个层次的分析，

---

① 贺麟：《文化与人生》，商务印书馆 2006 年版，第 54—55 页。
② "躐等之爱"：躐（liè），超越；躐等，越级；躐等之爱，超越或违背正常等级或伦常的爱。
③ 转引自贺麟：《文化与人生》，商务印书馆 2006 年版，第 55 页。
④ 贺麟：《文化与人生》，商务印书馆 2006 年版，第 56 页。

对等差之爱的内涵作了引申，拓宽了这一概念的想象空间。一般说来，一个人对于有深切了解的对象，其爱必深，对于仅有肤泛了解的对象，其爱必浅。同时，大凡人与人之间，相知愈深，精神上愈相契合，则相爱也愈深，反之则愈浅。因此，后两种等差之爱也值得注意，并可以补充并校正单单重视亲属关系的等差之爱的地方。

最后，"富于人情味"而"欠缺公德心"。如果说"富于人情味"是等差之爱的长处，那么"欠缺公德心"则是等差之爱的缺陷了。费孝通指出：以差序人伦为基础的差序之爱有一个特点，即"得看所施的对象和'自己'的关系而加以程度上的伸缩"。用社会学的术语来说，这是一种"特殊取向"的爱，而非"普遍取向"的爱。中国人的"富于人情味"而"欠缺公德心"，正是与"得看所施的对象和'自己'的关系"的"特殊取向"密切相关的。

对于中国人性格中的这一特点，当代社会学家金耀基曾有精辟论述。他说："凡是在中国待过一段时间的外国人，大都有如下的看法，即中国人富于人情味，欠缺公德心，这一看法是不错的，但很少人能真正指出中国人这种人格形成的原因。"

那么，原因何在？原因就在于，"中国是以家族为本位的社会，用社会学的术语说，中国社会是以'原级团体'为主的。在原级团体中，人与人的关系是基于身份的，亦即是特殊取向的，这种关系与心态可一层一层地向外推，但人际之关系总是特殊的，即或无血缘或亲属关联者，亦皆是人际间的关系，而可以亲属身份类之"。换言之，这是一种以亲属关系为基础的、"一层一层地向外推"的差序社会中的差序关系。于是，"凡中国人活动范围接触所及，他都会不知不觉间以'亲人'目之，因此亦以'亲人'相待，而显出殷勤与关怀，乃充满一片人情味。可是，在一个人亲属或拟亲属关系圈之外的人即属'外人'，外人则人际关系终断，而不免显出无情"。①

简言之，所谓原级团体的特殊取向，就是以亲属或拟亲属关系为基础，不知不觉地把人分为"亲人"与"外人"，对之采取特殊取向，施以等差之爱。这种现象，在公共汽车里、在地铁里，表现得最为明显，凡是亲戚朋友，便热情地让位争先，而对非亲戚朋友，则争座恐后，毫不客气。

金耀基指出："中国社会以原级团体为基底而产生之人情味，在某一程度上，成为一种压力，迫使脆弱的'次级团体'②的角色的行为，受到歪曲，此所以中国的官员常枉'法'而徇'情'也。"③这是一个令人深思的见解，也是人情社会必须克服的弊端。

四、中国文化中的差序格局

许倬云④名著《中国文化的精神》第九章题为"共生共存的人际网络"⑤；这里所说的"共生共存的人际网络"，实质就是费孝通的"差序格局"。此篇开端，作者释题时明确指出："费孝通先生在研究中国东南农村组织时，就将这种大型共同体称为差序格局的人

————————

① 金耀基：《从传统到现代》，法律出版社 2017 年版，第 50 页。

② "次级团体"：西方现代社会以"会社"为社会之本位，"会社"则为"次级团体"，"在次级团体中，人与人的关系基于契约，亦即普遍取向，且是'非人际的'关系，因此人比较倾向于博爱，而于特殊的人际关系则反显得比较淡漠而少人情味"。（金耀基：《从传统到现代》，法律出版社 2017 年版，第 50 页。）

③ 金耀基：《从传统到现代》，法律出版社 2017 年版，第 50 页。

④ 许倬云：著名历史学家，1930 年生于无锡，1949 年随家人迁台。先后求学于台湾大学、芝加哥大学等，执教于台湾大学、美国匹兹堡大学等，并在世界各地多所大学担任名誉教授。著有《中国古代社会史论》、《汉代农业》、《西周史》以及《万古江河》、《说中国》、《中国文化的精神》等。

⑤ 《中国文化的精神》第九章"共生共存的人际网络"，见许倬云《中国文化的精神》（九州出版社 2018 年版），第 205—222 页；为节省篇幅，下文引自本章者，除个别外，不再作注。

际关系。"文中揭示"差序格局"的亲属基础时，又提出了"中国文化的差序格局"的命题。他写道：

> 男婚女嫁既是生物性的需求，也是社会性的结合。夫妇情爱是人际关系根本之要项，由婚姻建构的亲戚关系，则是配偶双方家族之间交叉的联系，是亲族关系的延伸。因此，中国文化的差序格局，是从生物性中最基本、最自然的部分，由近及远，从最亲近的骨肉延伸到宗族、乡里和类亲缘的团体。[①]

所谓"中国文化的差序格局，是从生物性中最基本、最自然的部分，由近及远，从最亲近的骨肉延伸到宗族、乡里和类亲缘的团体"，这可视为从亲属基础角度对"差序格局"下的定义。

许倬云是著名历史学家，在这一章里，作者以开阔的视野、丰富的史实、生动的文笔，对"差序格局"在中国历史上的形成、演化、表现形态、功能价值及现代意义，作了系统论述。这是一篇运用"差序格局"理论，分析传统中国社会结构和人际关系的难得之作，也是《差序格局》一文必要的补充。这里，笔者撮述其要点，并稍作解析和评论，或可尝脔知鼎，更期望读者进而阅读原文。

细读全文，其要义可概括为六点。

一、差序格局产生于核心家庭，是由核心家庭延伸而扩大的亲缘共同体；这种大型亲缘共同体的人际关系称为差序格局的人际关系。

首先，作为乡土中国社会结构的"差序格局"，是以亲属关系为基础的；而乡土中国亲缘团体的凝聚力，比之其他种族更为持久，也更具有弹性。此章开篇，作者便作文化比较："在世界各地

---

① 许倬云：《中国文化的精神》，九州出版社 2018 年版，第 220 页。

的人类历史，无处没有人类的集体组织：有的是村落，有的是部落，到了近代，则是民族和国家。这些团体，都不如所谓的社区和社群更有凝聚个人的能力。中国几千年来，凝聚个人的群体，大家都以为是亲缘团体和亲缘团体的延伸。相对于雅利安种族（大多数的白种人），中国人的亲缘凝聚力远比其战斗集团更为持久和具有弹性。而且，亲缘组织的根本假定，是从血缘组织的家庭扩大而为不同性质的集体，其生物性的本能更接近自然的共同生活的要求。"

其次，由核心家庭延伸扩大的大型亲缘共同体的人际关系称为差序格局；而乡土中国的这种亲缘共同体，有儒家的家庭伦理作为其合理性的依据，故在世界历史上可谓独一无二。作者写道："亲缘团体最核心的当然是配偶与亲子组织的核心家庭。在许多地区的人类社会中，这种核心家庭无不是最基本的组织。若干核心家庭，如果能够顺着世代的延伸而扩大，同祖父，同曾祖父（或者同祖母、同曾祖母）等群体一代代延长，每一代若干个别的核心家庭，就会结合为一个巨大的族群。几个有亲戚关系的大族群，结合为同一个生活共同体，就可能是部落或者村落。这种现象，在民族学的研究中并不罕见。只是，中国的亲缘组织扩大为类亲缘的共同体，其渊源甚久，又有儒家的伦理作为其合理性的依据，在世界历史上，中国人注重家族的观念，就成为民族学和社会学上几乎独一无二的例证。"从《江村经济》到《乡土中国》，费孝通研究中国东南的农村组织时，就将这种大型共同体称为差序格局的人际关系。

二、回顾历史，亲缘共同体的差序格局，萌芽于商代，形成于西周金字塔形态的封建格局；西周以后，差序格局成为中国社会亲缘团体中内部结构和人际关系的基本特点。

首先，乡土中国亲缘共同体的差序格局，渊源甚久，可能萌芽于商代。作者谨慎地写道："回顾更为久远的历史背景，商代以前中国各地的新石器文化社会，其组织形态可能就具有以亲族为基本的共同体。但是，我们没有足够的数据去重建这种组织的特性。商代的统治集团称为'子姓'，以王室为中心，显然又有许多分封出去的单位拱卫首都'大邑商'，然而我们并不清楚这种组织的详细内容。"不作断语，有一分史料说一分话，体现出历史学家的严谨。

其次，差序格局的人际关系，正式形成于西周金字塔形态的封建格局。作者详细描述了差序格局在西周的形成过程："西周统一了中原，有计划地规划了封建诸侯，以藩屏周。这一个封建秩序以王室为中心，每一个分封的单位，有的是王室子孙，有的是王室的姻亲——当然，除了王室姬姓，姬姓的老同盟姜姓与姬周同居统治的位置。周代庞大的分封网，其封君不是姬姓，就是姬姓的亲戚。我曾经在《西周史》中说明，君统与宗统二者不能分开：上一层的封君就是大宗，下一层的封君就是大宗分出去的小宗。相对每一阶层，大宗拥有祭祀祖先的权力，小宗的封君必须经过大宗的祭祀才能取得祖先的护佑。于是，政治权力的分配是一个金字塔的形态，许多小金字塔累积成一个大的金字塔，一层一层，其亲疏远近就决定了权力大小。"从"上一层的大宗"到"下一层的小宗"，一层一层，构成金字塔形态的差序格局。从西周到春秋，大都是如此格局。当然，春秋时代就是这一个金字塔逐渐崩解的过程；到战国时代，如此的权力金字塔，已经和亲属金字塔脱钩了。

再次，作者通过"姓"和"氏"的差序分析，进一步阐述西周差序格局的特点。"子姓、姬姓、姜姓等这些'姓'，其本来的意义只是源自同一祖先的群体。此处所谓'祖先'，在人类学上可能就是有些学者所说的图腾，并不一定是人，也可能是特殊的生物，或者神体。当然，这都是凭借一种虚构的传说，以结合许多不同的亲缘小集团，建构为一个比较大的群体，才有力量和附近的群体竞争而共存。西周时代出现了'氏'，这是姓下面的分支。举例言之，姬姓的周王室，分出若干王子各自建国，例如鲁、晋、卫等国，他们就是姓分出来的氏。鲁国的公子，例如孟孙、叔孙、季孙，则是公子们从鲁氏分出来的另一层次的氏。氏之成立，必须等到其下第三代才能正式当做一个单位，前面两代即儿子和孙子的时代，都仍旧归属在原有的'氏'内。"换言之，西周的差序格局表现为"姓"与"氏"的差序。这种姓与氏的不同定义，在战国时开始模糊，到了秦汉已经完全混合为一，所以才有汉高祖在《史记》中被称为"姓刘氏"。

最后，西周以后，差序格局就成为中国社会亲缘团体中内部结构和人际关系的基本特点。婚姻关系是差序格局的基础。"同姓、同氏的父系系统之外，西周实行外婚制。因此，同姓的人不婚，一定要娶外姓的女子为配偶。这种安排，是以婚姻的关系彼此交换女性成员，将若干姓集团结合成关系密切的大同盟。姬、姜二姓世代为婚姻，从西周开国就是周王国统治阶级的两大成分。当然，他们又个别和其他的姓氏建立婚姻关系。于是，纵向联系是宗族，横向的联系是姻亲。周代的封建网络，经过宗亲和姻亲两个方向纽带，联系当时整个中国的封君，建立了一套非亲即戚的关系网。这个大网络之内，如前所说，有亲疏远近之分，世代渐远，关系也就慢慢疏远了。姻亲的关系更是如此，老亲如果不是继续若干代不断通婚，亲戚之间的亲密关系也就会淡薄了。"这就是费孝通所谓"差序格局"的渊源和解释。

许倬云著有《西周史》，对西周的封建制、政府组织和周人的社会组织有深入系统的研究。这里对差序格局的溯源，对西周以来差序格局形成特点的阐述，正弥补了费孝通没有讲传下来的"过程"的缺陷。

三、差序格局的延伸，由亲缘延伸到地缘，形成一种类亲缘的差序格局，表现在社会生活的诸多方面。作者对"中国文化中的差序格局"作了多层次、多形态的描述。

　　首先，除了家族姻亲关系的差序格局，中国实际上还有一种类亲缘的差序格局。所谓"类亲缘"，就是指模仿亲属而类似亲缘关系的社会团体。作者指出："在中国，佛家和道家的宗派，模仿了儒家的亲属观念，师徒之间也有类似父子的称呼——'师父'，一日为师，终生如父。同门师兄弟之间，也是类似家族的手足关系；以此推而广之，师兄弟下面的徒弟们，彼此也是以堂兄弟相称，而且尊上辈为伯叔。同样，民间手工艺和商店的学徒，对待师父也如同自己的父亲；民间许多社团，例如著名的漕帮，是水路工作人员的帮会，新会员入会必须要有师父。因此，师徒论辈分，同门师兄弟之间的关系也如家族成员。"总之，江湖上各种民间宗教或是职业团体，几乎无不具有类亲缘的组织。

　　其次，各种社团本身的内部关系，无不模仿亲缘组织。宗教团体和民间的漕帮组织，则是类亲缘差序格局的典型代表。"……宗教团体方面，是佛教、道教的寺规和其他宗派；民间组织方面，是漕帮和其他地下或半地下的团体。这些组织也用父子、叔侄、兄弟的名称界定他们的人际关系，我们可以称为'类亲缘组织'。寺院、宫观本身就是家庭一样的结构，因此他们的成员在团体之中也有互相帮助、互相支持的义务。漕帮是中国水路交通的员工组织的类似工会的大团体。他们成员之间组织为一个庞大的弟兄团体，个体面临生、老、病、死以及其他需要的事务，都由漕帮于必要时加以协助。最显著的是，在各个重要的码头都设有罗祖庵，年老退休或者生病的弟兄们，都可以住在庵中。此外，造船工人、铁匠、木工，也都有自己的同业公会——南水仙、火德星君、鲁班庙这些祭祀地，对于同仁一样有种种照顾和互助的责任。"

　　再次，同门读书的师兄弟之间，也形成一种类亲缘的差序格局关系。"同门读书的儒家师兄弟，甚至于私塾和书院的学生，其模仿亲族的结构更不在话下。推而广之，科举制度下同年考上科名的举子，都认阅卷的主考者和总主考为老师，称为'房师'、'座师'；同年之间，彼此称为'年兄'、'年弟'。在官场上，科举同年是个重要的网络，彼此扶持、结党结派。"当然，这类结合大多是以利相结，未必有真感情，其所谓亲缘的关系，也只是比附而已。

四、不同于西方的平等关系，差序格局具有鲜明的特点，即对外是一家，对内却有亲疏远近的差别；这种亲疏远近，很具体地确定了人际关系中个体的权利和义务；每一个人在这个大网络之内有所归属，也凭借网络贡献自己的力量。

首先，在"同心圆波纹"的差序格局中，人与人之间亲疏远近有差别，权利和责任也有差别。作者指出："我以为，假如用同心圆的方式解释这种格局，可以将每个人视为一个大网络的中心，亲疏远近的不同，决定了他人与中心人物亲密关系的程度。一方面，亲缘关系内，个人盼望得到团体的庇护——所谓人多势众，群体生存远比单打独斗有利。另一方面，个体能享有亲缘共同体的庇护，也就必须对这个共同体尽一定的责任。权利和责任，因为'社会关系的距离'而决定其程度。近亲之间互相帮助的责任，就比远亲之间更为具体；个别成员能够从近亲得到的帮助，也就比远亲之间更为自然。"以这个观点来看，中国人的人际关系网络内，一个人和另一个人彼此之间的权利和义务，都是相对的。在今天西方世界个人主义的先决条件下，所谓人人关系皆平等，却与中国的人与人间的关系并不一致，二者呈现完全不同的思考角度。

其次，每一个人在这个大网络之内，既有所归属，也贡献力量，既得到帮助，也受到监视。正如作者所说："整个中国社会，笼罩在了如此庞大绵密的网络之下。人与人之间有一定的预设关系，不需要经过法律，自有必须信守的规则。从好的方面说，个人不会完全孤立无援，艰难困苦时必定有人可以伸出援手。中国人可以清楚地知道自己在网络上的位置，也不至于有失落孤独之感。从坏的方面说，个人的行为，举手投足无不在众人监视之下，人和人之间的规律之严，甚于法律。在这个传统社会的网络，人与人之间互相约束、互相监督，使人人无所逃于天地之间。西方社会的个人自由，对于传统中国人来说很难理解。中国人的'修养'，就包括了清楚地理解自己在网络中的位置，不至于逾越。一个人要在广大的群众之间知道分寸，而且要懂得在差序格局的约束下，如何忍受严格的规矩。"例如，唐初，山东郓州张家九世同居。唐高宗询问这一家的家长：怎么能做到九世同居而不分家？家长在纸上写了一百个"忍"字——张家的祠堂也因此名为"百忍堂"。

总之，从生活共同体的角度来看，这种差序格局，就是结合一群亲缘或类亲缘关系的人口，以深度的合作，组织为一个同生死共荣辱的共同体。

五、差序格局是建立在人的生物性基础之上的，它从人的生物性中最基本、最自然的亲子之爱，由近及远，从亲缘团体延伸到地缘团体。

首先，差序格局是建立在人的生物性基础之上的。差序格局的延伸是由亲缘到地缘，每一个人在这个大网络之内有所归属，依靠网络解决自己的问题，也凭借网络贡献自己的力量。然而，"这种网络的起点，则是最基本的亲缘关系：亲子之间的亲密互依。人类的生物性，也是为了个体自己的生存与经过繁殖延绵的后代的存续。亲子之间，其亲密性是自然的：生我、育我、顾我、腹我——父母为了子女可以牺牲一切，子女为了父母也可以无所不至。孟子认为仁的起点是恻隐之心，而他形容恻隐之心，却是从孩子看见死去的父母尸首暴露，心有不忍而回去取了锄头埋葬父母开始。孟子这番形容，确实是道尽了亲子之间必然存在的一番顾念和依恋。亲族只是亲子关系的延伸，兄弟骨肉当然也是亲子附属的同胞关系。这些就是从最自然的生物性开展为人间伦理的基础。男婚女嫁既是生物性的需求，也是社会性的结合。夫妇情爱是人际关系根本之要项，由婚姻建构的亲戚关系，则是配偶双方家族之间交叉的联系，是亲族关系的延伸。因此，中国文化的差序格局，是从生物性中最基本、最自然的部分，由近及远，从最亲近的骨肉延伸到宗族、乡里和类亲缘的团体"。在这里，作者揭示了差序格局深层的根源。换言之，乡土中国的差序格局不是人为设计的，而是基于人的生物性，是从人的最基本最自然的生物性生发出来的。

其次，中国文化的差序格局，又是以儒家"推己及人"的理念为基础的。作者继续写道："儒家理想以仁为本，仁的定义是忠和恕：忠是内心之'中'，恕是我心如他心，仁则是二人之间的相处之道。儒家的基本观念，正是儒家伦理的基础。战国道家的文献，有'惠'字出现，其意义是与爱相通的。佛家进入中国，颇为着重其普世、仁爱的一面。这三家的观念合而为一，正是上述'推己及人'的基本理念。"换言之，中国文化中的"差序格局"与儒家伦理中的"推己及人"，是互为表里，密切相关的。

六、中国差序格局的集体主义特色，与西方社会个人主义的极度高张形成鲜明对照；它可以救济个人主义的孤独，也可以防止社会因个人主义过度发展而面临的破碎和瓦解。这是差序格局人际关系的重要现代价值。

本章结尾，首先总结了中国文化中差序格局的特色。"在本章中，我们讨论的方向指出，中国的人伦关系可以从生物性提升到社会性，又从社会性提升到超越的普世价值。这种构想，是个人主义与集体主义的重叠。个人的部分，是从'修己'领会到自然的个性，个人既不能孤立，也不应当孤立。集体的部分，则是由近及远、推己及人，应该量力为之——从提升自己开始，先照顾到四周围的亲戚朋友，逐渐将整个大的差序格局的网络笼罩在更大的人群。差序格局之中，个人既有权利也有义务，人不能孤立，然而人也不是屈服于集体的安排。这一种个人到集体的延长线是开展的,不是断裂的。"总之,在这差序格局之内,个人要自我约束,时时刻刻要理解个人是集体中的一部分。然而个人也知道,个人不是由集体支配的,个人对集体的义务与他可以从集体所获得的保障互为因果、互相依附。

接着,作者将差序格局的集体主义与西方个人主义的极度高张相对比,揭示了中国文化的超越性的价值。"中国文化中差序格局的特色,与今日西方文明中个人主义的极度高张相对比,可以救济个人主义的孤独,也可以防止社会因个人主义过度发展而面临的碎裂与瓦解。而且,这种共同体并不是出于利益的合作,而是基于人性的感情——利尽则交疏,人性之间天然的感情,却不会因为利益之有无而就此断绝。这是中国文化中超越性的价值,也可以扩充成为人类社会的普世价值,以补现代文明的不足。"费孝通对乡土中国的眷恋,就是对基于亲属关系的差序格局中人情社会的眷恋。

费孝通晚年谈到《乡土中国》时有一段反思性的话:"《乡土中国》里边说的中国农民的特点,是从历史里边来的,是我们先人传下来的。我只讲了特点,没有讲出来传下来的过程。讲讲这个过程,很要紧,有些道理是要从过程里边才能看出来的。"[1] 如果说费孝通的《差序格局》只讲了"差序格局"的"特点",那么许倬云的"中国文化中的差序格局"则追溯了"差序格局"的渊源和"过程"。"特点"与"过程"的结合,便是逻辑与历史的统一。因此,许倬云的"共生共存的人际网络"是《差序格局》的必要补充。

---

① 张冠生记录整理:《费孝通晚年谈话录(1981—2000)》,生活·读书·新知三联书店 2019 年版,第 289 页。

第六章
乡土中国的家族制度

——《家族》、《男女有别》解读

　　本章由《家族》和《男女有别》两篇构成，谈论乡土中国的家族制度。作者明确表示，两篇是一个整体，《男女有别》是《家族》的"申引发挥"。作为乡土中国基本社群的家，不同于西洋的家，它有自己的文化特性：从结构上看，这个家是"扩大了的家庭"，是一个"小家族"；从功能上看，这个家不是单纯的生育社群，而是一个事业社群；从感情定向看，作为求效率、讲纪律的事业组织，这个家"男女有别"，人的感情定向偏向于同性方面的发展。这是本章两篇的基本观点。

一、乡土中国的基本社群是"家族"

——《家族》的要义和思路

　　乡土中国的社会本色是"熟人社会"，乡土中国的结构模式是"差序结构"，乡土中国的基本社群则是"家"。中国人的这个"家"，至少有三个特点：从结构上看，它是"扩大了的家庭"，可称为"小家族"；从功能上看，它不是单纯的生育社群，而是一个事业社群；从感情定向看，作为事业社群，它求效率而讲纪律，排斥男女私情，人的感情定向偏于同性的发展。这是本篇的要义。全文 14 段，可分 5 个层次。

1. **概念辨析，引出论题（1—2 段）**

承上启下的开篇，可分三层意思。首先，对"差序格局"和"团体格局"两个概念作进一步说明。"差序格局"是原创概念，它是"已有社会学词汇里所没有"的概念，"团体格局"中的"团体"是狭义的意义，"只指由团体格局中所形成的社群"，不包含"普通的团体"即"社会圈子"所指的社群。其次，"差序格局"和"团体格局"是社会结构的两种基本形式，在概念上可以分清，在事实上是并存的，但东西方各有偏胜。再次，两种格局概念的区分，有助于根据这套概念去看作为乡土中国基本社群的"家"的性质。换言之，中西社会结构格局不同，与此相联系，"家"的形态、性质和功能也不同。

2. **乡土中国的基本社群是"大家庭"或"小家族"（3—4 段）**

那么，作为社会的基本社群，中国的家庭和西洋的家庭，有何区别？首先，乡土中国的基本社群可称为"大家庭"或"小家族"，亦即《江村经济》中所说的"扩大了的家庭"；其次，提出这个新名词，是为了从结构原则上说明中西社会里"家"的区别。在西方，一个有十多个孩子的家，并不构成中国式的"大家庭"；在中国，一个只有公婆儿媳四个人的家却不能称为"小家庭"，即已是一个"小家族"。根本区别，就在于二者的结构不同，后者比前者更为复杂；前者是两代人的"家庭"，后者是三代人的"家族"。

3. **人类学上的家庭是亲子构成的生育社群（5—6 段）**

为什么同是"家庭"，却中西有别？这要从人类学上"家庭"的本质属性说起。首先，家庭这个概念在人类学上有明确界说，它是指亲子所构成的生育群体。亲子指它的结构，生育指它的功能。其次，作为生育社群，家庭是短期的、暂时的。因为，孩子们长大成人后，便脱离父母的抚育，去经营他们自己的生育事务。再次，家庭赋有生育之外其他的功能，但经营的事务有限，需要较多人合作的事务，由其他社群经营。西方的家庭，就属于这种较单纯的生育社群。

4.乡土中国"小家族"的性质特点（7—11段）

乡土中国的家是个"大家庭"或"小家族"，它不同于西方的家庭，至少有五个特点。一是形态不同。西方的家庭是团体格局的社群，由亲子构成；中国的家庭是差序格局的社群，它可以沿着父系的亲属差序扩大得很远。五世同堂的家，可以包括五代之内所有父系方面的亲属。二是组织原则不同。乡土中国的这种"大家庭"或"小家族"，在人类学上称之为氏族。从氏族到家族，是人类社会发展的不同阶段，但它们有一个共同点，即都是根据单系亲属原则所组成的社群。三是性质功能不同。西方的家主要限于生育，中国氏族性的家不限于生育，还包括政治、经济、宗教等复杂功能，是个经营多种事业的事业社群或事业组织。四是存在时间不同。生育性的西方家庭，一般是临时性的；事业性的中国的家庭，则是长期绵续的。因为，政治、经济、宗教等事务，都需要长期绵续。五是内在格局不同。中国的家庭是一个事业组织，家的大小是依着事业的大小而决定的。但无论大小差别到什么程度，中国家庭在结构上，都属于单系的差序格局。

5.乡土中国的事业性家庭，夫妇之间感情淡漠（12—14段）

中西家庭功能不同，夫妇之间的感情也不同。首先，西方的家庭是生育社群，夫妇是主轴，两性之间的感情是凝合的力量。乡土中国的家庭是事业社群，父子是主轴，夫妇是配轴；这两轴都因事业的需要而排斥了普通的感情。因为，事业讲究效率，效率需要纪律，纪律排斥私情。其次，在乡土中国，不仅是大户人家或书香门第，男女之间有着阃内阃外的隔离；就是在乡村，夫妇之间感情淡漠，也是日常可见的现象。男女之间感情不同，可以说是中西家庭的第六个区别。《男女有别》一文，将围绕男女感情问题，集中申发"中国传统感情定向的基本问题"。再次，中国家庭夫妇情感之所以淡漠，这是把生育之外的许多功能拉入这个社群的结果。中国人在情感上，尤其是在两性间的矜持和保留，也是在这种社会圈局中养成的性格。

6. 本篇的论题是"家庭"，为什么标题是"家族"？

这是本篇没有明说的问题，有必要作补充说明。首先，家庭和家族是两个不同的概念。家庭是以婚姻为纽带结合起来的生育社群，家族是以血缘关系为纽带，由众多家庭聚集在一起组成的特殊社群；家庭和家族的关系，是个体和群体的关系。其次，本篇的论题虽然是"家庭"，但乡土中国的"家"，是"扩大了的家庭"，是"小家族"，是"家族性"的家庭。作者用"家族"为标题，应当是为了强调乡土中国"家庭"的"家族"特性。由于乡土中国的"家庭"，实质是人类学上的"家族"，所以本文所阐述的中国的"家庭制度"，同样可以说是中国的"家族制度"。

二、乡土中国的感情定向是"男女有别"

—— 《男女有别》的要义和思路

《男女有别》开篇第一段，作者即表示：本篇是上文的"申引发挥"，集中谈论上篇已论及的乡土中国的感情定向问题。所谓感情定向，是指特定文化范型所规定的个人感情可以发挥的方向。感情定向可以从心理学和社会学两方面看，可分为阿波罗式和浮士德式两种文化模式；乡土中国是一种亲密群体，阻碍人了解的是异性的隔膜；但乡土中国的家庭是一种事业群体，求效率而讲纪律，遵循"男女有别"的原则，排斥浮士德式的两性恋爱，人的感情定向偏于向同性方面的发展。这是本篇的要义。全文共 14 段，可分 6

个层次。

1."感情定向"及其分析方法（1—2段）

开篇两段，承上启下，可分三层。首先，乡土中国的家庭是个事业社群，事业讲究效率，效率需要纪律，纪律则排斥私情。这就涉及"中国传统感情定向的基本问题"。其次，人的感情定向是受文化范型规定的。因此，所谓感情定向，就是指特定文化规范所规定的个人感情可以发挥的方向。再次，感情定向可以从心理学和社会学两方面分析：心理学可以从机体的生理变化说明感情的本质和种类；社会学从感情在人和人的关系上看它所发生的作用。

2.感情定向的心理学和社会学分析（3—5段）

接着，从心理学和社会学角度，分析感情的性质特点。首先，从心理学看，感情是一种体内的行为，是一种刺激和反应的关系。感情常发生在新反应的尝试和旧反应的受阻情形中。其次，从社会学看，感情具有破坏和创造二重性。感情的激动会改变原有的关系，感情的淡漠则是社会关系稳定的表示。乡土中国的家庭是事业社群，它需要稳定的社会关系。再次，稳定社会关系的力量，不是感情，而是了解，是熟悉所引起的亲密的感觉。亲密感觉和激动性的感情不同，它是契合融洽，发生持续作用；所以亲密感讲究纪律而排斥私情。

3.感情定向的两种文化模式（6—7段）

然后，借鉴斯宾格勒在《西方陆沉论》（今译《西方的没落》）中提出的文化形态学的理论，对乡土社会和现代社会在感情定向上的差别，进行类比阐述。首先，简述两种文化形态的特点。斯宾格勒认为，西方文化史上有两种相对的文化模式：一种是阿波罗式的文化，又称古典文化；一种是浮士德式的文化，又称西方文化或现代文化。阿波罗式的文化认定宇宙的安排有一个完善的秩序，关心眼前和当下的事情，对未来和过去则不予理睬；浮士德式的文化把冲突看成存在的基础，生命的意义在于对无限的追求，在于不断改变的创造过程。其次，借两种文化形态对中西情感定向作类比阐释。这两种文化形态可以用来解释两种社会在感情定向上的差别：乡土社会是阿波罗式的，即古典的、崇尚安定和谐的；西方社会是浮士德式的，即现代的、崇尚创造变化的。

《西方的没落》共两卷，于1918、1922年先后出版。斯宾格勒认为，人类的历史由多种文化形态构成，可分为八大形态：埃及文化、巴比伦文化、印度文化、中国文化、古典文化、阿拉伯文化、西方文化和墨西哥文化。其中，古典文化（又称阿波罗文化）和西方文化（又称浮士德文化）是精神品格相对的两种文化形态。[1]

斯宾格勒的历史哲学和文化形态学，给人耳目一新之感，一时洛阳纸贵。《西方的没落》一书，于20世纪20年代后期传入我国，为我国学界所重，也成为学界"新宠"。费孝通在这里的类比阐释，当是"杂话"式的随手拈来，对中西感情定向的区别作侧面烘托。

4. 中西不同感情定向的社会后果（8—12段）

比较了中西感情定向的差别，进而分析其不同的社会后果。

首先，乡土中国是亲密群体，却存在异性的隔膜。乡土社会是靠亲密和长期的共同生活来配合各个人的相互行为，社会的联系是长期形成的，是熟悉的。换言之，乡土中国是由亲密群体组成的熟人社会，人与人之间既无空间位置的阻隔，也无时间上的隔膜。而在乡土社会，唯一阻碍人与人充分了解的是异性的隔膜。完全的道义必须有充分的了解，但这性别的鸿沟，是难以克服的。（8—10段）

其次，西方浮士德式的两性恋爱，正破坏社会的基本事业。浮士德是感情的象征，浮士德式的企图就是在相异的基础上去求充分

---

① ［德］奥斯瓦尔德·斯宾格勒:《西方的没落》（第一卷），吴琼译，上海三联书店2006年版，第15—18页。

的了解，在不断的创造中求统一。但是，把浮士德式的两性恋爱看成是进入生育关系的手段是不对的。因为，恋爱不同于友谊，友谊可以止于了解，恋爱却是不停的追求。从现代文化看，浮士德式的精神的确在破坏生育这个社会上的基本事业。（11—12段）

5. 乡土中国的"男女有别"与感情的同性倾向（13—17段）

经过多层次的分析，最后回归主题，阐述乡土中国感情定向的原则和特点。可概括为四点。首先，乡土社会不需要创造的社会关系，所求的是稳定。因此，乡土中国的感情定向是阿波罗式的，遵循的是"男女有别"的原则。男女之间不必求同，在生活上加以隔离。这隔离是有形的，也是心理上的。其次，为了巩固家庭的团结，在社会结构上采取了同性组合和家庭组合交错互补的原则。于是，在乡土中国，家族代替了家庭；家族就是以同性为主、异性为辅的单系组合。再次，这种男女有别的界限，使中国传统的感情定向，偏向于同性方面去发展。乡土社会男性的结义组织和女性的姊妹组织，都是感情方向走入同性关系的表现。最后，缺乏两性间求同努力的乡土中国，充满了现世的色彩，人们对生活的态度是以克己来迁就外界。男女之间的鸿沟从此筑下，破坏秩序的要素也被遏制。因此，乡土社会是个男女有别的社会，也是个安稳的社会。

如作者所说，本篇是上篇的"申引发挥"。所谓"申引发挥"，可以概括为三点：一是对感情定向进行心理学和社会学分析；二是借用斯宾格勒的文化形态论，把感情定向分为阿波罗与浮士德两种模式，而乡土中国的感情定向是阿波罗式的；三是进一步揭示乡土中国"男女有别"的感情倾向的社会根源和社会意义。内容颇为博杂，思路跳跃灵动。在写作上属于"文章要隐"的侧面烘托，故阅读需要细致耐心。

三、"乡下的家"与"西洋的家"

"家"是人类社会的基本社群。不过，在不同的文化体系中，"家"的性质和功能是各不相同的。费孝通在《家族》中说："我觉得西洋的家和我们乡下的家，在感情生活上实在不能并论。"其实，不仅在感情生活上，家的结构、家的功能、家的存在形态诸方面，"西洋的家"和"乡下的家"，都有显著差别。除本书，费孝通在《江村经济》、《生育制度》以及《美国人的性格》中，对上述问题曾有深入观察和充分阐述。把"乡下的家"与"西洋的家"作一比较，可以拓展视野，也有助于深化理解。

1."扩大的家庭"与"生活堡垒"

关于东西方青年婚后生活的绝然不同，19 世纪美国传教士史密斯在《中国乡村生活》中，作过有趣的比较。他说：在西方，"丈夫和妻子是一个新建家庭的基础和中心，应该坚持'离开父母'这一古老而不容侵犯的传统信条。但是在中国却别有一番景象。男孩和女孩结婚后，并不会新建一个家庭，只不过是自己家族大树上新长出的一个枝丫，离开树干，便难以存活"①。史密斯的这一观察是准确的，同时揭示了东西方基本社群或家庭结构的差异。

乡土中国的基本社群是"扩大的家庭"。费孝通在《家族》中说："我在《江村经济》中把它称作'扩大了的家庭'。"《江村经济》第三章《家》，谈论的第一个问题就是"家，扩大的家庭"。作者写道："家庭这个名词，人类学家普遍使用时，是指一个包括父母及未成年子女的生育单位。中国人所说的家，基本上也是一个家庭，但他包括的子女有时甚至是成年或已婚的子女。有时，它还包括一些远

---

① ［美］阿瑟·亨德森·史密斯（明恩溥）：《中国乡村生活》，赵朝永译，上海社会科学院出版社 2019 年版，第 168 页。

房的父系亲属。之所以称它是一个扩大了的家庭，是因为儿子在结婚之后并不和他们的父母分居，因而把家庭扩大了。"[①] 当年的江村就是如此，虽然平均每家人口大约在 4 至 6 人之间，但是，"村里的家是一个小的亲属群体，以一个家庭为核心，并包含有几个依靠他们的亲属"。江村的家，是一个小的亲属群体，也就是一个"小家族"。

　　"西洋的家"不同于我们"乡下的家"，它不是一个"亲属社群"，而是一个"生活堡垒"，是一对"离开父母"的年轻夫妇和未成年的孩子们，抱团取暖的"温暖的孤岛"。费孝通在《美国人的性格》中写道："中国学生出了国，没有不每逢星期倍思亲的"；因为，一到星期日，美国的一家人就"缩在家里"了。美国人的"家"，"这是个我们中国人所不太容易了解的偶像。它是个富于神圣性的生活堡垒，四周围着一道和社会隔离的墙，谁也不准胡乱闯入……在西洋，男人们也像我们的女人，他们是驯服的'家里人'。家的外面是利害的竞争之场，辛苦奋斗了六天，第七天得在家安息了。这一天照例是留着享受堡垒之内的温情，外人得自己识相不要去乱闯"。[②] 家庭的独立性和神圣性，是西方社会共有的特色；而在美国，这一特色却特别突出。在美国，除了第一代初到的移民，还不能不依靠乡亲之外，为了争取体面，必然要和老乡隔离。"家"在这种举目无亲的世界，成为一家人唯一温暖的孤岛。

　　中国"家族性"的家庭，不同于西方"亲子性"家庭：中国是"几代同堂"的差序格局的家庭，是一个复杂的家；西方是"亲子一室"的团体格局的家庭，是一个单纯的家。中西家庭结构的不同，致使

---

① 　费孝通：《江村经济》，华东师范大学出版社 2018 年版，第 18 页。

② 　费孝通：《美国人的性格》，华东师范大学出版社 2013 年版，第 12 页。

中西"家庭文学"的题材和主题，既有相同之处，又有显著区别。相同的是，"痴情女子负心汉"是中西文学共同的主题，从古希腊悲剧《美狄亚》到托尔斯泰小说《安娜·卡列妮娜》，从《诗经·氓》到曹禺的悲剧《雷雨》，都是相同的题材和主题。不同的是，中国文学中有描写"贤惠媳妇恶婆婆"的传统，从东汉的《孔雀东南飞》、到唐代王建的《新嫁娘》、再到现代巴金的《寒夜》，一脉贯穿。但是，在西方文学中几乎看不到"贤惠媳妇恶婆婆"的作品。即使作品中出现婆婆的形象，如《安娜·卡列尼娜》中安娜的婆婆，作品的基本冲突并非"婆媳冲突"，而仍是"痴情女子负心汉"的冲突。其实，这倒并非西方婆媳修养特别好，能做到相敬如宾；而是西方青年一结婚，便坚决"离开父母"，自建新家，婆婆和媳妇并不生活在同一屋檐下。

2."事业社群"与"生育社群"

家庭形态的差异，是由于家庭功能的不同：乡土中国的"小家族"是事业社群，西方的"生活堡垒"是生育社群。

《家族》写道："中国乡土社会中，不论政治、经济、宗教等功能都可以利用家族来负担。"从中国家族史看，宋代以后形成的聚族而居的村落，无不是这样的"事业社群"，经营着生育之外的种种事业。徐扬杰在《中国家族制度史》中对此作了具体描述：

> 这些村落聚居的同姓小家庭，追根溯源，都是同一个男性祖先的子孙。他们建立祠堂一所，岁时祭祀共同的祖先，小家庭则围绕着祠堂居住。他们修撰家谱一部，详细记载各个小家庭的成员以及他们之间的血缘亲属关系。他们共同购买或由富裕的族众捐赠而设置数量不等的族田族产，以其收入赈济贫困族众和开支全族的公共支出。他们制定一定的家法族规，作为处理族众之间和小家庭之间关系的准则。他们推选一至几位族

长，负责处理族中的公共事务。①

此外，一个聚族而居的村落，大都有一所族塾；所谓"虽乡村数家聚处，亦各有师"。

在乡土中国，这种聚族而居的"事业社群"，从宋代一直延续到 20 世纪初。林耀华 ② 的《金翼：一个中国家族的史记》③ 和杨懋春 ④ 的《一个中国村庄：山东台头》⑤，是乡土中国社区研究的名著。20 世纪初，东南福建的山村和华北山东的乡村，作为"事业社群"的家庭生活和生产活动，在两部著作中有生动具体的描述。

史密斯认为，"保持庞大的家庭组织"是中国的"陋习"，也是"产生中国各种问题的根源"。他说："庞大的家庭组织造成成员之间相互依赖及对共有财产的依赖性，而不会让他们把财产分给各个儿子，让他们自由奋斗、自己把握命运。这样必然造成相互埋怨、相互妒忌、相互猜疑。"⑥ 在这一点上，史密斯的看法显然是皮相而肤浅的。在传统中国的大家庭中，未必没有"相互埋怨、相互妒忌、相互猜疑"的家庭纠纷；但是，"保持庞大的家庭组织"，这是"事

① 徐扬杰：《中国家族制度史》，武汉大学出版社 2012 年版，第 284 页。

② 林耀华（1910—2000），福建古田人，人类学家、社会学家和民族学家。哈佛大学人类学博士。曾任燕京大学社会学系主任、中央民族学院民族系主任。著有《严复研究》、《义序的宗族研究》、《金翼：一个中国家族的史记》、《凉山夷家》等。

③ 林耀华：《金翼：一个中国家族的史记》，庄孔韶、方静文译，生活书店出版有限公司 2015 年版。

④ 杨懋春（1904—1988），山东胶州台头村人，社会学家。先后就读于齐鲁大学和燕京大学社会学系；抗战期间赴美留学，获硕士、博士学位；先后任教于齐鲁大学、美国斯坦福大学、台湾大学等。著有《乡村社会学》、《一个中国村庄：山东台头》等。他的《一个中国村庄：山东台头》、林耀华的《金翼：一个中国家族的史记》与费孝通的《江村经济》，都是具有国际影响的中国乡村社区研究名著。

⑤ 杨懋春：《一个中国村庄：山东台头》，张雄等译，江苏人民出版社 2001年版。

⑥ ［美］阿瑟·亨德森·史密斯（明恩溥）：《中国乡村生活》，赵朝永译，上海社会科学院出版社 2019 年版，第 230 页。

业社群"所必需，也是人多地少、工具落后的乡土中国的历史选择。

"西洋的家"则是一个亲子构成的"生育社群"。费孝通在《美国人的性格》中作了具体介绍，至少有三个特点。其一，"温暖的孤岛"是训练孩子感情专一的场所："在一个美国孩子，所有的温情都来自父母。我常觉得西洋人对上帝、对爱人的感情强调专一，这专一性的训练场所就是在早年亲子间的关系里。"中国人在孩提时，则接触着许多亲密程度相近的人物，广被的联系冲淡了专一的依恋。其二，"生活堡垒"对孩子的庇护是暂时的。"这小小的生活堡垒在时间里也缺乏推陈出新的连续性，很有一点像用种子来繁殖的植物。每一个新堡垒并不在旧堡垒里长成了雏形，然后脱离本枝而独立的。一个青年人想结婚就得先准备自筑香巢。他自己的'家'是另起炉灶的，和父母的家，在历史过程中是隔断的。"这和中国"四世同堂"、"香火"绵续的传统是不同的。其三，父母之爱是有条件的。在孩子的行为上，美国的父母并没有具体的成为怎样一个人的标准。他们的目标是绝不能让孩子落在其他孩子的后面。于是，"美国的孩子们从小就明白，父母不会因为你是他们的孩子就会爱你的。父母之爱不是孩子的权利，而是一种胜利品，要你争取，争取的地方不在家里，而在堡垒之外，你的同伴之间"。①

"西洋的家"的家庭环境和家庭教育，让孩子形成一个观念：天下没有不必争取而得到的收获，胜过别人才可以得到自己的安全。西方孩子较强的独立性和竞争性，或许就与这种家庭环境和家庭教育有关。

3."夫妇有别"与"夫妇有爱"

"男女有别"一语，出自《礼记·郊特性》第31章。其曰："执挚以相见，敬章别也。男女有别，然后父子亲。父子亲，然后义

① 费孝通：《美国人的性格》，华东师范大学出版社2013年版，第13—15页。

生。"意思是：男子亲迎时要拿着见面礼与女子相见，这样来彰明夫妇当相敬而有别的意思。男女有别，然后父子才能相亲。父子相亲，然后产生出有关父子关系的原则。冯友兰论儒家婚礼之理时指出："儒家论夫妇之关系时，但言夫妇有别，从未言夫妇有爱也。"[①] 而这正是"事业社群"与"生育社群"在两性感情上的差别所在。应当指出的是，《礼记》中的"男女有别"，主要是就婚礼仪节而言；费孝通所说的"男女有别"，则由婚礼仪节延伸到日常生活和生产活动。

为什么乡土中国"男女有别"或"夫妇有别"？费孝通在 1947 年出版的《生育制度》中，曾有深入具体的论述。他说："夫妇一方面是共同享受生活的乐趣，另一方面又是共同经营一件极重要又极基本的社会事业。若不能两全其美，就得牺牲一项。在中国传统社会里是牺牲前者。"[②] 对于中国夫妇的"感情淡漠"以至"感情冻结"，他进而举了两段自己的亲身经历："我在云南禄村调查时，就觉得这地方夫妇间的感情淡漠得使我受了一些西洋文化影响的人看不惯。我所租赁的那间房和房东的卧室只隔着一层板壁，所以隔壁的一举一动都可以听得出来。房东太太非但不睡在房里，除了打扫外，根本就不常进去。据说他们自从有了孩子之后就分了房。后来我又搬到另外一家去住，房东和我同居一室。一个多月，我从没有见过他到太太房里去睡。白天，夫妇各做各的事，话也不常说；没有事，各自去找朋友谈天。夫妇间从没有在人前嬉笑取乐过。"和睦等于不吵架，相爱等于不打老婆。传统中国家庭夫妇的最高境界，不是"夫妇有爱"，而是"相敬如宾"。

与乡土中国不同，作为"生活堡垒"的"生育社群"，西洋人

---

① 冯友兰：《中国哲学史》（上册），华东师范大学出版社 2000 年版，第 264 页。

② 费孝通：《生育制度》，华东师范大学出版社 2019 年版，第 75—76 页。

的"夫妇有爱",或西洋"男女之间"在感情生活上的发展,实在使乡土中国的人们有"望尘莫及"之感。费孝通在《初访美国》中举了一个事例:"有一位美国来中国的朋友和中国学生讲起西洋恋爱的浪漫精神,他自述他在学校里有一次打电话给一位朋友,把号码打错了,在对方出现了一个极动人的声音,一位不相识的女郎接了话,将错就错地谈了一阵,就这样两人相熟,后来相爱,竟结了婚。"① 这样的恋爱经历,对我们来说像看电影一般,充满了"天方夜谭"式的新奇。"西洋的家"的"夫妇有爱",已成为一种习惯和习俗,甚至是一种不可或缺的礼貌。费孝通在《生育制度》中举了一个例子:"我在伦敦的时候,有一天和一位英国朋友从他家里出来,一同去赴一个约会。临行,他和他太太分别时,当着我的面互相拥抱接吻,在他们是一种礼节,可是这却使我起了一阵莫名其妙的异乡之感。"② 这种两性感情的热烈表现,中国人是很难看得惯的。在感情生活上,以夫妇为主轴的"西洋的家",明显不同于以父子为主轴的"乡下的家"。

人类的家庭生活,既相通,又相异。以上的对比分析,可以深化对乡土中国家族制度的认识,也可以深化对中西民族性格的理解。

---

① 费孝通:《美国人的性格》,华东师范大学出版社 2013 年版,第 122 页。
② 费孝通:《生育制度》,华东师范大学出版社 2019 年版,第 76 页。

第七章
乡土中国的礼治秩序

——《礼治秩序》、《无讼》解读

本章由《礼治秩序》和《无讼》两篇构成，《无讼》是《礼治秩序》的延伸和补充。本章的主题是乡土中国的礼治秩序，亦即乡土中国的社会秩序是礼治秩序而非法治秩序。上一章谈论"家族制度"，本章谈论"社会秩序"，从"家族"到"社会"，是空间范围的扩大，也是论题合乎逻辑的拓展。

本章内容可概括如下。首先，作为熟人社会的乡土中国，崇尚礼治而非法治。所谓礼治秩序，就是按照传统礼制所形成的习俗规范来治理和维持社会秩序。乡土社会维持礼俗的力量不是身外的法律，而是源于长期教化而形成的内在的习惯和身内的良心。其次，"无讼"是礼治社会追求的目标，理想的礼治社会应是一个"无讼"社会。再次，对处于蜕变中的乡土中国，现代司法制度的贸然推行，可能会破坏原有的礼治秩序。从历史上看，东汉以后，中国法律开始儒家化，形成了悠久的礼治传统。

先概述《礼治秩序》和《无讼》的要义和思路，再探讨中国礼治传统的演变和特点，为理解《礼治秩序》和《无讼》提供必要的历史背景。

一、乡土中国的社会秩序是"礼治秩序"

—— 《礼治秩序》的要义和思路

本篇《礼治秩序》，谈论乡土社会维持社会秩序所用的力量以及所根据的规范的性质。作为礼俗社会或熟人社会的乡土中国，崇尚礼治而非法治。从礼的本质看，礼是社会公认的行为规范。所谓礼治秩序，就是按照传统礼制所规定的习俗规范来治理和维护社会秩序；从礼的维持看，传统习俗的重要性和有效性，乡土社会比之现代社会更甚更大；从礼的推行看，礼是主动地服膺于传统习惯，它不同于依靠权力的法律，也不同于借助舆论的道德。总之，从社会秩序的维持看，现代社会的特色是法治，乡土社会的特色是礼治。这是本篇的要义。全文19段，可分6层。

1."人治"和"法治"的区别，不在人和法这两个字（1—4段）

文章从"人治"与"法治"的辨析入手，以引出论题。可概括为四层意思。首先，指出普通人所谓西洋是法治社会，中国是人治社会，这种对称的说法是似是而非的。其次，强调指出，法治的实质是"人依法而治"，并非没有人的因素，并以现代法学的理论和实践为例，强调法治绝不能缺少人的因素。再次，阐述普通人对人治和法治区别的误解，所谓人治，并非指有权力的人任凭一己之好恶，来规定社会上人和人的关系；没有一定的规范，社会必然会混乱。最后，提出区分人治和法治的原则："所谓人治和法治之别，不在人和法这两个字上，而是在维持秩序时所用的力量和所根据的规范的性质。"由此过渡到下文。

2.乡土社会不是"无法无天"的社会，而是崇尚"礼治"的礼俗社会（5—6段）

接着引出主题。首先，乡土社会秩序的维持不同于现代社会，但并不是"无法无天"或"无需规则"；其次，它既不同于老子式小国寡民无需外力维持的社会，也不同于西洋的"自由竞争"和"无政府"。最后指出，乡土社会不是以国家权力来维持规则的法治社会，而是崇尚"礼治"的礼俗社会。下面依次论述礼的性质、礼的维持和礼的推行。

3. 礼是社会公认合适的行为规范，维持礼这种规范靠的是传统（7—8 段）

何谓礼？何谓礼治秩序？首先，礼治社会不是文质彬彬的君子国。礼是社会公认合适的行为规范；合于礼的，就是说这些行为是对的，是合适的。并以"尔爱其羊，我爱其礼"为例，说明只要合乎"礼"，就可以牺牲"羊"。其次，礼与法的区别，不在于性质的不同，而在于维持规范的力量不同。法律靠国家权力来推行，而礼这种规范靠传统来维持。所谓礼治秩序，就是按照传统礼制所规定的习俗规范来治理和维护社会秩序。

4. 传统是社会所积累的经验，乡土社会里传统的效力更大（9—14 段）

为何礼治的维持靠传统？首先，传统是社会所积累的经验，是一代一代地累积起来的一套帮助人们生活的方法；这套生活的方法是一种文化，文化就是传统。其次，任何一个社会都有自己的传统，而传统的重要性和有效性，乡土社会比之现代社会更甚更大。因为，乡土社会的人们生活在代代如斯的环境里，个人不但可以相信自己的经验，而且同样可以相信若祖若父的经验。再次，对于只见四季转换，不知时代变更的乡村老农，"灵验"的传统经验，似乎有一种不可知的魔力。于是人们对传统渐渐有了敬畏之感。最后，当传统的行为中包含了"不这样做就会有不幸"的信念时，就成为一种仪式。礼就是按照仪式做的意思。这里有一条清晰的思路，层层递进，阐述了"传统"的形成过程。

5.礼是主动地服膺于传统习惯，它不同于法律和道德（15—17段）

礼的推行有何特点？首先，礼不是靠外力推行的，而是从教化中养成的对礼的敬畏之感，从而人主动地服从礼，所谓"为仁由己"。其次，礼的推行不同于法律和道德，法律通过外在权力限制人的行为，道德借助社会舆论维持秩序，礼则是经教化过程而成为主动性地服膺于传统的习惯。再次，礼治秩序并不是不受拘束而自动地形成的秩序，而是主动地服从社会规范形成的秩序。礼治并不离开社会。

6.乡土社会的特色是礼治，现代社会的特色是法治（18—19段）

礼与法是社会的产物。礼治和法治基于不同的社会情态。首先，礼治的可能必须以传统可以有效应付生活问题为前提。由"熟悉的人"组成的乡土社会满足了这个前提。因此，它可以用礼来维持秩序。其次，现代社会是变迁很快的社会，传统的效力难以保证。因此，由"陌生的人"组成的现代社会必须实行法治，用外力控制每个人，用法律保证团体的合作。总之，礼治是乡土社会的特色，法治是现代社会的特色。最后再次强调，礼治不是人治，礼是传统，礼治依靠整个社会历史维持秩序，以照应前文。

《礼治秩序》从"人治"和"法治"的辨析开篇，引出乡土社会是以"礼"为规范维持社会秩序的礼治社会；然后对礼的性质、礼的维持和礼的推行，作了层层深入的阐述。

二、理想的礼治社会是"无讼"社会

——《无讼》的要义和思路

《无讼》承接《礼治秩序》，用对比方式，阐述礼治的"无讼"

不同于法治的"诉讼"。首先，都市社会要守"法"，律师因而不同于讼师而获得重要地位；相反，乡土社会要知"礼"，理想的礼治是通过教化而自动地守规矩。乡村调解实质是一种教育过程，通过教化而最终达到"无讼"。其次，现代社会是一个变动的社会，法律因时而变，律师因此不可或缺。但是，对于处在蜕变中的乡土社会，现代司法制度可能会破坏原有的礼治秩序。要有效建立现代法治秩序，必须先在社会结构和思想观念上作一番改革。这是本篇的要义。全文 13 段，可分 5 层。如果说《礼治秩序》是正面阐述，那么《无讼》基本属于侧面烘托。

1. 都市社会要守"法"，律师因而不同讼师而获得重要地位（1—3 段）

上文谈"礼治"，从"法治"入手；本文谈"无讼"，从"诉讼"开始。首先，都市社会的"律师"高于乡土社会的"讼师"；而一套法律名词的改变，正代表了社会性质的改变，即礼治社会变为法治社会。其次，在法治的都市中，人人都要守"法"，法律成为专门知识，所以律师获得重要地位。

2. 乡土社会要知"礼"，理想的礼治是通过教化而自动地守规矩（4—6 段）

乡土社会不同于现代都市。首先，在乡土社会的礼治秩序中，人人都要知"礼"，否则就是没规矩、无道德；维持礼治秩序的理想手段是教化，而不是"折狱"或打官司。其次，礼治秩序的遵守，这就像足球比赛中球员熟悉规则，靠大家对传统规则的服膺与遵守。再次，理想的礼治是自动地守规矩，不必有外在的监督，这种自动来源于长期教化而形成的内在的习惯和身内的良心。不知礼而打官司，是一件可羞之事，表示教化不够；或是"没教化"、"没教养"的表现。

3. 乡村调解是一种教育过程，教育的目标是"必也使无讼"（7—9段）

礼治教育的方式是多样的。除了从小熟悉规则，乡村调解也是一种教育过程。首先，参与调解的人都是乡村社会中有地位的人，是读书知礼的权威或长老。其次，调解过程就像裁判员在球场边吹哨子，判罚球。最后，礼治教育的最终目标，就是孔子所说的"必也使无讼"，成为一个"无讼"社会。

4. 现代社会的法律因时而变，律师因此不可或缺（10—11段）

首先，现代都市社会中的人讲个人权利，权利不可侵犯。因此，与礼治的教化不同，现代都市的法律不在教化人，而在于保护个人权利和社会安全。其次，现代社会是一个变动的社会，规则和法律因时而变。因此，熟悉法律的律师，在现代社会中成为不可或缺的职业。

5. 处于蜕变中乡土社会，现代司法制度可能会破坏礼治秩序（12—13段）

中国正处在乡土社会蜕变过程中，现代司法制度尚不能彻底推行。可分四层。第一，现行的司法原则是从西洋搬过来的，和传统的伦理观念相差很大。第二，在司法实践中，理论和实际往往产生矛盾。乡间认为坏的行为可以是合法的行为，不容于乡土伦理的人物为此找到新的保障。第三，现行的司法制度在乡间产生了很特殊的副作用，它破坏了原有的礼治秩序，但并不能有效地建立起法治秩序。第四，要有效建立现代法治秩序，必须在社会结构和思想观念上先有一番改革。对当时急于推行"法治下乡"的做法，表达了自己的担忧和看法。

以上两篇，在"西洋的法"与"中国的礼"、现代的"诉讼"与传统的"无讼"的对比中，轻松而又深入地阐述了乡土中国礼治秩序的性质、维持、推行以及"无讼"的理想。这也是乡土中国的熟人社会在社会秩序治理上的一大特点。

中华文明是礼仪文明，悠久的礼治传统，塑造了中国人"克己复礼，为仁由己"的品格。现代社会崇尚法治，但是"礼"仍有不可取代的价值。五千年的礼治传统，是一笔宝贵的文化财富。建设现代法治社会，应当创造性地汲取传统的礼治文明，构建一种"礼法互补、情理兼顾"的治理体系。

三、乡土中国的礼治传统

20 世纪 80 年代初，一个夏天的上午，钱穆接待了一位美国学者，给他上了"一堂中国文化课"。在谈到中国文化的"核心思想"时，钱穆说：在中国文化中，"'礼'是一个家庭的准则，管理着生死婚嫁等一切家务和外事。同样，'礼'也是一个政府的准则，统辖着一切内务和外交⋯⋯要了解中国文化必须站得更高来看到中国之心。中国的核心思想就是'礼'"①。确实，中国的核心思想就是礼，中国具有悠久的礼治传统。在传统中国，小到家庭，大到政府，一切事务都受到礼的管理和统辖。那么，中国的礼治传统是怎样形成的？它包含哪些内容？是如何推行的？了解这些问题，对读懂《礼治秩序》和《无讼》是极为必要的。费孝通说得好："道理是要从过程里边才能看出来的。"②

1. 礼治的形成过程：礼法之争与以礼入法

《左传》曰："国之大事，在祀与戎"。中国古代法律就起源于祭祀的"礼"和战争的"刑"。古代以法为刑，刑、法互训。礼与

---

① ［美］邓尔麟：《钱穆与七房桥世界》，蓝桦译，社会科学文献出版社 1998年版，第 9 页。

② 张冠生记录整理：《费孝通晚年谈话录（1981—2000）》，生活·读书·新知三联书店 2019 年版，第 289 页。

刑，或礼与法，构成中国上古法律文明的核心。《论语·为政》第23 章有曰："殷因于夏礼，周因于殷礼。"意思是说，商朝因袭夏朝的礼仪制度，周代因袭商代的礼仪制度。可见，"礼治"制度始于夏、商、周三代。

上古三代的礼仪制度，奠定了礼治传统的基础。概言之，从礼的本质看，它是维护宗法血缘关系和宗法等级制度的原则和规范；从礼的精神看，其核心在于"亲亲"与"尊尊"，强调贵贱有等，长幼有差；从礼的范围看，它涵盖社会生活的各个方面，《中庸》有"礼仪三千，威仪三千"之说，通常可分为"吉礼"、"凶礼"、"军礼"、"宾礼"、"嘉礼"等。① 所谓礼者，天地之序也。三代的"礼治秩序"，就是用各种礼来规范人的行为，维护社会秩序。《荀子·荣辱》所谓："故先王案为之制礼义以分之，使有贵贱之等，长幼之差，知愚能不能之分，皆使人载其事而各得其宜。"在传统中国的"差序格局"中，"等差"是礼仪最重要的特性之一，也是礼与俗的主要区别之一。

春秋战国以后，古代礼治制度的发展，大致经历了礼法之争、以法治国、以礼入法三个阶段。

一是礼法之争。春秋战国时代的儒法之争，实质是礼治和法治两种法律思想之争。儒家高唱礼治，以伦理纲常为中心，讲究贵贱、尊卑、长幼、亲疏等差别有，制定了有差别性的行为规范。礼就是维持社会等差之别的工具。法家高唱法治，强调一赏一刑，以法治国，制定了同一性的行为规范。法作为治国工具，就是用同一性的行为规范来维持社会秩序。《管子·任法》曰："不知亲疏远近贵贱美恶，一以度量断之"。人人守法，不因人而异其法，维持社会的公平，这是法家的法治理想。

---

① 彭林：《中国古代礼仪文明》，中华书局 2004 年版，第 21—33 页。

二是以法治国。秦汉是古代成文法体系全面确立的时期，也是奉行法家思想实行"以法治国"的时期。《管子·明法》曰："威不两错，政不二门。以法治国，则举错而已。"这是法家"法治"的纲领。秦国从商鞅变法到秦王朝建立，提倡法家之学130余年，秦代法制具有浓厚的法家色彩。从韩非到李斯，所谓"以法为教"、"法令出一"，无不体现法律面前人人平等的同一性精神。在秦律中，夫权和父权也确实受到一定程度的限制。汉代法律可分前后两期：前期汉承秦制，所谓"萧何承秦法作律令"，制定了一套与秦法基本一致的法律体系；后期即汉武帝"罢黜百家，独尊儒术"之后，立法思想接受儒家理论，法律制度开始了"以礼入法"的儒家化。

三是以礼入法。儒家的"以礼入法"，始于东汉而成于曹魏。曹魏的儒者参与了法律的制定，儒家思想在法律上起了决定性的作用，儒家化的法律便应运而生。法国汉学家埃斯卡拉曾说："中国古代立法皆为儒家的概念所支配。"[①] 这是有道理的，凡是熟习中国古代法律的人都有同感。概而言之，中国法律"以礼入法"的儒家化，始于汉魏，成于北魏、北齐，隋唐采用后，便成为中国法律的正统。《唐律疏议》是儒家以礼入法、道德与法律融合的标志性法典。《四库全书总目》所谓"唐律一准乎礼"，这是法律儒家化最精确的评语。

2. 礼治的礼法结构：国法、乡约、家规

从唐代开始，中国法律便是为儒家概念所支配，形成了"以礼入法"的"礼治化"法律。家是乡土中国的基本社群，以家为基础，中国社会结构大致由家庭、家乡、家国三个层次构成。中国古代维持社会秩序的规范和礼俗，也可以分为三个层次：国有国法，乡有乡约，家有家规。古代的礼治，渗透在上层制定的国法中，更体现

---

① 转引自瞿同祖：《中国法律与中国社会》，中华书局1981年版，第320页。

在基层流行的乡约和家规中。

国法与礼治。古代有"法出于礼"之说。礼为法之本，法为礼之用，礼法关系极为密切。隋唐之后的国法律条，大都有深厚的礼的渊源。例如，儒家讲贵贱上下有别，本为礼之所以产生；于是，八议入于法，贵贱不同罚，轻重各有异。儒家重视尊卑、长幼、亲疏的差别，讲孝悌伦常；于是，听讼必原父子之情，宜轻宜重，一以服制为断。《孝经》曰："五刑之属三千，而罪莫大于不孝。"于是，不孝之罪特大，不特法律有专条，隋唐以来且名列十恶，标于篇首。儒家说，父为子隐，子为父隐。于是，律许相隐，首匿不为罪，不要求子孙为证，更不容许子孙告父祖。礼有七出三不去之文；于是，法律上明定为离婚的条件。

总之，"一切都源于礼经，关于亲属、继承、婚姻的法律实可说是以礼为根据的"①。这些行为规范原来都详细规定于礼书中，后代编制法律时便将其采入法典中，礼加以刑罚的制裁便成为法律。这也就是《管子·枢言》的"法出于礼"之谓。

乡约与礼治。在基层的乡土中国，礼治秩序首先通过乡约来维持。乡约制度是由士人缙绅提倡，乡村人民合作，通过道德教化，规范大众行为，维持社会秩序，以谋求大众的利益。乡约制度产生于北宋神宗熙宁年间；产生的地方是陕西蓝田，所谓关学根本之地；产生的人物是吕氏兄弟，即吕大临、吕大防兄弟，所谓礼学实践之家。②朱熹极为重视乡约的作用，对吕大临、吕大防兄弟的《吕氏乡约》作了修改，写成《朱子增损吕氏乡约》定本，成为民间仿效的范本，对宋代之后的乡约产生了深广影响。

《吕氏乡约》共分四部分：一、德业相励；二、过失相规；三、

---

① 瞿同祖：《中国法律与中国社会》，中华书局 1981 年版，第 321 页。

② 杨开道：《中国乡约制度》，商务印书馆 2015 年版，第 28 页。

礼俗相交；四、患难相恤。每一部分有条约若干。如第一部分"德业相励"，分"德"与"业"两部分。"德"的部分，内容如下：

> 德谓见善必行，闻过必改，能治其身，能治其家，能事父兄，能教子弟，能御僮仆，能肃政教，能事长上，能睦亲故，能择交游，能守廉介，能广施惠，能受寄托，能救患难，能导人为善，能规人过失，能为人谋事，能为众集事，能解斗争，能决是非，能兴利除害，能居官举职。

例举具体条约后，又提出要求措施。如"德业"的要求措施如下："右件德业，同约之人各自进修，互相劝勉。会集之日，想与推举其能者，书于籍，以警励其不能者。"①

宋代福建礼学先生陈古灵的《古灵劝谕》，可以说是《吕氏乡约》的缩写版，可见"乡约"结构之全貌。其文如下：

> 为吾民者，父义能正其家，兄友能养其弟，弟恭能敬其兄，子孝能事父母，夫妇有恩，贫穷相守为恩：若弃妻不养，夫丧改嫁，皆是无恩也。男女有别，男有妇，女有夫，分别不乱。子弟有学能知礼义廉耻，乡闾有礼，岁时寒暄，皆以恩义往来，燕饮序老少，坐立拜起。贫穷患难，亲戚相救借贷谷财，婚姻死丧，邻保相助，无堕农桑，无作盗贼，无学赌博，无好争讼，无以恶凌善，无以富吞贫，行者逊路少避长，贱避贵，轻避重，去避来。耕者逊畔地有畔，不相争夺。班白者不负戴于道路，子弟负重折役，不令老者担擎。则为礼义之俗矣。②

---

① （清）黄宗羲：《宋元学案》（二），中华书局 1986 年版，第 1097—1102 页。
② 杨开道：《中国乡约制度》，商务印书馆 2015 年版，第 33 页。

这篇乡约基本包含了德业相励、过失相规、礼俗相交、患难相恤四大主题；宣谕礼义道德，改良乡风民俗，维持礼治秩序。《古灵劝谕》是朱熹在会稽禹穴中发现，觉得简切有理，便刻印出来，分送乡民，产生了很好的社会效果。

此外，为使乡约能深入民心，规范日常行为，从吕氏乡约开始，乡村便建立了读约制度。读约是全体村民接受教育的时机。"读约"大多是在乡村塾学，塾学是乡村公共场所，故称"会所读约"。读约的时间，有的地方一月两次，有的地方一年数次。清代前期，河北沧州地区，每乡均置乡约所。乡约所设置约正一人，约副三人，以年高德劭者充任。每月朔望日，集一乡之父老子弟，高声宣读乡约。① 中国乡村的村民读约与西方民众的教堂礼拜形成对照，村民读约是人文道德的磨砺，教堂礼拜是宗教信仰的寄托。从这个意义上说，读约正是"以道德代宗教"② 的生动体现。

家规与礼治。家是中国社会最稳固的基础，也是中国人终身的精神依托。中国传统家庭以血缘为根基、以父属为主导、以五伦为秩序组合而成的家族。《孟子·滕文公上》曰："使契为司徒，教以人伦：父子有亲，君臣有义，夫妇有别，长幼有叙，朋友有信。"对五伦关系作了具体阐述。传统的家规家训，就以五伦为纲，宣扬儒家伦理道德，维持家庭和睦关系，劝谕子弟知书识礼，耕读传家，立身扬名。从司马谈的《命子迁》到诸葛亮的《诫子书》，从颜之推的《颜氏家训》到《曾国藩家书》，中国有悠久的家规家训传统。

"家训"，体现一种自觉的文化追求，无论书香门第，还是耕读之家，常制成匾额悬挂于门楣之上，故可称为中国人的"精神门

---

① 雷家宏：《中国古代的乡里生活》，商务印书馆 2017 年版，第 217—220 页。
② 梁漱溟：《中国文化要义》，上海人民出版社 2003 年版，第 112 页。

楣"。司马谈《命子迁》曰："余死，汝必为太史；为太史，无忘吾所欲论著矣。且夫孝始于事亲，中于事君，终于立身。扬名于后世，以现父母，此孝之大者。"① 诸葛亮《诫子书》曰："夫君子之行，静以修身，俭以养德，非澹泊无以明志，非宁静无以致远。夫学须静也，才须学也，非学无以广才，非志无以成学。淫漫则不能励精，险躁则不能治性。年与时驰，意与日去，遂成枯落，多不接世，悲守穷庐，将复何及！"② 可谓字字珠玑，语语启迪心灵。诸葛亮《诫子书》中的名句，"静以修身，俭以养德"，"澹泊明志，宁静致远"，是最常见的楹联。

这些著名的家规家训，有些被乡村文人编入《三字经》、《弟子规》等蒙学书，以通俗易懂的方式传播民间。《三字经》结尾："幼而学，壮而行，上致君，下泽民，扬名声，显父母，光于前，裕于后"，便是对《命子迁》的隐括。一部《弟子规》更是一部系统的礼仪之邦的为人之道。③ 这些蒙书，朗朗上口，口耳相传，春风化雨，润物无声，从蒙童开始便渗入乡村子弟的心中，由外在的规则内化成心灵的自觉，对维持乡土中国的礼治秩序产生了积极影响。

3. 礼治的手段功效：礼治、教化、无讼

白居易五言古诗《旅次华州赠袁右丞》，对青山丽水的华州乡村和政顺气和的礼治秩序，作了生动描写。诗曰：

> 渭水绿溶溶，华山青崇崇。山水一何丽，君子在其中。
> 才与世会合，物随诚感通。德星降人福，时雨助岁功。
> 化行人无讼，囹圄千日空。政顺气亦和，黍稷三年丰。

---

① （汉）司马迁：《史记》，中华书局 2006 年版，第 760 页。
② （三国）诸葛亮：《诸葛亮集》，中华书局 2012 年版，第 27—28 页。
③ 参阅陈文忠：《中国人文学要义》，安徽师范大学出版社 2021 年版，第 352—368 页。

"化行人无讼，囹圄千日空"，便是对唐代维持礼治秩序的手段和功效作了诗意概括：通过道德教化，淳化乡村风俗，达到"囹圄千日空"的"无讼"目标。

法家持性恶论，强调"以法治国"，认为只有通过同一性和强制性的法律，才能维持社会秩序。《韩非子·难势》有曰"抱法处势则治，背法去势则乱"，以为只有法律的帮助才能治理国家。儒家的礼治则相反，认为无论人性善恶，都可以通过道德教化的力量，收潜移默化之功。一切善行都是教化的结果。道德教化的功用在于"绝恶于未萌，而起敬于微眇，使民日徙善远罪而不自知"（《大戴礼记·礼察》），最终达到"化行人无讼"的理想目标。

"无讼"成为循吏好官的标志，为官者也以"无讼"来标榜。以唐宋诗人为例。白居易《叙德书情》诗曰："政静民无讼，刑行吏不欺。"苏轼《少年游》词曰："狱草烟深，讼庭人悄，无吝宴游过。"陆游《乌夜啼》词曰："邦人讼少文移省，闲院自煎茶。"郭绍虞还在《宋诗话考》中记载了北宋诗人阮阅的一则轶事："阅，元丰中进士……建炎元年以中奉大夫知袁州。初至，讼牒繁，阅乃书'依本分'三字，印榜四城墙壁，郡民化之，乃榜西厅为'无讼'。"[1] 阮阅通过"各依本分，毋逾规矩"的教化，最后达到"无讼"的目的。

中国历史上确实出现了不少以德化人，"必也使无讼"的贤吏。如《后汉书·循吏列传·仇览传》："仇览少为书生，选为亭长，亭人陈元之母告元不孝，览以为教化未至，亲到元家与其母子饮，为陈说人伦孝行，与《孝经》一卷，使诵读之。元深自痛悔，母子相向泣，元于是改行为孝子。"再如《旧唐书·良吏列传·韦景骏传》：

---

① 郭绍虞：《宋诗话考》，中华书局 1979 年版，第 23 页。

"韦景骏为贵乡令。有母子相讼者。景骏谓之曰:'吾少孤,每见人养亲,自恨终天无分。汝幸在温清之地,何得如此? 锡类不行,令之罪也。'垂泣呜咽,取《孝经》付令习读。于是母子感悟,各请改悔,遂称慈孝。"

以德化人的贤吏历代都有。有些循吏还因教化不力,而引咎自责。如《后汉书·吴祐传》:"吴祐为胶东相,民有争讼,必先闭阁自责,然后断之,或亲到间里,重相和解,自是争讼省息,吏人怀而不欺。"再如《后汉书·循吏列传》:"有兄弟争财相讼。太守许荆叹曰:'吾荷国重任而教化不行,咎在太守'。乃顾使吏上书陈状,乞移廷尉。兄弟感悔,各求受罪。郡中多有不养父母,兄弟分析者,因此皆还供养者千余人。"这些都是施行德化,不肯不教而诛的代表,最终达到无讼的目的。

德性的声音是微弱的,本能的力量是顽强的。教化需要时日,难以一蹴而就;所谓春风化雨,润物无声。然而,一旦教化已成,人心已正,便可以垂之永远,使社会长治久安。董仲舒对策曰:"古者修教训之官,务以德善化民,民已大化之后,天下常亡一人之狱矣。"(《汉书·董仲舒传》)这是礼教的独特功能,也是儒家强调礼治秩序的原因所在。《大戴礼记·礼察》有句名言:"礼者禁于未然之前,而法者禁于已然之后。"社会秩序的维持,礼治和法者互为补充,但二者的价值不可同日而语。一个社会要长治久安,"禁于未然之前",比"禁于已然之后",更为重要。因此,费孝通在《无讼》结尾强调:在以法治秩序为主的现代社会,礼治秩序仍有不可取代的作用,现代的法治建设,绝不应以破坏传统礼治为代价。

"必也使无讼"的传统,一直延续到现代。这不仅出现在鲁迅小说《离婚》中,也出现在现代乡村生活中。对于直至 20 世纪初,华北乡村处理"村内冲突"时的"无讼"原则和调解过程,现代社会学家杨懋春曾有具体详尽的描述。他写道:

许多世纪以来，中国乡绅学会了解决某些村内冲突的有效方法，那就是无为而治。当两个下等家庭发生争吵时，母亲们在街上互相谩骂，她们的丈夫可能打一架，然后一切就结束了……对于这类冲突，村领导经常漠不关心。

当两个主要家庭、两个有地位的村民、两个家族发生冲突时，村领导就不能等闲视之，必须出面调解。长期以来通过村领导的斡旋，村内争端通常采用媾和的办法解决。

调解的程序通常如下：首先村领导受邀或自愿去找冲突双方弄清争吵的原委，也从村民处收集有关意见，然后根据过去的经验对这件事作出评价，提出解决方案。为使双方都接受这一方案，调解人不得不来回奔走直到争吵双方愿意相互迁就。然后在村庄或集镇举办正式聚会，邀请调解人、村领导、家族首领和争端双方的家长参加。这种聚会的主要特点是举办筵席，席间，话题可能涉及冲突以外的事，筵席的费用由争端双方平摊或完全由一方负担。如果争吵以"妥协"方式解决，就是说双方都认错了，费用就平摊；如果达成的协议表明只有一方有错，那费用将由有错的一方承担；如果一方自愿选择或被迫向另一方让步，那么该方将承担全部费用。当争执双方家庭的家长或代表进入筵席时，他们互相问候，寒暄几句。过一会儿，他们就告退离席，这样冲突就解决了。

……在中国农村地区，私人调解过去是至今仍是最重要的合法途径。在保护弱小反对强暴方面，社会公正在过去一直比法律权力更重要。①

---

① 杨懋春：《一个中国村庄：山东台头》，张雄等译，江苏人民出版社2001年版，第160—162页。

　　杨懋春的社会学描述，与鲁迅的文学性描写，几乎如出一辙，可以相视而笑。费孝通的《无讼》，则是对"许多世纪以来"的这种社会现象的学理概括。

　　"礼"是中国思想的核心，中国是崇尚"以德善化民"的礼仪之邦。在倡导"人类命运共同体"的今天，"德化天下"，仍是不可忽视的精神力量，也是中华文明独特的"软实力"。尽管路漫漫其修远，吾仍当将上下而求索。

第八章
乡土中国的权力结构

——《无为政治》、《长老统治》解读

关于乡土中国的权力结构，费孝通曾说："在《乡土中国》里引申出四种不同性质的权力来：横暴权力、同意权力、教化权力和时势权力。"[1]"时势权力"属于动态的社会变迁问题，下文讨论。本章包括《无为政治》《长老统治》两篇，论述前三种权力，即横暴权力、同意权力和长老权力，这构成静态的乡土社会的权力结构。

费孝通认为，中国传统的政治生活，走的是"由下而上的政治轨道"[2]：上层是帝王的"无为政治"，下层是乡村的"长老统治"。皇帝的"无为政治"与乡村的"长老统治"，处于政治生活的平行两层；《无为政治》与《长老统治》，则在论题上形成双轨并行而非对立的结构。

本章内容可概括如下。首先，从社会关系的不同性质看，可区分两种权力，一种是社会冲突中发生的横暴权力，一种是社会合作中发生的同意权力。其次，权力的引诱力在于经济利益，乡土社会的横暴权力受到匮乏经济制约。农业社会是皇权的发祥地，而农业

---

[1] 费孝通：《乡土重建》，华东师范大学出版社 2019 年版，第 123 页。

[2] 费孝通：《中国士绅》，生活·读书·新知三联书店 2021 年版，第 62 页。

帝国的经济是虚弱的，皇权因此是松弛和微弱的"无为政治"。再次，乡土社会还有发生在社会继替过程中的教化权力。在变化很少的社会里，教化过程是文化传统的传递；教化权力遵循年长者强制年幼者的长幼原则。最后，对于文化稳定的乡土中国，在权力结构中起主导作用的，是行施教化权力的长老统治。而在社会变迁中，长老的教化权力则逐渐缩小。

下面先概述《无为政治》和《长老统治》的要义和思路；再谈谈乡土中国"无为政治"和"长老统治"的悠久传统，为理解《无为政治》和《长老统治》提供必要的历史背景。梁启超对故乡"茶坑"的记述，则是乡土中国"长老统治"的一个生动缩影。

一、乡土中国的皇权是"无为政治"

——《无为政治》的要义与思路

本篇《无为政治》，着重谈论在农业经济的乡土中国，作为横暴权力的皇权，最终成为"无为政治"的根源。首先，从社会关系的不同性质着眼，可区分两种权力，一种是社会冲突中发生的以上压下的横暴权力，一种是社会合作中发生的基于契约的同意权力；人类社会里两种权力同时存在，对两种权力的划分是概念的而非事实的。其次，权力的引诱力在于经济利益，横暴权力和经济利益的关系更为密切。但是，乡土社会中的横暴权力受到经济限制，因而缺乏储备的农业帝国的皇权也力求无为。再次，乡土社会的权力结构，名义上是"专制"、"独裁"，而在天高皇帝远的距离下，皇权实质是松弛和微弱的"无为政治"。这是本篇要义。全文 11 段，可分 4 层。

1. 社会关系的不同性质发生两种不同的权力（1—4 段）

首先，从社会关系不同性质着眼，有两派权力观。一派是社会冲突中发生的横暴权力，这种权力是冲突过程的持续或休战状态中的临时平衡；它表现在社会不同团体或阶层间的主从关系里，在上的用权力支配在下的，握有权力的政府和国家组织，都是统治者的工具。一派是社会合作中发生的同意权力，这种权力是为保障社会分工中双方的权利和义务而共同授予的权力。这种权力的基础是社会契约或双方的同意，社会分工愈复杂，同意权力的范围也愈扩大。其次，人类社会里，横暴权力和同意权力同时存在，二者错综混合。所以，两种权力的性质是概念上的区分，不是事实上的区分。再次，要明白一个社区的权力结构，就要从两种权力的配合上去分析。在同一社区中，人与人之间的权力关系也有不同偏重。

2.权力具有工具性，横暴权力和经济利益的关系更为密切（5—6段）

首先，权力具有工具性，人们从权力可以得到利益。如果权力不能得到利益，权力的引诱力就不会太强烈。其次，权力的诱人，主要是经济利益。同意权力的握有者并不是为了保障自身的特殊利益。横暴权力和经济利益的关系更为密切。统治者用暴力维持自己的地位，最终目的就是经济利益。

3.乡土社会中的横暴权力受到经济限制（7—10段）

首先，用权力获得经济利益，社会须有足够的消费剩余。农业社会生产量除去消费量剩余有限。因此，农业社会中的横暴权力受到限制。其次，农业社会是皇权的发祥地。但是，农业帝国的经济是虚弱的，支配横暴权力的经济基础不足，皇权并不能滋长壮大。再次，中国历史可以证明，缺乏储蓄的农业经济，难以支撑雄图大略的皇权，有为的皇帝只得力求无为，形成"有为"与"无为"的循环。为了皇权得以维持，最终确立了"无为"的政治理想。

4.乡土社会的政治实质是"无为"政治（11段）

首先，在乡土社会中，横暴权力受到经济的拘束；其次，乡土社会分工体系不发达，同意权力的范围小到"关门"程度；最后，乡土社会的权力结构，名义上是"专制"、"独裁"，在天高皇帝远的距离下，皇权统治是松弛和微弱的，是挂名的"无为政治"。文章运用排除法，以引出下文的教化权力和长老统治。

二、乡土中国的基层是"长老统治"

——《长老统治》的要义与思路

乡土社会的权力结构，还有一种发生在社会继替①过程中的教化权力。教化孩子是一种"损己利人"的工作，教化过程是为社会陶炼出特定文化群体中生活的成员；教化权力在乡土社会是非政治的文化传递，以适应由传统所规定的生活；教化权力遵循长幼原则，长幼原则的重要也表示了教化权力的重要；在社会变迁中，长老的教化权力逐渐缩小，并限于很短的时间。乡土中国的权力结构，不是横暴权力和同意权力，而是长老行施教化权力的长老统治。这是本篇要义。全文12段，可细分6层。

1. 乡土社会还有发生在社会继替过程中的教化权力（1—2段）

乡土社会的权力结构，只讲横暴权力和同意权力是不够的，还有一种发生在社会继替过程中的教化权力。所谓社会继替，是指社会成员之间新陈代谢的过程。从个人来说，世界是个逆旅。不同的文化区域有不同的文化规律，每个要在这逆旅里生活的人，都得接受一番教化，使他能在众多规律下从心所欲而不碰壁。

---

① 费孝通《生育制度》第十一章"社会继替"：在人类中，"一般说来，一个新分子的生存空间，物质和社会的支配范围，还得在旧世界寻觅，他得在原有分工体系中获取他的地位。社会结构不再扩张时，新分子入社的资格就得向旧分子手上去要过来，换一句话说，他一定要等社会结构中有人出缺，才能填补进去。这就是我所谓社会继替"。（《生育制度》，华东师范大学出版社2019年版，第140页。）简言之，所谓社会继替，就是社会"新分子"继承替代社会"旧分子"的空缺地位。

2. 教化孩子是一种"损己利人"的工作（3—6 段）

首先，社会规律是要人遵守的，人学习规律具有强制性，强制就发生了权力。其次，教化过程不同于政治，它要求未成年的孩子学习一套文化，从而进入社会的同意秩序。再次，教化孩子是一种"损己利人"的工作；一个人担负一个胚胎培养到成人的责任，除了精神上的安慰外，物质上没有任何好处。最后，教化的目的是为社会陶炼出在特定文化群体中生活的成员。

3. 教化过程是文化传递，以适应由传统所规定的生活（7—8 段）

首先，文化不同于政治：凡是被社会不成问题地加以接受的规范就是文化；当一个社会还没有共同接受的规范，求取临时解决办法的活动便是政治。其次，教化过程是文化传递，它对于社会新成员是强制性的。再次，变化很少的乡土社会的秩序，主要由教化权力来维持，人的行为由传统的礼来管束。

4. 教化权力遵循长者强制幼者的长幼原则（9—10 段）

首先，文化是一张生活谱，稳定的文化，是教化权力扩大到成人之间的有效保证；其次，教化权力遵循长幼原则，每一个年长者都握有强制年幼者的教化权力；再次，长幼划分，是中国亲属制度中最基本的原则，长幼原则的重要也表示教化权力的重要。

5. 在社会变迁中，长老的教化权力逐渐缩小（11 段）

在文化不稳定的现代社会，传统的办法难以应付当前问题，教化权力也随之缩小。因为，在社会变迁中，能依赖的是超出于个别情境的原则。这种能力和年龄关系不大，重要的是智力、专业和机会。在社会变迁中，习惯是适应的阻碍，经验等于顽固和落伍。

6. 乡土中国是长者行施教化权力的长老统治（12 段）

总之，在乡土社会的权力结构中，有不民主的横暴权力，也有民主的同意权力，起主导作用的则是社会继替中的教化权力。从这个意义上说，用民主和不民主衡量中国社会都不确当。更好或更准确的说法，乡土中国是长者行施教化权力的"长老统治"。

三、乡土中国的"双轨政治"和"两道防线"

阅读了《无为政治》和《长老统治》，有必要了解费孝通关于乡土中国的"双轨政治"和"两道防线"的观点。这一观点是费孝通在《基层政权的僵化》和《再论双轨政治》①等文章中提出并阐述的。《无为政治》和《长老统治》所谈论的，正是费孝通所说的乡土中国维持政治稳定的"两道防线"。

首先，何谓"双轨政治"？所谓双轨政治，即中国传统的政治生活，走的是"自上而下的政治轨道"和"自下而上的政治轨道"上下联结的"双轨形式"。

那么，这种"自上而下"和"自下而上"的双轨政治是怎么形成的呢？从秦汉以来，中央集权的行政体制在中国已有长久的历史。因此，从表面上看来，中国以往的政治只有自上而下的一个方面，人民似乎完全是被动的，地方的意见是不被考虑的。果真如此的话，中国的政治也就成了最专制的方式。从历史上看，一个毫无限制的统治权力是不可能长久的。不论何种统治，如果要加以维持，即使得不到人们积极的拥护，也必须得到人们消极的容忍。换句话说，"政治绝不能只在自上而下的单轨上运行。人民的意见是不论任何性质的政治所不能不加以考虑的，这是自下而上的轨道。一个健全的、能持久的政治必须是上通下达，来往自如的双规形式"。就中国的传统政治而言，"专制政治容易发生桀纣，那是因为自下而上的轨道容易淤塞的缘故。可是专制政治下也并不完全是桀

---

① 《基层行政的僵化》和《再论双轨政治》二文，收入 1948 年出版的《乡土重建》一书。

纣，这也说明了这条轨道并不是永远淤塞的"①。这就是说，中国传统政治实际上走的是自上而下和自下而上的"双轨形式"。汉代《毛诗序》所谓上以风化下，下以风刺上，主文而谲谏，言之者无罪，闻之者足以戒"，在某种意义上，就是"双轨政治"的表现。

其次，何谓"两道防线"？所谓两道防线，就是"无为政治"和"绅权缓冲"。费孝通说："中国以往的专制政治中有着两道防线，使可能成为暴君的皇帝不致成为暴君。"② 第一道防线是政治哲学里的无为主义。第二道防线是绅权缓冲，即通过绅权实现乡村自治，使人民并不直接和"政治老虎"面对面。由此可见，《无为政治》谈的便是防止"可能成为暴君的皇帝不致成为暴君"的第一道防线；《长老统治》谈的则是防止"可能成为暴君的皇帝不致成为暴君"的第二道防线。"两道防线"是对"双轨政治"的补充，最终目的是实现对专制皇权的有效限制，使可能成为暴君的皇帝不致成为暴君。

"无为政治"为何能成为第一道防线？中国政治哲学里的无为主义，实质是从历史经验里积累出来的道理。费孝通说："历史上并非没有大有作为、能力强的皇帝，但是有为的结果却在单轨上开快车，促使人民的反抗而终归消灭。这道防线是无形的，所以有时可以是无效的，但是受到历史教训的皇帝，为了要保持自己的统治，却得承认无为是一种自保之道。"③ 这也就是《无为政治》里所说的："为了皇权自身的维持，在历史的经验中，找到了'无为'的生存价值，确立了无为政治的理想。"而从根本上说，乡土中国缺乏储蓄的"匮乏经济"，无力支撑皇帝的"有为政治"；否则就会出现"合久必乱，乱久必合"的恶性循环，于是只得确立"无为政

---

① 费孝通：《乡土重建》，华东师范大学出版社 2019 年版，第 35 页。
② 费孝通：《乡土重建》，华东师范大学出版社 2019 年版，第 35 页。
③ 费孝通：《乡土重建》，华东师范大学出版社 2019 年版，第 125 页。

治"的理想。

"绅权缓冲"为何能成为第二道防线？这要从皇权与官僚机构的矛盾关系说起。一个用武力得来的皇位，却不能凭武力来推行政务。于是产生了一个庞大的官僚机构。皇权固然希望这机构成为自己的爪牙，但是要使爪牙能统治天下，就得给他们足够的武力作支持。而在一个交通困难、幅员辽阔的"天下"，有了武力的爪牙，很可能就是"取而代之"的人物。"皇权要自固，武力必须独占。这里发生了皇权自身的一个矛盾……为了要独占武力，又要能统治天下，皇权和绅权妥协了。官僚机构成了两种权力的重叠地带。"[1]

为什么说"官僚机构成了两种权力的重叠地带"？在传统中国，中央所派遣的官员到知县为止，不再下去了。自上而下的单轨，只筑到县衙门就停了下来。而从县衙门到每家大门之间的一段情形，最为有趣，也最为重要。因为，"这是中国传统中央集权的专制体制和地方自治的民主体制打交涉的关键"[2]。从中央政府到县衙门，再从县衙门到每家大门，于是"县衙门"或"官僚机构"，成了皇权和绅权"两种权力的重叠地带"。由此，绅权也起到了"缓冲"皇权的作用："皇权和地方权力的绅权妥协，从皇权本身说是受到了事实上的限制。名义上皇权是无限的，但是'天高皇帝远'中间夹着'官僚—绅士'这一层，使人民并不直接和'政治老虎'对着面。"[3]《长老统治》谈论的就是"从县衙门到每家大门"的乡村自治，着重谈论了长老或乡绅在乡村自治中的教化作用。

再次，"双轨政治"和"两道防线"的总体特点是什么？费孝通概括为四点。一、中国传统政治结构是有着中央集权和地方自治的两层。二、中央所做的事是极有限的，地方上的公益不受中央的

---

①　费孝通：《乡土重建》，华东师范大学出版社 2019 年版，第 125 页。

②　费孝通：《乡土重建》，华东师范大学出版社 2019 年版，第 36 页。

③　费孝通：《乡土重建》，华东师范大学出版社 2019 年版，第 125—126 页。

干涉，有自治团体管理。三、表面上，我们只看到自上而下的政治轨道执行行政命令，但是事实上，一到政令和人民接触时，在差人和乡约的特殊机构中，转入了自下而上的政治轨道，这轨道并不在政府之内，但是其效力却很大的，就是中国政治中极重要的人物——绅士（或曰"长老"）。绅士可以从一切社会关系：亲戚、同乡、同年等，把压力透到上层，一直可以到皇帝本人。四、自治团体是由当地人民具体需要中发生的，而且享受着地方人民所授予的权力，不受中央干涉。于是人民对于"天高皇帝远"的中央权力极少接触，履行了有限的义务后，可以鼓腹而歌，帝力于我何有哉！①

最后，长老和乡绅在地方自治中起着不可替代的作用。这里提供一个案例。杨懋春对20世纪初山东台头村"非官方领袖"的描述，很能说明问题。他写道：

> 村庄中有许多人尽管不担任公职，但是从某种意义上说是领导。……其中最主要的是村中的长者、给全村提供特别服务的人和学校教师，可以说，这些人构成了村庄的绅士。……非官方领导不是通过选举或任命产生的，通常与官方领导迥然不同。说他是领导，是因为他受到钦佩和尊敬……非官方领导虽然呆在幕后，但他们起着非常重要的作用，没有他们的劝告和支持，庄长和他的助手就不能完成任何任务。乡绅也是主要家族或家庭的首领，如果他们反对某一计划甚至采取消极态度，该计划的执行就会陷入僵局。非官方领导一般不直接与政府当局打交道。有时地区领导或县政府邀请他们去开会，听取他们对某一方案的意见，他们的意见常常影响政府决策。②

---

① 费孝通：《乡土重建》，华东师范大学出版社2019年版，第38页。

② 杨懋春：《一个中国村庄：山东台头》，江苏人民出版社2001年版，第177—185页。

乡村公共事务中的内部事项，诸如小的法律争端，聘请村塾教师等，也都掌握在村中长老手中。①

下面介绍一下中国历史上的"无为政治"和"长老统治"，以便更具体地了解传统的"双轨政治"和"两道防线"的运行机制。

四、中国的"无为政治"与"长老统治"

如同"礼治秩序"一样，"无为政治"和"长老统治"，在中国也有悠久的历史传统，并对中国的皇权统治和乡村治理产生了深刻影响。

1."无为政治"：从"无为而治"到"垂拱而治"

"无为而治"，这是先秦儒道两家共有的政治理想。如何实现"无为而治"，儒道两家各有不同的理解和途径。

儒家的"无为而治"，见于《论语·卫灵公》第 5 章："子曰：'无为而治者，其舜也与？夫何为哉？恭己正南面而已矣。'"孔子说："自己什么也不做，就能使天下太平的，大概只有舜帝吧。他做了什么呢？自己恭敬端正地坐在南面那位子上就是了。"孔子论"无为而治"，仅此一句。《论语·颜渊》所谓"必也使无讼"，可视为"无为而治"的具体表现。

必须指出，儒家的"无为而治"，并不是无政府主义的"弃而

---

① 中国北方的山东台头是如此，中国南方的江苏无锡同样如此。作为"非官方领袖"的士绅，在处理地方事务中的作用，许倬云提供了无锡家乡的一个生动实例："每天早晨，管事的士绅会在'新公园'的一个茶室聚会，讨论公众事务；茶室外面的大间则坐着一些普通百姓，等候提出各自的请求。此时此地，也有各行各业的主要人物，随时听取士绅们向他们交代担负的工作和承诺捐助的款项。在将近中午时，一县之长才会到达茶室，听取这些士绅的决定。整个一县事务，基本上是老百姓自己在管，政府奉行他们的意旨而已。"许倬云指出："这种形态的组织不是无锡独有，当时整个江南几乎处处都有同样的社会结构，以当地民间力量管理当地事务的体制。"（许倬云：《中国文化的精神》，九州出版社 2018 年版，第 218—219 页。）

不治",而是指帝王"无须作为",却能"天下大治"。如何才能达到这种境界?后代儒者对此有两种理解。

其一,"君道无为,臣道有为"。何晏《论语注》曰:"言任官得其人,故无为而治。"《三国志·吴书·楼玄传》曰:"言所任得其人,故优游而自逸也。"刘向《新序·杂事》曰:"故王者劳于求人,佚于得贤。舜举众贤在位,垂衣裳恭己无为而天下治。"等等。现代学者也大都据此诠释为"舜得其人,无为而治"。杨伯峻《论语译注》曰:"舜何以能如此?儒者都以为他能'所任得其人,故优游而自逸也。'"① 钱穆《论语新解》曰:"任官得人,己不亲劳于事。"②"君道无为,臣道有为"之说,形成了后来的"贤相"论;所谓明君得贤相而天下治,"无为"寓于"有为"之中。

其二,"圣人德盛而民化"。朱熹《论语集注》曰:"无为而治者,圣人德盛而民化,不待其有所作为也。"《论语·为政》曰:"子曰:为政以德,譬如北辰,居其所而众星共之。"朱熹《论语集注》曰:"为政以德,则无为而天下归之。"综合二注,孔子的"无为而治",朱熹诠释为"以德而治",包含主体与措施两方面:就执政主体言,"圣人德盛而民化",以盛德化民;就执政措施言,"为政以德,则无为而天下归之",以仁政治国。

道家的"无为而治",其说见于《老子》。老子思想有两个基本概念:一曰反,二曰无。"无"乃道之体,"反"乃道之用。故就哲学思想言,"无"比"反"更为重要。老子的政治哲学正以"无"为根据。"无为而治"的论述,遍见《老子》全书。第2章:"圣人处无为之事,行不言之教。"第3章:"为无为则无不治。"第37章:"道常无为而无不为,侯王若能守之,万物将自化。"第45章:"清静为

---

① 杨伯峻:《论语译注》,中华书局1980年版,第162页。
② 钱穆:《论语新解》,生活·读书·新知三联书店2002年版,第399页。

天下正。"第48章："损之又损，以至于无为，无为则无不为。"等等。

如何理解老子的"无为而治"？从本质上说，老子的"无为"并非什么事也不做，而是指顺应自然和民意，遵循自然规律而为之。从政治上说，就是尽量减少政府之功用，收缩政事之范围，以至于达到最低最小的限度。盖天下之事，若听百姓自为，则上下相安，各得其所。若强加干涉，大举多端，其结果必至于治丝益棼，庸人自扰。《老子》第57章专论治国，通过"有为"与"无为"的对比，深刻阐释了"无为而治"的思想。其曰："以正治国，以奇用兵，以无事取天下。吾何以知其然哉？以此。天下多忌讳，而民弥贫；民多利器，国家滋昏。人多伎巧，奇物滋起；法令滋彰，盗贼多有。故圣人云，我无为而民自化，我好静而民自正，我无事而民自富，我无欲而民自朴。"苛政病民之最甚者，无过于厚敛、重刑、黩武，这均为老子所抨击。在老子看来，有为为害多，无为无不为，"无为"体现了老子的爱民思想。

"无为而治"的含义，儒道虽理解不同，却成为历代王朝共同的政治理想，也成为有道明君的象征。《尚书》记载，周武王征服殷商之后，建官制，任贤人，重民教，崇礼乐，行"无为而治"之政，成为虞舜之后又一位"垂拱而天下治"的明君。《尚书·武成》曰"列爵惟五，分土惟三。建官惟贤，位事惟能。重民五教，惟食丧祭。惇信明义，崇德报功。垂拱而天下治。"于是，周武王和虞舜一样，成为历代圣王明君垂拱而治的楷模。

汉唐是盛世。汉初的"文景之治"、唐初的"贞观之治"和盛唐的"开元之治"，尤被史家称为"垂拱而天下治"的盛世。《史记·平准书》描写"文景之治"曰：

汉兴七十余年之间，国家无事。非遇水旱之灾，民则人给家足，都鄙廪庾皆满，而府库余货财。京师之钱累巨万，贯朽而不可校。大仓之粟，陈陈相因，充溢露积于外，至腐败不可食。众庶街巷有马，阡陌之间成群，而乘字牝者，傧而不得聚会。守闾阎者食粱肉，为吏者长子孙，居官者以为姓号。故人人自爱而重犯法，先行义而后绌耻辱焉。

史家认为，汉以无为为治，由来已久。百姓歌曰："萧何为法，觏若划一。曹参代之，守而勿失。载其清净，民以宁一。"汉初帝王汲取秦朝覆灭的教训，改弦更张，推行"与民休息"的无为之政，终于出现了"文景之治"的景象。①

杜甫的《忆昔·其二》，则对"开元之治"作了诗意描写，这更是为人熟知的盛世景象。诗曰：

> 忆昔开元全盛日，小邑犹藏万家室。
>
> 稻米流脂粟米白，公私仓廪具丰实。
>
> 九州道路无豺虎，远行不劳吉日出。
>
> 齐纨鲁缟车班班，男耕女织不相失。
>
> 宫中圣人奏云门，天下朋友皆胶漆。
>
> 百余年间未灾变，叔孙礼乐萧何律。

《忆昔》中的"开元之治"，与《平准书》中的"文景之治"，情境何其相似！而"叔孙礼乐萧何律"，即以"开元之治"与"文景之治"相比，借以强调二者的相同性，即制礼作乐，以德化民，无为而治，休养生息，从而造就出"开元全盛"的景象。

当然，一部二十四史，并非都是"垂拱而天下治"的盛世。恰如费孝通所说，由于农业经济是缺乏储蓄的匮乏经济，两千多年的

---

① 吕思勉：《秦汉史》，江苏人民出版社 2014 年版，第 62 页。

王朝史，实质是有为与无为、治世与乱世、雄图大略的皇权与休养生息的皇权，循环往复的历史。

2."长老统治"："三老"到"里老"

乡土中国的皇权崇尚"无为而治"，乡土中国的基层则行施"长老统治"。从汉代的"三老"，到明清的"里老"，中国的"长老统治"在乡村治理中发挥重要作用。

"三老"之称，似起于西周。《礼记·礼运》曰："三公在朝，三老在学。"《礼记·文王世子》载周天子视学养老之礼，"释奠于先老，遂设三老、五更、群老之席位"。至春秋战国，记载三老活动更具体。《通典》曰："孙卿在齐为三老，称祭酒。"孙曾为吴国阖庐治兵，阖庐元年为公元前 514 年。故至少公元前六世纪初已设有三老。《管子·度地篇》曰："君令五官之吏，与三老、里有司、伍长，行里顺之……三老、里有司、伍长者，所以为率也。"战国时的三老，是为乡里表率。故顾炎武《日知录》指出："此其制不始于秦汉也。自诸侯兼并之始，而管仲、蒍敖、子产之伦，所以治其国者，莫不皆然。"

三老制度的确立，则在汉高祖二年。《汉书·高帝纪》记载：高祖二年二月，"举民年五十以上，有修行，能率众为善，置以为三老，乡一人。择乡三老一人为县三老，与县令丞尉以事相教，复勿繇戍。以十月赐酒肉"。这段话对三老制度作了全面说明：三老须五十以上有修行的长者；乡、县均有三老，县三老从乡三老中选择；三老的作用是能以为民师，"率众为善"；三老的地位不是官吏，"与县令丞尉以事相教"，所谓"非吏而得与吏比"[1]；三老的待遇是"复勿繇戍，十月赐酒肉"。概而言之，三老由官府设置，是乡土中

---

[1]　牟发松：《汉代三老："非吏而得与吏比"的地方社会领袖》，《文史哲》2006年第 6 期。

国的地方领袖。司马迁《报任安书》中的任安，就曾为三老。孝元皇后的祖父王贺，也曾为三老。《汉书·元后传》载："翁孺（即王贺）既免，而与东平陵终氏为怨，乃徙魏郡元城委粟里，为三老，魏郡人德之。"称颂了王贺为三老的功德。

汉代三老，在乡村社会中发挥着重要作用。一是掌教化，助民风，维持社会的礼治秩序。《汉书·百官公卿表》载："十亭一乡，乡有三老、有秩、啬夫、游徼。三老掌教化。"《后汉书·百官五》说得更具体："三老掌教化。凡有孝子顺孙，贞女义妇，让财救患，及学士为民法式者，皆扁表其门，以兴善行。"汉代的帝王也特别重视三老的教化作用。《汉书·武帝纪》元狩元年："遣博士褚大等循行天下，谕三老，孝悌以为民师。"三老是为众民之师、导乡里风化的道德表率和礼治领袖。二是上书言事，直达朝廷，"把人民的乡治和政府的专制打成一片"①。《文献通考》卷十二记载了"新城三老"、"壶关三老"等诸多三老的故事。如汉王违约出关，新城三老遮说汉王，汉王乃举哀发义帝丧，邀同诸侯讨伐项羽。如戾太子发兵诛乱，谣传以为谋反，壶关三老竟能上奏天子，挽回了帝意。再如王尊是一个贤明的京兆尹，朝廷无故将其免职，三老竟可奏闻天子，复任徐州。三老的魄力真是不小！唐代诗人皮日休《新城三老董公赞》的《序》中，竟把新城三老董公的功绩，与萧何、韩信、张良三位功臣相提并论。②

---

① 杨开道：《中国乡约制度》，商务印书馆 2019 年版，第 9 页。

② 皮日休《新城三老董公赞》《序》曰："洛阳新城三老董公说高祖为义帝发丧。在汉之取天下也，三杰而已矣。萧何苦民力以给兵输；韩信杀民命以骋战功；留侯设诡策以离秦、项。当其时，未闻以仁义说于君者。而董公乃谕之以丧义帝。至使天下宗汉者，为其丧义帝也。夫高祖以曹参虽有攻城野战之功，不如萧何也，信矣。焉至于苦民力，杀民命，设诡策，反不若董公之功也哉？如高祖为天子，以公为师友，行其道于时，其利可知矣。公之道已行于汉，而不睹封赏之体，又当时史氏无一字以褒者，因为赞以旌之。"〔（唐）皮日休：《皮子文薮》，萧涤非、郑庆笃整理，上海古籍出版社 2017 年版，第 50 页。〕这是一则论述汉代三老社会作用和社会地位的重要史料。

汉代乡村组织中，同三老相仿佛的职务，德化领袖是孝悌，农业领袖是力田，这是高皇后时才有的。三老、孝悌、力田的功用，都是乡治的正面；乡治的反面，便寄托在啬夫、游徼和亭长手里。① 乡三老、啬夫、游徼成为乡制里面的三角领袖。

汉代以后，三老制度沿袭下来。"若要好，问三老"，作为民间俗语，流传至今。但不同朝代，名称并不一致。唐代每乡置耆老一人，宋代沿称三老，明代则称"里老"②。明代乡村社会的里老制、粮长制和里甲制，互相配合，互为补充，对社会秩序的维护起到了积极作用。

明代里老的职责，与汉代三老有所不同。三老主要是执掌教化，为民之师；里老则主要是理断民讼，仲裁是非。《明太祖实录》载："洪武二十七年四月壬午，命民间高年老人，理其乡之讼词。先是州郡小民，多因小忿，辄兴狱讼，越诉于京，及逮问，多不实。上于是严越诉之禁，命有司择民间耆民公正可任事者，俾听其乡诉讼。若户婚田宅斗殴者，则会里胥决之。事涉重者，始白于官。且给教民榜，使守而行之。"这里无"里老"字样，"里老制"正是根据这一法令设置的。里老的职责就是"理其乡之讼词"、"俾听其乡诉讼"。海瑞也论及里老听讼职责："圣制：里长、老人听各里之讼于申明亭，是一里之事皆里老之责也。"③ 既论及里老的权力和责任，也论及里老行使权责的特定场所，即"听讼于申明亭"。

里老听讼，一有《教民榜文》为依据，二有"申明亭"为场所。洪武三十一年（1398 年），朱元璋将乡里理讼教化措施综合制为《教民榜文》颁行天下。《教民榜文》对里老的裁决范围、裁决场所、

---

① 杨开道：《中国乡约制度》，商务印书馆 2019 年版，第 9 页。

② 明人记载"里老制"，名称并不统一，"里老"、"老人"、"耆老"、"耆宿"常混而不分。参阅杨婉琪、肖建文《明代"里老"名称考辨》（《古今农业》2006 年第 3 期）。

③ （明）海瑞：《海瑞集》，中华书局 1962 年版，第 27 页。

裁决效力和里老的选任都作了详细规定。关于裁决范围，《教民榜文》规定：民间"户婚田土、斗殴相争一切小事，须要本里老人、里甲断决。若系奸盗诈伪、人命重事，方许赴官陈告"。总之，里老裁决的范围，包括乡里社会可能发生的种种民间纠纷，以减轻官府的负担。关于裁决场所，《教民榜文》规定在各里的申明亭。申明亭由里老主持，里长襄助，"又于里中，选高年有德、众所推服者充耆老，或三人，或五人，或十人，居申明亭，与里甲听一里之讼，不但果决是非，而以劝民为善"①。里老在理断民讼、仲裁是非的同时，还负有引导民风、劝民为善的职责。明代的里老制延续到清代，成为明清司法制度的补充，对处理民间纠纷发挥了积极作用。

礼治秩序与长老统治，互为表里，密切联系。乡土中国的礼治秩序，正是通过三老和里老的权威，得到维持和延续。

五、茶坑：中国"乡治"的一个缩影

梁启超是广东省广州府新会县熊子乡茶坑村（即今广东省江门市新会区茶坑村）人。他在《中国文化史》（1927 年）"乡治"一章中，对家乡"茶坑"19 世纪末乡村生活的记述，提供了乡土中国乡村自治的一个生动范例。费孝通的《乡土中国》，"不是一个具体社会的描写，而是从具体社会里提炼出的一些概念"②；梁启超笔下的"茶坑"，则是一个具体社会的描写，也可以说是中国"乡治"的一个缩影。梁启超所描写的"茶坑"这个具体社会，有助于理解费孝通《乡土中国》提炼出来的一套概念。

① 雷家宏：《中国古代的乡里生活》，商务印书馆 2017 年版，第 212 页。
② 费孝通：《乡土中国·旧著〈乡土中国〉重刊序言》，人民出版社 2015 年版，第 3 页。

梁启超在"茶坑"的"引言"中说："大抵吾国乡治，其具有规模可称述者颇多，特其乡未必有文学之士，有之亦习焉不察，莫或记载。史家更不注意及此，故一切无得而传焉。以吾三十年前乡居所睹闻，吾乡之自治组织，由今回忆，其足以系人怀思者既非一，今述其梗概，资后之治史者省览焉。"[1] 乡人习焉不察，史家不屑及此。故梁启超的"乡居所睹闻"，就成为我们了解乡土中国，尤其是了解乡土中国"长老统治"的珍贵史料。

茶　坑

吾乡曰茶坑，距涯门十馀里之一岛也。岛中一山，依山麓为村落，居民约五千，吾梁氏约三千，居山之东麓，自为一保，馀余、袁、聂等姓分居环山之三面，为二保，故吾乡总名亦称三保。乡治各决于本保，其有关系三保共同利害者，则有三保联治机关决之，联治机关曰"三保庙"。

本保自治机关则吾梁氏宗祠"叠绳堂"。自治机关之最高权，由叠绳堂子孙年五十一以上之耆老会议掌之。未及年而有"功名"者（秀才监生以上）亦得与焉。会议名曰"上祠堂"（联治会议则名曰"上庙"），本保大小事，皆以"上祠堂"决之。

叠绳堂置值理四人至六人，以壮年子弟任之，执行耆老会议所决定之事项。内二人专管会计，其人每年由耆老会议指定，但有连任至十余年者。凡值理虽未及年亦得列席于耆老会议。

保长一人，专以应官，身份甚卑，未及年者则不得列席耆老会议。

耆老及值理皆名誉职，其特别权利只在祭礼时领双胙及祠

---

① 　梁启超：《梁启超全集》（第九册），北京出版社 1999 年版，第 5107 页。

堂有宴饮时得入座。保长有俸给，每年每户给米三升，名曰"保长米"，由保长亲自沿门征收。

耆老会议例会每年两次，以春秋二祭之前一日行之。春祭会主要事项为指定来年值理，秋祭会主要事项为报告决算及新旧值理交代，故秋祭会或延长至三四日。此外遇有重要事件发生，即临时开会。大率每年开会总在二十次以上，农忙时较少，冬春之交最多。耆老总数常六七十人，但出席者每不及半数，有时仅数人亦开议。

未满五十岁者只得立而旁听，有大事或挤至数百人，堂前阶下皆满。亦常有发言者，但发言不当，辄被耆老呵斥。

临时会议其议题，以对于纷争之调解或裁判为最多。每有纷争，最初由亲支耆老和判，不服，则诉诸各房分祠，不服则诉诸叠绳堂。叠绳堂为一乡最高法庭，不服则讼于官矣。然不服叠绳堂之判决而兴讼，乡人认为不道德，故行者极希。

子弟犯法，如聚赌斗殴之类，小者上祠堂申斥，大者在神龛前跪领鞭扑，再大者停胙一季或一年，更大者革胙。停胙者逾期即复，革胙者非经下次会议免除其罪不得复胙。故革胙为极重刑罚。耕祠堂之田而拖欠租税者停胙，完纳后立即复胙。犯盗窃罪者，缚其人游行全乡，群儿共噪辱之，名曰"游刑"。凡曾经游刑者最少停胙一年。有奸淫案发生，则取全乡人所豢之豕，悉行刺杀，将豕肉分配于全乡人，而令犯罪之家偿豕价，名曰"倒猪"。凡曾犯倒猪者永远革胙。

祠堂主要收入为尝田，各分祠皆有，叠绳堂最富，约七八顷。凡新积之沙田皆归叠绳堂，不得私有。尝田由本祠子孙承耕之，而纳租税约十分之四于祠堂，名曰"兑田"。凡兑田皆于年末以竞争投标行之，但现兑此田不欠租者，次年大率继续其兑耕权，不另投标。遇水旱风灾则减租，凡减租之率，由耆老会议定之，其率便为私人田主减租之标准。支出以坟墓之拜扫祠堂之祭祀为最主要。凡祭皆分胙肉，岁朽辞年所分独多，各分祠皆然。故度岁时虽至贫之家皆得丰饱。

有乡团，本保及三保联治机关分任之，置枪购炮，分担其费。团丁由壮年子弟志愿补充，但须得耆老会议之许可。团丁得领双胙。枪由团丁保管（或数人共保管一枪），盗卖者除追究赔偿外，仍科以永远革胙之严罚，枪弹由祠堂值理保管之。

乡前有小运河，常淤塞，率三五年一浚治，每浚治由祠堂供给物料，全乡人自十八岁以上五十一岁以下皆服工役，惟耆老功名得免役，余人不愿到工或不能到工者须纳免役钱，祠堂雇人代之，遇有筑堤堰等工程亦然。凡不到工又不纳免役钱者，受停胙之罚。

乡有蒙馆三四所，大率借用各祠堂为教室，教师总是本乡念过书之人。学费无定额，多者每年三十几块钱，少者几升米。当教师者在祠堂得领双胙。因领双胙及借用祠堂故，其所负之义务，则本族儿童虽无力纳钱米者，亦不得拒其附学。

每年正月放灯，七月打醮，为乡人之主要公共娱乐，其费例由个人乐捐，不足则归叠绳堂包圆。每三年或五年演戏一次，其费大率由三保庙出四之一，叠绳堂出四之一，分祠堂及他种团体出四之一，私人乐捐者亦四之一。

乡中有一颇饶趣味之组织，曰"江南会"，性质极类欧人之信用合作社。会之成立，以二十年或三十年为期，成立后三年或五年开始抽签还本，先还者得利少，后还者得利多。所得利息，除每岁朽分胙及宴会所费外，悉分配于会员。（乡中娱乐费，此种会常多捐。）会中值理，每年轮充，但得连任。值理无俸给，所享者惟双胙权利。三十年前，吾乡盛时，此种会有三四个之多。乡中勤俭子弟得此种会之信用，以赤贫起家而致中产者盖不少。

又有一种组织颇类消费合作社或贩卖合作社者，吾乡农民所需主要之肥料曰"麻面"，常有若干家相约以较廉价购入大量之麻面，薄取其利以分配于会员。吾乡主要产品曰葵扇，曰柑，常有若干家相约联合售出，得较高之价，会中亦抽其所入之若干。此等会临时结合者多，亦有继续至数年以上者。会中所得，除捐助娱乐费外，大率每年终尽数扩充分胙之用。

各分祠及各种私会之组织，大率模仿叠绳堂，三保庙则取叠绳堂之组织而扩大之，然而乡治之实权，则十九操诸叠绳堂之耆老会议及值理。

先君自二十八岁起，任叠绳堂值理三十余年，在一个江南会中兼任值理亦二三十年，此外又常兼三保庙及各分祠值理。启超幼时，正是吾乡自治最美满时代。[①]

中国传统社会是由一个一个乡村组成的乡土社会。茶坑，乡土中国的一个生动的缩影。根据梁启超对茶坑的记述，可以发现茶坑具有"乡土中国"的许多鲜明特征：诸如聚族而居的熟人社会，长老统治的自治社会，重礼不重法的礼治秩序，族人之间的互帮互助，等等。《茶坑》为我们读懂《乡土中国》提供了一个生动的案例。

---

① 梁启超：《梁启超全集》（第九册），北京出版社 1999 年版，第 5107—5108 页。

第九章
乡土中国的社会变迁

—— 《血缘和地缘》、《名实的分离》、《从欲望到需要》解读

本章由《血缘和地缘》、《名实的分离》、《从欲望到需要》三篇构成，核心主题是乡土中国的社会变迁。三篇文章各有侧重，从三个角度揭示乡土中国社会变迁的三个层面。概而言之：从血缘到地缘，是亲密的乡土社会向契约的商业社会的变迁；名实的分离，是乡土社会的教化权力向现代社会的时势权力的变迁；从欲望到需要，是乡土社会的自然经济向现代社会的计划经济的变迁。在继《乡土中国》之后出版的《乡土重建》中，费孝通探讨了乡土中国社会变迁中的文化症结和重建之路，了解其基本观点，有助于深化对本章内容的理解，也有助于把握费孝通学术思想的发展进程。

一、从血缘到地缘是社会性质的转变

—— 《血缘和地缘》的要义与思路

"变迁是一个替易或发展的过程，从一种状态变成另一种状态。"① 社会变迁则是指一切社会现象的变更和替易，包括社会性质、社会关系、生活方式、行为规范、价值观念的变化等。

---

① 费孝通：《乡土重建》，华东师范大学出版社 2019 年版，第 2 页。

《血缘和地缘》讨论社会性质的变迁，即血缘的农业社会向地缘的商业社会的变迁。首先阐述血缘社会的性质和特点，乡土社会开拓的新地域仍是一种血缘性的地缘。继而揭示血缘社会的封闭性，如纯粹地缘关系的"外乡人"难以在血缘网中生根；亲密的血缘社群限制了冲突和竞争性的社会活动；乡村"街集"表明当场算清的商业只能在血缘之外发展。最后强调从血缘到地缘变迁的必然性，现代社会是商业社会，地缘关系正是从商业里发展出来的，从血缘结合到地缘结合是社会性质的转变。全文 17 段，可分 6 层。

1. 血缘社会的性质和特点（1—5 段）

所谓血缘社会指人和人的权利和义务根据亲属关系或亲子关系决定。血缘社会有四个特点：一是社会结构的稳定性，它以生育关系维持社会结构的稳定，社会继替是一种血缘继替；二是社会地位的强制性，血缘社会是一种身份社会，血缘所决定的社会身份和社会地位不容个人选择，父母作为分配各人职业、身份、财产的标准；三是社会地域的固定性，地缘是血缘的投影，地域上的接近是血缘上亲疏的反映；四是社会流动的停滞性，自足自给的乡土社会的人口是不需要流动的，血缘与地缘的合一，是社区的原始状态，也是基本状态。

2. 乡土社会开拓的新地域是一种血缘性的地缘（6—7 段）

人是要流动的，乡土社会无法避免"细胞分裂"的过程。人口繁殖迫使血缘社群开拓新地域，寻找新耕地。但是，乡土社会的新地域仍是血缘性的地缘，和原来的乡村保持着血缘关系，甚至用原来的地名来称新地方。一个人的籍贯取自父亲，籍贯也只是"血缘的空间投影"。这是封闭性之一。

3. 纯粹地缘关系的"外乡人"难以在血缘网中生根（8—10 段）

所谓地缘关系是指没有血缘关系的人结成的地方社区，他们之间的联系是纯粹的地缘，而不是血缘。但是，这种纯粹地缘关系的

"外乡人"难以在血缘网中生根。"外乡人"要成为"村里人"有两个条件:一是要生根在土里,在村子里有土地;二是要从婚姻中进入当地的亲属圈子。这两个条件并不容易。乡土社会是个亲密的社会,寄居在社区边缘的外乡人是"陌生"人,他们在乡土社会只能从事特殊职业。这是封闭性之二。

4. 亲密的血缘社群限制了冲突和竞争性的社会活动(11—12)段

为什么亲密社群限制冲突和竞争性的社会活动?亲密社群的团结性依赖情感联系,依赖相互之间拖欠着未了的人情。然而,亲密社群中既无法不互欠人情,也最怕"算账"。"算账"等于绝交。为了维持亲密团体中的亲密,就尽量避免社会关系的折断。为防止社会关系折断,就减轻社会关系上的负担。"钱上往来最好不要牵涉亲戚",这句话是减轻社会关系上的负担的注解。于是,乡下人就不找同族亲属人"赊"。这是封闭性之三。

5. 乡村"街集"表明,当场算清的商业只能在血缘之外发展(13—15段)

社会生活愈发达,人和人之间的往来愈频繁,"当场算清"的商业活动也愈增加。但是,在亲密的血缘社会中商业难以存在,人们的交易以人情来维持,是相互馈赠的方式。乡土社会专门进行贸易活动的街集,一般不在村子里,而在远离村子的空场上,各地的人以"无情"的陌生人身份进行交易。这表明,乡土社会只能在血缘关系之外去建立商业基础。与此同时,从街集贸易发展到店面贸易的过程中,寄籍在血缘社区边缘的外村人,成了商业活动的媒介。血缘社群阻碍商业,这是封闭性之四。

6. 从血缘结合到地缘结合是社会史上的大转变(16—17段)

从乡土社会到现代社会的变迁,从社会关系看,就是从血缘到地缘的变迁。地缘是从商业里发展出来的社会关系。血缘是身份社会的基础，地缘是契约社会的基础。契约是指陌生人之间的约定。契约的完成需要精密的计算，确当的单位，可靠的媒介，是理性支配人的活动，而不是情感。这一切是现代社会的特性，却是乡土社会所缺的。因此，从血缘结合到地缘结合是社会性质的转变，也是社会史上的一个大转变。

二、乡土社会"注释"式变动引起名实分离

——《名实的分离》的要义与思路

《名实的分离》讨论乡土社会速率很慢的变动中权力的变动方式，即教化权力向时势权力的转变。乡土社会包括四种权力，即横暴权力、同意权力、长老权力和激烈的社会变迁中发生的时势权力。时势权力是社会变迁中"文化英雄"支配群众的权力。一方面，社会变迁速率不同的社会，时势权力的表现程度各不相同；另一方面，四种权力对待"反对"的态度也各不相同。长老权力下的乡土社会，"反对"成了对传统的"注释"，"注释"式变动引起"名实的分离"。名实之间的距离随着社会变迁速率不断增加，长老权力将向时势权力转变。全文 11 段，可分 5 层。

1.本文主旨：讨论乡土社会速率很慢的变动中权力的变动方式（1 段）

完全静止的社会是不存在的，但与现代社会相比，乡土社会变动的速率很慢。本文即讨论乡土社会速率很慢的变动中所形成的权力的变动方式。

2."时势权力"是社会变迁中"文化英雄"支配群众的权力（2—4 段）

首先，乡土社会包括四种权力，即横暴权力、同意权力、长老权力和激烈的社会变迁中发生的时势权力。在社会发展中，社会继

替和社会变迁是同时存在的；与之相联系，两种社会过程里发生的两种权力也必然同时存在。社会变动得慢，长老权力就有势力，变得快，长老权力就缩小。其次，社会结构像文化的其他部分一样，是人造出来满足生活需求的；社会结构的变动是人为的，变动的原因是它不能适应人的需要。再次，社会变迁过程中产生了时势造英雄的时势权力。所谓"时势权力"，就是社会变迁中"文化英雄"支配群众的权力。

3. 变迁速率不同的社会，时势权力表现的程度也不相同（5—8段）

变迁速率不同的社会，时势权力表现的程度各不相同。首先，在荒原上、在战争中、在落后的国家要赶紧现代化的过程中，如当时的苏联，时势权力表现得最为清楚。其次，在安定的社会中，即社会变迁吸收在社会继替之中，时势权力最为不发达。乡土中国就是一个安定的社会，社会变迁的速率慢到和世代交替的速率相等，可以保持长老的领导权。再次，领导阶层能适应社会变迁的速率，就能避免因社会变迁而发生的混乱。英国之所以能不流血而实行种种变革，正是因为它的领导阶层能适应环境的变动。

4. 四种权力对待"反对"的态度各不相同（9—10段）

首先，乡土社会环境安定，长老保持他们的权力，子弟接受传统的统治。在这里不发生"反对"，长老权力也不容忍反对。其次，同意权力容忍甚至奖励反对，因为同意权力建立在契约上，反对是获得同意的必要步骤。再次，横暴权力没有反对，只有反抗，因为反对已包含在横暴权力关系中了。最后，在时势权力中，反对发生于对同一问题不同的答案上，在思想争斗中，不同阵线形成对垒。

5. 乡土社会"注释"式变动引起名实的分离（11段）

再回到长老权力下的乡土社会，反对被时间冲淡而成为对传统的"注释"。注释式的变动引起名实之间的分离，即传统的形式是不准反对的，但内容却可以经注释而改变，就像古代学者通过对经典的创造性"注释"，来表达自己的思想观点。名实之间的距离跟着社会变迁速率而增加，长老权力必将向时势权力转变。位与权，名与实，言与行，话与事，理论与现实，最终趋于分离。

三、乡土社会靠欲望行事，现代社会按需要行事
——《从欲望到需要》的要义与思路

"从欲望到需要"是社会变迁的第三个方面，实质是从乡土社会的"自然经济"向现代社会的"计划经济"的变迁，这是社会变迁中的重要里程碑。首先，人类具有自觉欲望的行为，是否有利于个体和社会的发展，不同视角有不同答案。其次，人类由欲望引导的行为，最终符合于人类生存具有多方面原因。再次，孙末楠的经验决定论揭示了乡土社会的传统经验特性，即乡土社会是凭传统累积的经验生存的社会。最后，乡土社会根据欲望指导的行为，不适应变迁快速的现代社会，现代社会要以有计划的"需要"取代非计划的"欲望"。同时，现代社会从知识得来的权力是时势权力。全文14段，可分5层。

1. 从欲望到需要是社会变迁中的一个重要里程碑（1段）

社会计划的有无，是区别时势权力与长老权力、现代社会与乡土社会的标志。乡土社会靠欲望行事，现代社会则不能，于是产生"需要"，有了"计划"。从欲望到需要是社会变迁中的一个重要里程碑。文章先谈靠欲望行事的乡土社会，最后强调从欲望到需要的必然性。

2. 人类行为都有动机，是否有利于个体和社会，不同视角有不同答案（2—5段）

首先，人类的行为都有目的和动机，行为或活动是实现动机的

手段。其次，人类行为的动机，既由意志控制，又根据欲望行事；人类行为的过程包括五个心理环节，即欲望——紧张——动作——满足——愉快。再次，人类具有自觉欲望的行为，是否有利于个体的健全发展和社会的完整持续，远观和近看的答案不同。例如，"男女"和"饮食"，人类生存的终极目的与个体直接欲望并不一致。

3. 人类由欲望引导的行为，最终符合于人类生存具有多方面原因（6—8段）

人类由欲望引导的行为，最终结果正合于人类生存的条件。首先，因为欲望是深入生物基础的特性，它像一只"无形的手"，让社会形成一个最好、最融洽的秩序。其次，乡土社会中个人根据欲望行事，同样合于人类生存条件。因为，人的欲望是基于生物特性的文化事实，是先天和后天的统一。最后，欲望是文化事实，但并非一切文化事实都合于人类生存。因此，是否合于人类生存条件是判断欲望是否有害的标准，不合标准的欲望将被文化力量和自然力量所淘汰。

4. 孙末楠的经验决定论与乡土社会的传统经验特性（9—11段）

孙末楠在《民风论》中提出经验决定论，即人类先有行为，后有思想，决定行为的是经验，思想只有保留经验的作用，人类的欲望影响了文化的形成。乡土社会就是这样的社会，就是凭传统累积的经验生存的传统社会。当然，乡土社会中很多行为仅满足主观上并没有自觉的需要，行为和目的之间毫无实在关联，如巫术。

5. 变动快速的现代社会，要以有计划的"需要"取代非计划的"欲望"（12—14段）

首先，乡土社会根据欲望指导的行为，结果虽印合于生存条件，但这种不自觉的印合是有弊端的，不适应变迁快速的现代社会。其次，社会变动快速的现代社会，要以自觉的生存条件取代不自觉的生存条件，要以有计划的"需要"取代非计划的"欲望"。

最后，现代社会知识即是权力，因为现代社会依需要做计划；同时，现代社会从知识得来的权力是时势权力，不同于乡土社会依靠经验、依着欲望活动。

四、乡土中国社会变迁的文化症结和重建之路

1948 年 4 月《乡土中国》正式出版。接着，费孝通又于 1948 年 6 月出版了《乡土重建》。在《乡土重建》里，费孝通集中探讨了乡土中国的社会变迁问题，揭示了社会变迁中的文化症结，提出了乡土重建的措施，探寻乡土工业的新形式以及通过乡土重建实现社会转型的可能。费孝通的上述观点，尤其是社会变迁中的文化症结和重建之路，与本章所谈论的乡土中国的三大变迁密切相关，了解这些观点，有助于深化对本章内容的理解，也有助于把握费孝通学术思想的发展进程。

1."社会变迁主要是文化的变迁"：从《社会变迁》到《乡土重建》

《中国社会变迁中的文化结症》是《乡土重建》的开篇之作，此文阐述了费孝通关于"中国传统文化和当前社会变迁的关系"的一个"简略而综合"[①] 的看法，故可视为全书的总纲。

那么，研究乡土中国的社会变迁，为什么要从传统文化或"文化症结"的分析入手？这与费孝通的社会变迁观密切相关。中国社会向何处去？这是生活在风雨飘摇的旧中国的知识精英所共同关注的问题，具有爱国情怀的社会学家，费孝通自不例外。实际上，费孝通从青年时代就深切关注这一问题，深切关注中国社会变迁的方向和发展前途。为此，他和妻子王同惠于 1936 年翻译出版了美国社会学家奥格本的名著《社会变迁——关于文化和先天

---

① 费孝通：《乡土重建》，华东师范大学出版社 2019 年版，第 116 页。

的本质》①一书。费孝通的社会变迁观就受到奥格本社会变迁观的影响。

何谓社会变迁？在社会学中，社会变迁是一个表示一切社会现象，特别是社会结构发生变化的过程及其结果的范畴。那么，社会变迁的本质是什么？"社会变迁主要是文化的变迁"，这是奥格本《社会变迁》一书的核心观点。他在《社会变迁的再思考》一章中写道："在我们探讨揭示社会变迁的因素之前，可以提出这样的问题：正在发生变迁的到底是什么？……我们要感谢人类学家，尤其是洛伊和 A. 克鲁伯，因为他们在 1917 年最清晰地说明了这个要素到底是什么，它就是文化。这样，社会变迁就成了文化变迁，冰川时期以来的各群体进化正是文化进化的一部分。"②"社会变迁就成了文化变迁"，或者说，社会变迁主要是人类文化的变迁，而不是人的生物因素的变迁，这是奥格本关于社会变迁本质的基本观点。

19 世纪末 20 世纪初，达尔文的生物进化论影响到社会学，社会学家在追寻社会变迁的根源时，往往归结为生物因素。斯宾塞正是在这个意义上提出了无机物、有机物、人和超有机体的发展过程。奥格本不同意生物学的观点，认为社会变迁不能用生物因素来解释；因为从最后一次冰川时期以来，人的生物本质基本上没有变化，而社会则从简单的原始社会进化到现代的工业社会。因此，与生物学的解释不同，奥格本强调社会的变迁主要是文化的变迁。而所谓文化，则是指与人的先天本质相对应的社会遗产，它包括物质文化和制度与观念文化等。

---

① ［美］乌格朋：《社会变迁》，费孝通、王同惠译，商务印书馆 1936 年版；今收入《费孝通译文集》（上册），群言出版社 2002 年版。1989 年 7 月，浙江人民出版社出版了新译本，即威廉·费尔丁·奥格本著《社会变迁——关于文化和先天的本质》，由王晓毅、陈育国译。下引译文，采用新译本。

② ［美］威廉·费尔丁·奥格本：《社会变迁——关于文化和先天的本质》，王晓毅、陈育国译，浙江人民出版社 1989 年版，第 193—194 页。

费孝通接受并发挥了奥本格的社会变迁文化本质论。他在《乡土重建》中论及的社会变迁和文化研究的观点，可以概括为三点。

首先，他强调，要了解"中国社会变迁的方向"，不是对"经济、政治、宗教、教育等的变迁情形——枚举"，而应着重分析"在这些方面所共具的基本问题，也可以说是文化的问题"①。因为，社会的变迁实质上是文化的变迁。要研究社会改革必须研究文化改革。

其次，他指出，"文化的分析是规划改革的根据"。文化是推陈出新的。因为，文化作为一套生活方式或社会遗产，不过是一种求生的手段；生活在不断变化，文化也要不断改革。不过，"文化的改革必须有步骤，有重点。……正如战争中讲策略，建筑时讲设计，医学里讲诊断，文化的改革同样要用理智去规划。文化的分析是规划改革的根据"②。

再次，他告诫，对文化的分析必须要有客观的科学态度。费孝通说："我们对于一种文化要素的了解不能离开它的历史背景。从它的历史背景里去分析它——这是研究文化的科学态度。再换一句话，我们得先了解每一个文化要素在当时社会中各种人生活上发生的作用，客观的叙述比依照另一时期另一社会背景去作感情上的贬褒更能帮助我们对它的了解。"③对传统文化应当"从它的历史背景里去分析它"，应当作客观的事实判断，不应作主观的情感褒贬，这是历史唯物主义的方法论，也是至今仍有启示意义的深刻见解。

2. 社会变迁的文化症结：匮乏经济、知足常乐、身份社会

文化的分析是规划改革的根据。那么，中国社会变迁中的文化症结是什么？或者说，直至 20 世纪初，阻碍中国社会变迁的文化症结有哪些？费孝通作了这样的描述：

---

① 费孝通：《乡土重建》，华东师范大学出版社 2019 年版，第 1 页。
② 费孝通：《乡土重建》，华东师范大学出版社 2019 年版，第 118 页。
③ 费孝通：《乡土重建》，华东师范大学出版社 2019 年版，第 117 页。

> 变迁是一个替易或发展的过程，从一种状态变成另一种状态。……中国社会变迁的过程最简单的说法是农业文化和工业文化的替易。……这大体上指出了中国是在逐渐脱离原有位育于农业处境的生活方式，进入自从工业革命之后在西洋所发生的那一种方式。让我从这一句笼统的说法作出发点，进而说明农业处境的特性和在这处境里所发生的价值观念和社会结构。①

简言之，中国社会变迁的方向是"农业文化向工业文化的替易"；阻碍社会变迁的传统因素或"文化症结"主要有三个方面，即匮乏经济的农业处境、知足常乐的价值观念和身份固定的社会结构。传统乡土中国的上述三大特点，正好与现代西方社会形成鲜明对照。可图示如下：

$$
\text{乡土中国}\left\{\begin{array}{l}\text{生存处境：匮乏经济——丰裕经济}\\\text{价值观念：知足常乐——无餍求得}\\\text{社会结构：身份社会——契约社会}\end{array}\right\}\text{西方社会}
$$

对乡土中国的"农业处境的特性和在这处境里所发生的价值观念和社会结构"，费孝通以客观的科学态度和中西比较的方法，逐一作了分析。

首先，中国传统处境的特性之一是"匮乏经济"，这正和工业处境的"丰裕经济"相对照。匮乏经济不但是生活质量差，而且没有发展的机会，物质基础被限制了；丰裕经济是指物质财富不断地积累和扩展，而且机会多，事业众。

中国传统匮乏经济的形成是有多方面原因的。首先，中国是个农业国家。中国人的生活直接用人力取之于土地。土地经济中的报

---

① 费孝通：《乡土重建》，华东师范大学出版社 2019 年版，第 2 页。

酬递减原则限制了中国资源的供给。其次，中国可耕地的面积受到地理环境的限制。北方有戈壁沙漠，西方有高山峻岭，东方和南方是海洋，而农夫们缺乏航海的冒险精神。中华腹地，可耕地都已耕种了。再次，中国人口庞大，这是农业经济造成的。农业活动是富于季候性的。要保证在农忙时节不缺乏劳力，每一区域必须储备大量人口。"生产是季候性的，消费却是终年的事。"①

其次，与"匮乏经济"与"丰裕经济"相联系，是两种不同的生活态度。匮乏经济中的生活态度是"知足常乐"。快乐是人生的至境，知足是达到这种境界的手段；而知足实质是人生欲望的限制。丰裕经济中所维持的精神是"无餍求得"。无餍求得的现代精神，只有在丰裕经济中才能充分发挥，成为领导一个时代的主导力量。

中国人知足常乐的态度，不能脱离匮乏经济的背景。尽管物质生活的享受是人生的一种诱惑，但在一个资源有限的匮乏经济中，这种诱惑会引起怎样的结果？一人的物质享受必然是其他人生活的痛苦；所谓"朱门酒肉臭，路有冻死骨"。"尊荣享受所给的对象是个人，幻灭是社会的混乱。这史实，这教训，这领悟，凝成一种态度——知足安分；一代又一代，知足安分的得到了生存和平安。谁能否认这不是处世要诀？"② 这最后一问，深刻揭示了"处世要诀"背后严峻的经济现实。

再次，从社会结构看，与农业文化相配合的是"身份社会"，与工业文化相配合的是"契约社会"；或者说，前者是"差序格局"，后者是"团体格局"。对儒家"偏重身份"的观念或中国的"身份社会"，费孝通作了三点阐释。

---

① 费孝通：《乡土重建》，华东师范大学出版社 2019 年版，第 3 页。
② 费孝通：《乡土重建》，华东师范大学出版社 2019 年版，第 4 页。

一是身份社会的伦常格局。"儒家注重伦常，有它的社会背景，中国传统社会结构的基础是亲属关系。亲属关系供给了显明的社会身份的基图，夫妇、父子间的分工合作是人类生存和绵续的基本功能所必需的。这些身份比其他社会团体中的身份容易安排，容易规律。而且以婚姻和生育所结成的关系，一表三千里，从家庭这个起点，可以扩张成一个很大的范围。而且在亲属扩展的过程中，又有性别、年龄、辈分等清楚的原则去规定个人相对的行为和态度。"

二是亲属社会的礼治秩序。"以亲属关系作结构的纲目是同儒家以礼作社会活动的规模相配合的。礼，依我以上的注释，是依赖着相关各人自动地承认自己的地位，并不是法。……在家庭和亲属关系里，'社会技术'最易陶养，以礼来规范生活的社会也最易实现。儒家想创造一个礼尚往来的理想社会结构，中国原有的亲属组织也就成这结构的底子。"

三是儒家哲学的现代价值。孔子"对于贫富、财货并不关心，他所关心的是人和人的相处，并不是人对自然的利用。我们若要为儒家辩护，可以说不论人对自然的利用到什么程度，人和人相处相得还是和人生直接有关的问题。对于这问题，人类还得不住地用功夫，求善道"①。

细读这些文字可以发现，它实质包含了《差序格局》、《系维着私人的道德》、《家族》和《礼治秩序》等篇的主要观点。

在上述生存处境、价值观念和社会结构三大方面，作为经济基础的生存处境是最根本的。两种不同的经济处境，形成两种不同性质的循环。匮乏经济有一种循环：劳力愈多，技术愈不发达，技术愈不发达，劳力也愈多；丰裕经济也有一种循环：科学愈发达，技术愈进步，技术愈进步，科学也愈发达。费孝通清醒地指出："这

---

① 费孝通：《乡土重建》，华东师范大学出版社 2019 年版，第 5—6 页。

两种循环比较起来，前者已经造成人类的贫穷，后者已造成人类的不安全，都可以说是恶性的。"① 这告诉我们，中国社会由"农业文化向工业文化"的变迁过程中，既要消除"贫穷的恶"，也要警惕"不安全的恶"。

最后，上述社会变迁中的三大传统因素，与本章三篇所谈论的社会变迁的三个层面，有没有联系呢？答案是肯定的。二者的对应性，不妨作如下描述。

《血缘和地缘》：从血缘到地缘，是亲密的乡土社会向契约的商业社会的变迁；这实质是"社会结构"的变迁，即由亲属关系的身份社会向团体格局的契约社会的变迁。

《名实的分离》：名与实的分离，是乡土社会的教化权力向现代社会的时势权力的变迁；这实质是"价值观念"的变迁，即由保守的知足常乐向开拓的积极进取的变迁。

《从欲望到需要》：从自然欲望到自觉需要，是乡土社会的自然经济向现代社会的计划经济的变迁；这实质是"经济处境"的变迁，即由农业文化向工业文化的变迁。

需要说明的是，二者的对应性是存在的，但三篇的对应表现并不相同：《血缘和地缘》与社会结构的变迁、《从欲望到需要》与经济处境的变迁，是明显的；《名实的分离》与价值观念的变迁，则是比较隐约的。不过，无论明显还是隐约，揭示三大传统因素与本章三篇论题的对应性，可以进一步确认三篇同属"乡土中国的社会变迁"这一主题，同时也可以进一步认识三篇论题的逻辑关系。

3. 乡土重建的两大措施：乡土工业与乡土复员

文化分析是规划改革的根据。传统的文化因素是"客观的限

---

① 费孝通：《乡土重建》，华东师范大学出版社 2019 年版，第 9 页。

制"；然而，"只有认识限制才能得到自由"。费孝通的"企图"就是如此："我企图从我们传统的小农经济中去指出各种文化要素怎样配合而发生作用的。这是一切有效改革所必须根据的知识。……文化的改革并不能一切从头做起，也不能在空地上造好了新形式，然后搬进来应用，文化改革是推陈出新。新的得在旧的上边改出来。"[1] 通过对传统因素或"文化症结"的分析，费孝通提出了乡土重建的两大措施：工业下乡与乡土复员。

这里需要对"乡土中国的社会变迁"的含义作一分析。这一命题实包含两层意思：一是"乡土中国"的社会变迁，二是"乡村中国"的社会变迁。前者是指"乡土中国"从传统社会向现代社会的变迁，农业社会向工业社会的变迁；后者是指"乡村中国"从传统乡村向现代乡村的变迁，农业乡村到农工结合的变迁。《乡土中国》里社会变迁主要是指前者，即从农业社会向工业社会的变迁；《乡土重建》里的社会变迁主要是指后者，即从纯粹农业到农工结合的变迁。费孝通所提出的"乡土工业"和"乡土复员"，主要着眼于"乡土重建"或"乡村中国"的重建。先谈乡土工业，再谈乡村复员。

其一，乡土重建的第一步，是复兴乡土工业。费孝通指出，中国复兴的基础必然是工业的复兴，生产力的增加和生活水准的提高，是单纯的农业不可能达到的；"而在这恢复工业的艰难事业中尤需广大农民的支持。因为在已经成熟的西洋侵略性的工业经济的滩头，要确立我们民族工业的阵地，在策略上大概不能避免走上复兴乡土性工业的路子"[2]。中国在走向工业化的初期，为什么必须先走上复兴乡土工业的路子？在费孝通看来，这是有多方面原因的。

首先，传统中国具有相当发达的乡土工业传统。"牛郎织女，

---

① 费孝通：《乡土重建》，华东师范大学出版社 2019 年版，第 117 页。

② 费孝通：《乡土重建》，华东师范大学出版社 2019 年版，第 67 页。

男耕女织",这是乡土中国典型的生活状态;"男耕"是农业,"女织"便是手工业。可见,中国从来不是个纯粹的农业国家,而一直有着相当发达的工业。乡土工业的特点在于利用当地原料就近加工制造。有竹林的地方,造纸或编织篾器;盛产陶土的地方,抟捏瓷器;宜于植桑养蚕的地方,便缫丝织绸;有麻的地方,纺织麻布。乡土工业与乡村生活关系密切,以至每一个日常共同体,家族、村落或庄园,无不经营着一些基本的工业,用来满足农民生活需要。日积月累,一些地域性的工业产品形成品牌,声名远扬。例如,太湖乡村的辑里生丝、江西景德镇的瓷器、河北高阳的土布,都属此类。在中国每个小区域,甚至在许多村落,都有一两样附近熟知的土特产品。正是这些日用消费品,实现了农民生活的自给自足。

其次,乡土工业解决了乡土中国人口与土地的矛盾。人口的庞大与可耕地的有限是乡土中国的严峻现实。有人把中国人口太多归因于儒家思想的提倡。费孝通则从农业生产的季候性和劳力需求上看问题。一方面,"农作活动有季候性,在一个短的时期中需要相当多的劳力,也就是所谓'农忙'。农村里必须养着能足够应付农忙所需的人口";另一方面,农忙之后便是农闲,有2/3的日子没有农活可做,于是出现了"周期性失业的情形"。农忙时期会缺工,农闲时期怎么办呢?"这里引入了乡土工业,乡土工业在劳力利用上和农业相配合了来维持农工混合的经济。也只有这种农工混合的乡土经济才能维持原有的土地分配形态。"① 这是一个符合农耕社会实际的看法,社会学家的事实分析要比儒家思想批判者的看法科学合理得多。

再次,乡土工业维持了黎民百姓不饥不寒的小康生活。任何社会的经济结构,如果不能维持最低限度的民生,是决不能持久的。

---

① 费孝通:《乡土重建》,华东师范大学出版社 2019 年版,第 64 页。

数千年乡土中国的广大农民，正是在男耕女织的农工合作下，维持了他们不饥不寒的小康水准的生活。正如费孝通所说："从整个经济上说，农业技术，劳力需要，人口数量，农场面积，乡土工业，地租数量，地主权利等因素是一个有机的配合。中国传统社会能很久地维持着这配合，那是因为它至少可以给在这种经济里生活的人不饥不寒的小康的生活。"① 可见，乡土工业的传统、富余人口的出路、不饥不寒的小康生活，这三者是密切配合有机统一的。

然而，近代以来封闭的国门被帝国主义的大炮轰开，乡土工业在与西方机器工业的竞争中败落下去，最终导致整个乡村中国社会的瘫痪。乡村瘫痪对乡村农民最直接的影响，便是"跟着乡土工业那一齿轮脱了栓的却是那传统有机配合所维持的小康生活"；土货的市场让给了洋货，在享乐上是提高了买得起洋货者的水准，"可是同时却引起了乡村里无数靠着制造土货的工人的失业。贫穷跟着乡土工业的衰落侵入乡村"。② 这一切正是茅盾的《春蚕》、《秋收》和《林家铺子》等作品里所描写的景象。

费孝通坚信："任何历史的情境中总包含着一条合理的出路。"③ 在传统中国的乡村社会中，乡土工业的"齿轮"与其他多种经济要素紧紧咬合在一起，长久地维持着"黎民不饥不寒的小康水准"。在乡土重建的当年，在工业化建设的初期，要能够直接增加农家的收入，让农民在短期内摆脱贫穷，最关键的一步应当是将"脱栓的"乡土工业复位。

费孝通的"工业下乡"与乡村工作者的"文字下乡"形成鲜明对照。费孝通指出："以往种种乡村建设的尝试，似乎太偏重了文字教育、卫生等一类并不直接增加农家收入的事业。这些事并不是

---

① 费孝通：《乡土重建》，华东师范大学出版社 2019 年版，第 64—65 页。
② 费孝通：《乡土重建》，华东师范大学出版社 2019 年版，第 65 页。
③ 费孝通：《乡土重建》，华东师范大学出版社 2019 年版，第 68 页。

不重要，但是它们是消费性的，没有外力来资助就不易继续。要乡土在自立更新的原则中重建起来，一切新事业本身必须是要经济上算得过来的，所以乡土工业可能是一种最有效的入手处。"① 经济是基础，是生存之根。只有先复兴乡土工业，直接增加农家收入，让陷入贫穷的农民生活重新达到"不饥不寒的小康水准"，文字下乡、卫生下乡等消费性的事业才有可能继续。了解费孝通的这一思想，对于理解《文字下乡》《再论文字下乡》的真谛，提供了一个新的思考维度。

其二，乡土工业的复兴，离不开科技人才的"乡土复员"。与乡土工业复兴紧密联系的，是迫切需要"现代技术"和"知识分子"下乡，尤其是掌握现代科技的知识分子的下乡。费孝通说："从基层乡土着眼去看中国的重建问题，主要的自是：怎样把现代知识输入中国经济中最基本的生产基地乡村里去。输入现代知识必须有人的媒介。知识分子怎样才能下乡是重建乡土的一个基本问题。"② 基于此，费孝通提出了"乡土复员"的口号："我们还得把这土地复原的概念扩大成乡土复员。除非乡土社区里的地方人才能培养、保留、应用，地方性的任何建设是没有基础的，而一切建设计划又必然是要地方支持的。"③

传统中国的乡土文化中，知识分子大都是地方性和乡土性的。1947 年，费孝通和潘光旦分析了 915 名清朝贡生、举人和进士的出身，发现这些人中的一半是从乡间出来的；而在科举时代，乡下学子寒窗十载一举成名，却仍可能始终是一个乡下人。他们虽远离家乡，历经沧海，仍葆有一份乡土意识。正如费孝通所说："中国落叶归根的传统为我们乡土社会保持着地方人才。这些人物即使跃

---

① 费孝通：《乡土重建》，华东师范大学出版社 2019 年版，第 129—130 页。

② 费孝通：《乡土重建》，华东师范大学出版社 2019 年版，第 126 页。

③ 费孝通：《乡土重建》，华东师范大学出版社 2019 年版，第 51 页。

登龙门，也并不忘本；不但不损蚀本乡的元力，送往外洋，而且对于根源的保卫和培养时常看成一种责任。因之，常有一地有了一个成名的人物，所谓开了风气，接着会有相当长的时期，人才辈出的。循环作育，蔚为大观。人才不脱离草根，使中国文化能深入地方，也使人才的来源充沛浩阔。"① 传统知识分子落叶归根的桑梓情谊，使乡土社会中的人才实现了一种有机的良性循环。

然而，20 世纪三四十年代的情形恰恰相反，乡土社会中一批一批地把有机会和现代知识接触的人才送走，离开乡村的这些人，最后成了"回不了家的乡村子弟"。费孝通心情沉重地谈到他遇到的现实："乡土培植出来的人已不复为乡土所用，这是目前很清楚的现象。今年暑假很多毕业生找不到职业，在一次'欢送会'里很不欢地谈到了这青年失业问题。有一位老师劝这些青年回乡去，在原则上是能说服他们的，但是他们几乎一致地说：'我们已经回不了家了。'结果我还没有知道有哪个回去了的。"②

"我们已经回不了家了"，原因是多方面的。主要原因有两条。一是"文化的差异造下了城乡的解纽"③，这是主观原因。那些离乡的子弟，在大学里，即使什么学问和技术都没有学到，可是生活方式、价值观念却必然会起重要的变化，足够使他们自己觉得已异于乡下人，而无法再和充满土气的人为伍了。二是"缺少应用现代知识的事业"，这是客观原因。费孝通说："提到知识分子下乡的困难，就因为乡村里缺少可以应用现代知识的事业。在种种应用现代知识的事业中，最基本的是生产事业，而生产事业中最容易有效的是工业。"④

---

① 费孝通：《乡土重建》，华东师范大学出版社 2019 年版，第 54 页。
② 费孝通：《乡土重建》，华东师范大学出版社 2019 年版，第 55 页。
③ 费孝通：《乡土重建》，华东师范大学出版社 2019 年版，第 55 页。
④ 费孝通：《乡土重建》，华东师范大学出版社 2019 年版，第 129 页。

在主客观两大原因中，哪一方面更为关键呢？费孝通认为，乡土工业的复兴可以解决知识分子的"用武之地"；而在客观条件具备后，主观因素显得尤为重要。事在人为，人是主体。有了具有乡土意识的人，才有乡土工业的发展。但是，费孝通难抑沮丧地发现，随着精神上的"城乡解纽"，传统知识分子那种浓厚的乡土意识，那种深切的"桑梓情谊"，在新一代知识分子那里"在退化，在消失"：

> 桑梓情谊和亲属情谊的发达，维持着中国传统社会的秩序。在过去这一代里，对国家这团体的情谊还没有确立之时，原来维持社会的心理联系却在退化，在消失……很多人会觉得自己所做的事并不是为了任何人。一样是在办学校，而不觉得自己是在为社会培植人才；一样是在做官，而不觉得是在为人民服务。意识里所缺的一点东西却正是所做的事的意义。①

可见，在重建乡土工业的同时，必须重建比知识分子的事业心更重要的乡土情谊。乡土复员的本质是乡土精神的复原，是乡土意识和桑梓情谊的复原。

何谓"桑梓情谊"？"桑梓情谊是一个人对于培育他的乡土社区的感情。一个人做事必须是'有所为'的……个人和他服务对象之间必须有一种感情的联系——和乡土的联系，就是桑梓情谊。"②简言之，桑梓情谊是对乡土的爱和责任，这是服务乡土的精神动力和精神保证。为此，费孝通呼唤重建"桑梓情谊"。1947年12月，费孝通在《漫谈桑梓情谊》一文中，以一段催人反省的诗性语言作

---

① 费孝通：《费孝通全集》（第5卷），内蒙古人民出版社2009年版，第468页。
② 费孝通：《费孝通全集》（第5卷），内蒙古人民出版社2009年版，第467—468页。

为结尾：

> "维桑与梓，必恭敬止。靡瞻匪父，靡依匪母。不属于毛，不罹于里。天之生我，我辰安在。"——桑梓情谊是一种基本的团体精神，我们毫不吝啬的捐弃了，得到的是什么呢？现在应该是我们反省的时候了。①

上文所引《诗经·小雅·小弁》前四句的意思是：屋旁桑梓爹娘种，看到桑梓心恭敬；没人对父不尊重，没人对母不依从。可见，桑梓情谊就是对父母的情谊，对故土的情谊；这也是每一个人应有的对父母之邦的情谊。对于"桑梓情谊"的退化和消失，当年的知识分子应该反省，今天的知识分子仍然需要反省。在建设"美丽乡村"的今天，桑梓情谊仍是一种可贵的精神遗产和精神动力。只有大批具有现代知识和桑梓情谊的新农民，才能建设美丽新乡村，真正实现乡土中国的现代变迁。

费孝通作为中国现代知识分子的优秀代表，作为"乡土复原"的先行者和实践者，一生行行重行行，踏遍青山和绿水，把自己的知识和智慧，献给了挚爱的乡土中国，献给了挚爱的乡村人民。支撑费孝通始终不渝"志在富民"的精神力量，正是心中那一份浓浓的桑梓情谊。

---

① 费孝通：《费孝通全集》（第 5 卷），内蒙古人民出版社 2009 年版，第 471 页。

第十章
从《乡土社会》到《乡土中国》

——《乡土中国》的知识谱系与理论资源

　　读完《乡土中国》，有两个问题尚需探讨：一是《乡土中国》的学术性质，二是《乡土中国》的理论资源。杜甫诗曰："读书破万卷，下笔如有神。"只有读透许多书，方能写出一本书。《乡土中国》全书虽不足六万字，但取资的理论是丰富多样的，应当探究一番。更应当看到的是，美国人类学家雷德斐尔德于 1947 年发表的《乡土社会》一文，对《乡土中国》产生了直接影响，可视为《乡土中国》的理论资源或理论母本，更需要与《乡土中国》对读一番。而通过《乡土中国》与《乡土社会》的对读，《乡土中国》的学术性质，便可豁然开朗了。最后，需要强调的是，《乡土中国》绝非《乡土社会》的简单翻版，而是"以中国的事实来说明乡土社会的特性"的"中国化"的社会学佳作。

一、《乡土中国》的知识谱系

　　关于《乡土中国》的学术资源或知识谱系，岳永逸《乡土中国》（注解本）"导读"之"《乡土中国》的知识系谱"有细心梳理。不妨借花献佛，略述如下。

　　首先，关于西方的学说和著述。《乡土中国》涉及的西方的学说，诸如：孟汉（今译曼海姆）的知识社会学、瓦哈的宗教社会学、叶林（今译埃里希）的法律社会学、席木尔（今译齐美尔）的形式社会学、冯维瑞的系统社会学、派克（今译帕克）的都市社会学、白朗（今译布朗）的比较社会学、弗思的亲属社会学等。

《乡土中国》征引的西方的著述，诸如：孔德的《实证哲学教程》、斯宾塞的《社会学原理》、孟德斯鸠的《法意》（今译《论法的精神》）、亚当·斯密的《原富》（今译《国富论》）、马林诺夫斯基研究特罗布里恩德岛的系列著作、派克和盘吉斯（今译步济时）的《社会学导论》、林德夫妇的《中镇》、弗思的《人文类型》（费孝通译）、槐南（今译沃纳）的洋基城系列、艾勃里（今译恩布里）的《须惠村》、玛格丽特·米德的《美国人的性格》以及本尼迪克特的《文化模式》等。

要真正读懂《乡土中国》，除上述西方的学说和著述，正文中征引的文献著作更应注意。诸如：威廉·詹姆斯的《心理学原理》、查尔斯·维多导演的电影《一曲难忘》、亚当·斯密的《道德情操论》、滕尼斯的《共同体与社会》、涂尔干的《社会分工论》、孙末楠的《民风论》、马林诺夫斯基的《西太平洋的航海者》和《文化论》、斯宾格勒的《西方的没落》、马克斯·韦伯的《支配的类型》和《支配社会学》等。

其次，关于中文文献，除频频征引的《论语》外，还包括经史子集和古文小说。诸如：《孟子》、《中庸》、《大学》、《老子》、《战国策·苏秦以连横说秦》、《礼记》、《释名》、《说文解字》、《三字经》、《项脊轩志》、《西湖梦寻·小青佛舍》、《镜花缘》、《红楼梦》、《包公案》、《施公案》。当代学者的著作，诸如：李景汉的《定县社会概况调查》、潘光旦的《说伦》和《冯小青·一件影恋之研究》等。

费孝通写成《乡土中国》最重要、最直接的学术基础，还是其此前脚踏实地的田野调查、理论思考和学术著述。诸如，广西瑶山调查成果《花篮瑶社会组织》、江苏太湖南岸开弦弓村调查成果《江村经济》、云南禄村调查成果《禄村农田》以及由他指导完成的魁阁系列研究。除此之外还有：*Earthbound China*、《内地农村》、《人性和机器：中国手工业的前途》、《重访英伦》、《工党一年》、《皇权与绅权》以及费孝通翻译的乌格朋（今译奥格本）的《社会变迁》等。①

费孝通晚年在给自己的"译文集"写的"译者的话"中说："我翻译外国人写的书，始终是和我自己的学术研究密切配合的、是相辅相成的，从这些译作中也可以了解到我思想发展的背景。"② 青年费孝通于 1935 年翻译出版了奥格本的《社会变迁》，原因就是，"这本书能够比较完满地回答我在考虑社会变动时所想到的一些问题"③；而《乡土中国》最后三篇谈论"乡土中国的社会变迁"，就是以奥格本的"社会变迁主要是文化的变迁"的理论为基础的。

其实，上述知识源并非全部。20 世纪 20 年代以来，顾复、杨开道、乔启明等中国学者关于"乡村社会学"的学说，始于 20 世纪 20 年代的乡村建设运动等，都是《乡土中国》写作的基础。如本书第四章所述，《乡土本色》、《文字下乡》、《再论文字下乡》、《差序格局》诸篇，文中谈到中国农民的"愚"、"贫"、"弱"、"私"等，就是针对晏阳初在《中华平民教育促进会定县实验工作大概》等文章中提出的"四个问题"而发的。

一部经典的真正意义是汲员不尽的。一部著作的知识来源同样是说不尽的。1828 年 12 月 16 日，歌德与爱克曼有一番关于"文化教养来源"的对话。当天的话题，是关于德国批评界争论歌德与

---

① 岳永逸：《乡土中国·导读》，载费孝通著、岳永逸注解《乡土中国》（注解本）中华书局 2020 年版，第 12—23 页。

② 费孝通：《费孝通译文集》（上册），群言出版社 2002 年版，第 3 页。

③ 费孝通：《费孝通译文集》（上册），群言出版社 2002 年版，第 1 页。

席勒的某些作品，谁是真正的原创者。爱克曼对歌德说：在德国，"人们怀疑这个或那个名人是否有独创性，要追查它的教养的来源"。歌德听后，哈哈一笑，认为这是德国人的一种"庸俗市民习气"。然后，歌德对"教养来源"问题作了精辟阐释：

> 那太可笑了，那就无异于追问一个身体强健的人吃的是什么牛、什么羊、什么猪，才有他那样的体力。我们固然生下来就有些能力，但是我们的发展要归功于广大世界千丝万缕的影响，从这些影响中，我们吸收我们能吸收的和对我们有用的那一部分。我有许多东西要归功于古希腊人和法国人，莎士比亚、斯泰恩和哥尔斯密给我的好处更是说不尽的。但是这番话并没有说完我的教养来源，这是说不完的，也没有必要。关键在于要有一颗爱真理的心灵，随时随地碰见真理，就把它吸收进来。①

歌德的这段话，道出了"文化教养来源"的规律。它至少包含三层意思：一是教养的来源是说不完的，也没有必要去追查，"那无疑于追问一个身体强健的人吃的是什么牛、什么羊、什么猪"；二是在广大世界千丝万缕的影响中，还是有主次、深浅之分的，对歌德来说，古希腊人和法国人，莎士比亚、斯泰恩和哥尔斯密，其影响更重要、更深刻；三是一个人教养的形成，最终取决于本人的学习能动性和积极性，亦即"关键在于要有一颗爱真理的心灵，随时随地碰见真理，就把它吸收进来"。

就费孝通的学术修养来说，一方面，尽管上面罗列的学说和著

---

① ［德］爱克曼辑录：《歌德谈话录》，朱光潜译，人民文学出版社 1978 年版，第 177—178 页。

作，颇有令人眼花缭乱之感，但同样是说不完的。没有说出来的远比说出来的多得多。另一方面，《乡土中国》在理论上确是有所本的，雷德斐尔德的《乡土社会》可视为《乡土中国》的理论母本，它对《乡土中国》产生了直接的影响。

1993 年，费孝通在《一生学术历程的自我思考》中说："我在美国（1947）时特别欣赏 R.Benedict（本尼迪克特）的《文化模式》和 M.Mead（米德）的《美国人性格》。"[①] 其实，这两本书正是《乡土中国》方法论的来源。关于前者，1948 年，费孝通在给雷德斐尔德的信中写道："我已经用中文写了一本关于中国农村的小书，这本书事实上也可以称是一项中国文化模式的研究。但我并不像本尼迪克特那样从民族性方面处理材料，而是偏重于结构的分析。"[②] 关于后者，费孝通在《乡土中国·后记》中明确交代："去年春天我曾根据 Mead 女士的 *The American Character* 一书写成一本《美国人性格》……这两本书可以合着看，因为我在这书里是以中国的事实来说明乡土社会的特点，和 Mead 女士根据美国的事实说明移民社会的特性在方法上是相通的。"[③] 可见，《乡土中国》的研究方法，受到了本尼迪克特的"文化模式"和米德的"类型比较"的双重影响。

但是，《乡土中国》对中国社会乡土特性的具体分析，则直接受到雷德斐尔德《乡土社会》的启发和影响。20 世纪 80 年代，美国学者大卫·阿古什在《费孝通传》中，在未见直接材料的情况下，猜测《乡土中国》可能受到雷德斐尔德《乡土社会》的影响，因为他发现，"《乡土中国》未提到雷德菲尔德的名字，但民俗社会（亦

---

① 转引自张江华：《"乡土"与超越"乡土"：费孝通与雷德斐尔德的文明社会研究》，《社会》2015 年第 4 期。

② 费孝通：《中国文化的重建》，华东师范大学出版社 2014 年版，第 173 页。

③ 费孝通：《乡土中国》，人民出版社 2015 年版，第 120 页。

即"乡土社会")的各种特点在书中都可以看到"①。事实上，1948年9月1日，费孝通在给雷氏的信中，直接点明了《乡土中国》与《乡土社会》的内在关系。他写道：

> 我已经阅读了你的《乡土社会》一文，事实上我也在我的新书《乡土中国》中使用和发展了你的观点。这本书在中国发行已超过 8000 册。②

费孝通明确表示：《乡土中国》"使用和发展"了《乡土社会》的理论观点，《乡土社会》是《乡土中国》的理论来源。

细读雷德斐尔德的《乡土社会》，确实可以把它视为《乡土中国》的理论母本。下面，先解读《乡土社会》的全文要义，再把《乡土中国》与《乡土社会》作一番对读，以见费孝通对《乡土社会》的"使用"和立足"乡土中国"的"发展"。

二、《乡土社会》的理论要义

瑞德斐（即今译雷德斐尔德或芮德菲尔德）的《乡土社会》③，1947 年发表于《美国社会学刊》。1948 年，瑞德斐来华讲学。同年，《乡土社会》一文由张绪生翻译，刊发于 1949 年《燕京社会科学》（年刊）第二卷。译文前，译者有一则按语，对作者概况和译文缘起，作了简要说明：

---

① ［美］戴维·阿古什：《费孝通传》，董天民译，时事出版社 1985 年版，第114 页。

② 转引自张江华：《"乡土"与超越"乡土"：费孝通与雷德斐尔德的文明社会研究》，《社会》2015 年第 4 期。

③ 以下凡引自瑞德斐《乡土社会》中译文者，不再作注。

本文原著者瑞德斐氏（Prot.Robert Redfield）现任美国芝加哥大学人类学系主任。瑞氏为美国当代著名人类学家之一，在北美中美各地之初民社会考察研究多年。此"乡土社会"概念为其多年实地考察经验之结晶。去年冬天瑞氏曾来燕京大学讲学，并领导关于此概念之讨论。译者曾数度与之请教有关乡土社会诸问题，深觉其理论架构周密，事实例证宏富，颇有助于了解原始社会之一般特性。兹特译出，以志纪念。

《乡土社会》中译本，约 17000 言。开篇的"摘要"，概括了全文要义：

以初民社会或乡土社会的典型与现代都市社会作比较可以帮助我们了解社会。一个典型的乡土社会是范围小的，与外界隔绝的，无文字的，同类的，团结意识强的社会。其生活方式历代因袭而成为一种结合在一起的系统，我们称之为"一个文化"。其行为是传统的，自动的，无批判性的，亲切的；没有立法或实验的习惯，也没有推理的反映。亲族、亲属关系及亲族制度都是经验的类型，家群是他们的活动单位。神秘性的事物多于世俗性的事物；经济活动属于身份的，多过属于市场的，这些性质及一切与此相关的特性，均将以"乡土心理"一词再作解释。此种典型乡土社会的概念可以帮助我们作比较社会或社会变迁的研究，同时我们更发现乡土社会因为与其他社会发生关系所以产生各种问题及其解决方法。文化解组及世俗化的关系即其一例。

全文分三大部分，依次对上述乡土社会的特性作了深入阐述。下面按本书解读体例，先给每一部分拟出标题；再根据每一部分的论述层次，拟出小标题，概括其要义。

（一）《乡土社会》的学术性质与"乡土社会"的诸种观点（1—7段）

第一部分属于"引言"性质，主要谈两个问题：一是阐述《乡土社会》的写作目的和学术性质；二是介绍前人关于乡土社会特性的诸种观点，作为本文的理论背景。可分三点来讲。

1.《乡土社会》的学术性质（1—3段）

类型比较，是社会人类学社区研究的基本方法。所以，"欲求了解一般的社会和特殊的现代都市社会，须研究与我们的社会最不相似的初民社会或乡土社会"，从而作为类型比较的参照系。从这个意义上说，《乡土社会》的学术性质，不是对某一个具体的乡土社会的调查研究，而是在已有的具体研究的基础上，对理想的乡土社会的共同性质作抽象概括，归纳出一个"与我们现代都市社会相对比的一个类型"。

关于理想的乡土社会的类型或典型的含义和意义，瑞德斐阐述了三层意思。其一，"此种类型是理想的，是一个心理上的虚构"。换言之，这是一种抽象的理论假设，没有一个实际的乡土社会与此严格相合；而且，"我们所加的要素越多，越难有实际的社会与之完全相合"。其二，理想典型的建立，可以作为认识具体乡土社区的参照系，并根据与理想典型近似程度的不同排列起来；即"一旦此典型构成，我们则可把所有的社会按近似典型程度的不同排列起来。此概念告诉我们每个实际社会多少都有些'乡土性'"。其三，理想典型的建立，具有双重的方法论意义，即"我们藉此可以发现问题，也许更可找到答案。第一，我们因之可以发现是否有些性质是某些社会所共同具有的。其次，使我们进而追究其所以如此的理由"。或者说，理想类型的建立，可以作横向的比较研究，也可以作纵向的变迁研究。

2.“乡土社会”特性的诸种观点（4—6段）

社会人类学产生于 19 世纪初，它以初民社会或乡土社会作为自己的研究对象。一百多年来，人类学家对乡土社会的特性，从不同角度作出了各种解释。因此，瑞德斐认为：“想要描述一个典型的乡土社会，必须考虑到过去许多学者对乡土社会的研究及其所举出的各种特性。”瑞德斐从三个角度例举了不同学者的观点。

一是通过与现代都市社会的比较，揭示乡土社会的特性。美国人类学家戈登魏瑟（今译戈登威泽）举出五个初民社会的特性：一是小的、与外界隔离的、无文字的；二是表现出土著的文化；三是其人民在知识、态度及功能等方面是很少歧异的；四是个人在社会里并不是明显的单位；五是知识没有清楚地系统化。

二是通过社会形态在不同时代的比较，揭示乡土社会的特性。英国法学史家梅因在《古代法》中，即“据此把以亲属为基础的社会与以地域为基础的社会作对比；把注重身份的社会与注重契约的社会作对比”。亲属社会与身份社会属于乡土社会，地域社会与契约社会属于都市社会。梅因在“原始社会与古代法”一章结尾写道：“所有进步社会的运动，到此处为止，是一个‘从身份到契约’的运动。”[①] 这是梅因关于社会变迁的最著名的创见。

三是“把这些社会的各方面与已知的或已有名称的社会作比较”。例如退尼斯（今译滕尼斯）的《共同体与社会》关于社区与社会之对比；前者只是人与人在一起生活发生关系，并没有任何人加以思考的意识，后者则是独立的个人为了达到共同的目的，经过思考协议所造成的关系。又如杜尔干（今译涂尔干）《社会分工论》指出：“由共同态度与感觉所生出的社会团结意识与由互相补充的功能关系所生出的社会团结意识之不同”。这也就是费孝通在《乡

---

① ［英］梅因：《古代法》，沈景一译，商务印书馆 2023 年版，第 112 页。

土本色》中所说的："前者是'有机的团结'，后者是'机械的团结'。用我们自己的话说，前者是礼俗社会，后者是法理社会。"

细读全文，上述各家观点，尤其是戈登魏瑟关于初民社会的五个特点，基本上都被瑞德斐融入了《乡土社会》之中。

3."乡土社会"理想模型的功能和原则（7段）

最后，瑞德斐重申了建立乡土社会理想模型的功能和原则。首先，"我们创造出某种类型只是为了对社会的了解"，"其功能在于提示我们研究实际社会时所应注意的方面，并告诉我们合于一般社会情形的假设"；其次，虽然"此种类型是一个想象中的实体"，但只有"根据实际社会及科学思想而造成的假设比较最可靠"。

（二）"乡土社会"的基本特征（8—36段）

第二部分是全文主体，集中论述乡土社会的基本特征。"摘要"对具体特征作了简明概括。从8—36，共29段；参照"摘要"，可分五个问题。

1."一个典型的乡土社会是范围小的，与外界隔绝的，无文字的，同类的，团结意识强的（熟人）社会"。这是乡土社会的基本特点。8—15段，可分五层。

一是规模小。"乡土社会是个小社会，其中的人都是彼此熟识，且长时期在一起彼此关联着的"。西部树顺尼族社会中，由祖房家庭在冬天组成的临时村落，差不多只有一百个人。在西南区帕布罗人的社会里，最多只有数千人。（8段）

二是与外界隔绝。"乡土社会是一个与外界隔离的社会"。有的住在他们的小山谷里很少离开，采集食物的民族则在相当有限的范围里移动，这是一方面；另一方面，"在社会内的人们有亲密的交往"。不过，"并未与其他社会的人有交往"。最为典型的是齐齐加厅哥社区中的人和吉卜赛人。（9—12段）

三是无文字。乡土社会没有书籍，"人民只以口述彼此交往"。无文字和无书籍，就"没有记录下来的信仰，就没有文明人所有的历史意识，没有神学，没有实验的记录以为科学的基础"。除器具与不易毁灭的制造品外，"经验累积的唯一形式就是人的年岁渐长智慧也渐增加"。因此，"老年人是有声望有权力的，青年人只有到老年才能一样地具有声望与权力"。（13 段）

四是同质性高。乡土社会的人生活范围小，不与外界接触，"地缘及血缘的人口体质上的一致性"，极为明显。在理想的乡土社会里，"任何一个人之所知与所信，即是所有人之所知与所信。习惯与风俗是一样的"。从这个意义上说，乡土社会是"变动很少"的同质性社会。（14 段）

五是团结意识强。他们"彼此间有亲密的交往，每个人都强烈地希望着别人的同情"。而且，他们重视自己的相似性，觉得自己的比外人的更有价值。"他们对自己称'我们'以抵制局外的'他们'"。（15 段）

2.理想的乡土社会技术简单、分工很少、经济独立、"其生活方式历代因袭'而成为一种结合在一起的系统'，我们称之为'一个文化'"。这是乡土社会文化类型的特点。16—21 段，可分五层。

一是技术简单。与其说，"一个理想的乡土社会的技术比较简单"；不如说，"初民所用的工具多是'基本的工具'，而'次级的工具'（用工具造成的工具）或'三级的工具'（用次级的工具所造成的工具）则较少。没有繁复的，迅速的，机械的制造品；很少或未能应用自然力"。（16 段）

二是分工很少。"乡土社会里分工很少：一个人所做的事，也往往就是所有的别人所做的事"。与乡土社会的同类性有明显例外的是"男女有别"，"男人所知所为与女人所知所为是不同的"。所以，"男人具有共同的兴趣，也有共同的生活经验"。（17 段）

三是经济独立。"一个理想的乡土社会是经济独立的一群人：这些人消费他们所生产的，生产他们所消费的"。安达曼人的有些小群体，"可以不靠他人而自给自足，然而这些小群彼此之间也常按节期送礼的方式互通有无"。(18段)

四是乡土社会因生活方式历代因袭而形成"一个文化"。首先，"乡土社会内的人解决其重复出现的生活问题的方法是历代因袭下来的方式；这些传统化的方式又彼此互关造成一个有连续性、自我一致性的体系"。这种体系就是乡土社会的"一个文化"的特性。其次，所谓"一个文化即是由因袭下来的了解所形成的一个组织或整体，也是表现并维持此种了解的活动及目的。这些活动及目的是可以代表此社会典型之特征的"。再次，"在乡土社会中，此种整体或体系满足了个体从生到死的需要，也满足了社会在各时期各年代中的需要"。最后，"借着此种体系的陈述，可以使我们描写出此种社会并看出它与其他社会的区别来"。[1]（19段）

五是"一群暴徒"不是"一个乡土社会"。首先，一群暴徒中每个人所做的事是相同的，然而这只是一件急迫而特殊的事，与传统无关。其次，一群暴徒没有文化。一个乡土社会表现文化的程度最深。再次，一群暴徒是一群人同时做一件简单的事。一个乡土社会是一群有组织的人同时或继续地做许多不同的事。最后，暴徒的行动只有一个注意的目标。乡土社会的人民则在任何一个时间里做着许多不同的事，并表现着集体的情操与概念。(20段)

例如，印第安人动员整个部落、富于仪式感的一场战争，不同于一群暴徒的行动。(21段)

---

[1]　关于乡土社会的"一个文化"，瑞德斐在《农民社会与文化》（王莹译，中国社会科学出版社2013年版）第三章"全社会围绕着'传统'而做的组织工作"中有进一步阐述，并由此提出了"大传统与小传统"的著名观点。

3. 理想的乡土社会中的人，"其行为是传统的，自动的，无批判性的，亲切的；没有立法或实验的习惯，也没有推理的反映"；这实质是"一个文化"的具体表现。22—28段，可分四层。

一是"人的行为是传统的"。首先，在乡土社会里，"传统的行为是被强固地铸成一种型式的：易于形成一种类型或模式"；其次，进一步说，"这些人所觉得应做的各种模式与他们相信已做的各种模式调谐一致"；再次，"乡土社会的文化是那些整体中之一，这整体是较部分更为重要的"，如果分割其一部分，即会影响到其他部分。（22段）

二是"人的行为是自动的，无批判性的"。这一特性可以从对帕帕哥人的研究中看出。首先，帕帕哥人战时各种特殊活动，均依一些共同了解的原则和公理而行。有关此公理的许多小活动都是被默认的。因此可以说，"乡土社会中人民对其生活中的目标是视为当然而不加疑问的"。其次，乡土社会的存在有赖于"大家对其目标的共同了解"。因此，"乡土社会之风纪，不靠权力或教条的约束，也不靠某一个行动的原则，而是靠造成生活全体的各种调谐一致的行为与概念"。再次，"简言之，乡土社会的人民的行为是传统的，自发的，不加批判的"；"传统是关于此类的活动的最高权威"。（23—24段）

三是"没有立法或实验的习惯，也没有推理的反映"。首先，乡土社会是身份社会而非契约社会。"人们的行为没有形式上的契约或其他合同"，"个人的大部分的身份在一生下来时均已固定"。其次，乡土社会遵守的是习惯法而非成文法。人们的权利与义务是由于习惯的程序而得到保证；"立法在乡土社会中没有地位"，法典编纂及法律学更是谈不到了。再次，在理想的乡土社会里，"没有客观，没有自定的知识系统"；也没有"自动地养成分类，实验，抽象研究等等习惯，更从未有纯学理的探究"。有普通实际的知识，

但无科学。（25—27段）

四是乡土社会中人的"行为是亲切的"，并以拟人化的态度看待世界。首先，与乡土社会作为熟人社会相关的另一特性，即"行为是亲切的（personal）而不是形式的（impersonal）"；在乡土社会的小世界里，"一个人并未把别人以非人的（对物的）态度看待"。其次，有许多人类以外的东西也被当作人看待。"他们按着个人内在的经验——希望，恐惧，感觉，兴趣——把他们的行为模式投射到一切他们所接触到的物体上"。再次，"自然界也被视为有人性的"。各种元素，景色，动物，尤其是有些特性与人类之外形或行为相像的东西，"都被归属于具有人性的一类"。（28段）

4. 理想的乡土社会，"亲族、亲属关系及亲属制度都是经验的类型，家群是他们的活动单位"。这是乡土社会的亲族、亲属本质和社会结构特性。29—32段，可分四层。

一是乡土社会是亲属社会。首先，在理想的乡土社会里，"亲属关系形成了一个模式，所有人与人的关系都可以在此模式内找到传统的关系，亦可在此模式内分门别类"。其次，每个人在亲属关系中的地位不同，"父亲与母亲不同，孙子与侄子不同，各类亲切的关系也是不同的"；这实质说亲属关系的结构是一种"差序格局"。再次，乡土社会作为亲属社会，"其结果是一群人亲密的及类别的关系造成家族的特征，并且个人间血统亲属的关系有扩展到整个社会的趋势。亲属成了人们各种经验的类型"。（29段）

二是乡土社会亲属制度的表现。首先，在乡土社会里，"每个人的各种家族关系都分得很清楚"。一个母亲的兄弟可以希望他姐妹的儿子做某件特殊的事，而一个父亲的兄弟则不能希望他的兄弟的儿子做那件事。其次，亲属关系有向外扩展的趋势。"许多初民社会把亲属名称及亲属行为加之于一些毫无血统关系的人身上，然而这些人都被当作亲属看待"。再次，在乡土社会中，未由谱系关系所产生的关系很少，即或有，也常是以亲属关系为特性。如仪式的亲属关系普通多是血盟兄弟（blood brotherhood）、教父教母关系等。（30段）

三是亲属关系的两种类型。其一，"注重夫妻的联系，比较不注重父系母系之对比"。此种社会中每个祖房家族是社会单位，家族以外的亲属关系是次要的。其二，"重视一方面的亲属关系。结果把社会分割成若干相等的亲属单位。其形势往往是扩大的家群或联合家族"。如中国，就是重视父系家族。此外，"乡土社会的婚姻是与血缘亲属有关的事……此种社会中浪漫的爱情很难被视为主要的原则"。（31段）

四是"家群"是乡土社会活动的单位。首先，"乡土社会可视为由家族所组成，而不是由个人所组成"。亲属团体内团结意识很强。个人对其亲属负责，亲属也对个人负责。其次，"维持血统关系的趋势造成了联合家族与氏族。一个人所闯的祸，就等于对其亲属团体加害一样"。再次，从婚姻形式中也可以看出乡土社会的单位是家族而不是个人。"有许多初民社会中弟弟可以娶寡嫂，妹妹可嫁失偶的姐夫"等，这也表现了婚姻与亲属团体的关系。（32段）

5. 乡土社会是一个"神秘性的事物多于世俗性的事物"的神秘社会。这是乡土社会的民风特性。33—36段，可分三层。

一是乡土社会是神秘的社会。首先，乡土社会遗传的生活方式形成独特的民风。"民风亦有道德观念之含义——具有道德价值之行为或思想方式"。其次，这种独特民风表明它是神秘社会。"社会中的人对传统的文物制度均视为当然，不容置疑。如加置疑，即干众怒"。再次，传统的价值不容怀疑。"在乡土社会中，无须有效的社会制裁，一个人对传统的价值是不会怀疑的"。（33段）

二是乡土社会的神秘性与习惯、传统和仪式的关系。首先，"神秘性至少一部分是由于习惯之养成"；个人感官已养成习惯，"改变使他的身体不适，或根本不愿有改变的意念存在"。其次，"神秘性与乡土社会中共同的传统，信仰与概念有关"。再次，乡土社会中仪式与礼节有合一的趋势，"而礼节仪式常是趋于神秘性的而不是世俗性的"。（34 段）

三是神秘事物往往表现出"与众不同"的特点。首先，神秘事物往往与神圣不可侵犯的或危险的事物相继出现或伴随而来。如帕帕哥印第安人作战凯旋，带回被杀的阿北克人的人头，据说这人头的头发就"包含"超自然能力。其次，"神秘的特征常扩展到人们谋生的活动和人们的食料"。如食料也往往人格化了而变为神秘性的。再次，理想的乡土社会里，手段"本身都是目的"。任何事都不只是达到目前实际目的的手段。"所有的活动，连生产手段在内，本身都是目的，为了表现社会的最后价值"。（35—36）

以上 5 个方面，核心所在，即乡土社会是一个规模小的"彼此熟识"的熟人社会。其他所谓"一个文化"、推崇传统、亲属制度、神秘风俗，都与规模小的"彼此熟识"的熟人社会相联系，而与规模大的现代都市社会相区别。

（三）乡土社会的文化解组和社会变迁（37—51 段）

第三部分从乡土社会的引申特性说起，集中论述乡土社会的多样性以及受都市文化影响而出现的文化解组和社会变迁。可分 4 个问题。

1. 乡土社会的其他特性，如乡土心理和缺乏商业等。（37—41 段）

一是乡土社会的乡土心理，它有两种表现。首先，乡土心理的突出表现是"巫术很普遍"。在乡土社会里，"有效的技术活动常是与巫术活动混在一起的。其形式往往像一出戏剧；表现人们所希望的一张图画"。（37 段）其次，初民的思维与中世纪人的思维相似，是一种象征主义的思维方式，盛行"万物有灵论"或"神人同形论"。

有学者因此把都市人"因果性"的思想与初民"拟人性"的思想作一比较。（38—40 段）

二是在乡土社会里，市场缺少经济行为的特性。"人们都受了各种宗教的和亲属的限制，没有商业活动的余地"。货物与劳役的分配是传统的，由身份关系决定的。物物交换是一种礼尚往来的或仪式性的活动。（41 段）

2. 乡土社会因条件不同发展出不同的社会生活方式。（42—44 段）

一是乡土社会历史悠久。从人类漫长的历史看，人们长期生活在小范围的乡土社会中，变化快速的世俗化社会是近数百年的事，都市生活是最近才开始的。（42 段）

二是不同的乡土社会按其特殊环境发展成它们特殊的生活形式。极带的爱斯基摩人（因纽特人）、夏罗德皇后岛上定居的海达人、游牧的康曼智族、非洲西部许多土著的国族以及中国的乡土社会，各自的生活方式都不同。（43 段）

三是"世界上的各种社会，并不是依固定的次序，根据'乡土特性'之不同而排列起来的"。（44 段）

3. 以犹嘎旦四个社区守神节日仪式的不同为例，说明乡土社会的文化变迁和文化解组的趋势。（45—48 段）

一是研究犹嘎旦一些社区中在守神节日之不同可以看出某些相互依赖着的关系。所有的四个社区因距离都市的远近而受到都市不同程度的影响。（45 段）

二是通过四个社区的比较，主要的结论是："在犹嘎旦半岛上比较与外界有交往的，比较歧异复杂的社会，也是比较世俗化的，个人化的，并且有文化解组之性质的。在犹嘎旦之变迁中，我们更可以看出其各种变迁的特性间彼此的相互关联，尤其是文化解组与世俗化之间的关系"。（46—48 段）

4.再次强调乡土社会的复杂多样性取决于环境影响和与其他社会发生关系。（49—51 段）

一是在犹嘎旦社区，乡土社会各种典型特性是互相关联的，而在危地马拉社区则并不互相关联。（49 段）

二是美国西部近代许多社会家族制度破坏，和危地马拉村落里家族制度削弱，原因各不相同（50 段）

三是在某些条件下，一个有文字或部分都市化的社会可以是重商的，也是神秘的；而在其他条件下，一个近似乡土社会的民族可以是个人主义的，重商的，或世俗性的。总之，"重要的是那些决定各种性质的条件"。（51 段）

读完《乡土社会》，确实可以同意阿古什的判断：在《乡土中国》中，"民俗社会的各种特点在书中都可以看到"；甚至，《乡土社会》中的一些命题、论述和材料，都可以在《乡土中国》中看到。

三、"以中国的事实来说明乡土社会的特性"

《乡土中国》与《乡土社会》对读，可以发现二者在学术性质、论述结构、乡土特性以及具体论述诸方面，具有或隐或现的联系。

其一，学术性质，二者一致。如瑞德斐所说，《乡土社会》的目的是建立理想的乡土社会的类型或典型，"此种类型是理想的，是一个心理上的虚构"，即这是一种抽象的理论假设；而理想典型的建立，可以作为认识具体乡土社区的参照系。

在费孝通看来，《乡土中国》属于社区研究的第二步的工作。他在《乡土中国·后记》中说："社区分析的初步工作，是在一定时空坐落中，去描画出一地方人民所赖以生活的社会结构。在这一层上可以说是和历史学的工作相通的。"换言之，就是用实地观察方法研究一个具体社区。"社区分析的第二步是比较研究，在比较不同社区的社会结构时，常会发现每个社会结构都有它配合的原则，原则不同，表现出来结构的形式也不一样。于是产生了'格式'的概念。"《乡土中国》就是社区研究第二步的成果。如《旧著〈乡土中国〉重刊序言》所说，"它不是一个具体社会的描写，而是从具体社会里提炼出的一些概念"，旨在发现"包含在具体的中国基层传统社会里的一种特具的体系"；其功能，既在理论上作总结，又用以指导实地调查研究。

但是，二者的着眼点有所不同："费孝通认为，只有对中国乡土多样性的类型积累足够多的经验研究之后，才可能对中国社会整体进行归纳与总结；雷德菲尔德则在初步进行了一些经验研究之后，就试图提出有关文明社会的一种普遍性模式，而将具体社区的多样性理解为文明进步与社会变迁上的差异性。"① 概言之，费孝通提炼的是乡土中国的文化模式，瑞德斐则试图提出乡土社会的普遍性模式。

其二，论述结构，二者相似。《乡土社会》全文三部分，第一部分阐述文章的学术性质，二、三部分论述"乡土社会"的特性。对乡土特性的论述，可分三个逻辑层次：首先阐明乡土社会是规模小的、由"彼此熟识"的人组成的熟人社会；然后依次论述乡土社会一系列互相关联的特性，诸如"隔绝性，一致性，象征自然，以人比拟自然，重视亲属关系，高度的文化组织，制裁及制度的神秘性"等；最后论述乡土社会的社会变迁和文化解组。

《乡土中国》的论述结构，与之基本一致。第一篇《乡土本色》揭示乡土中国是一个聚村而居的"熟人社会"；从第二篇开始，论述乡土中国一系列互相关联的特性，诸如无文字、亲属社会、差序

---

① 张江华：《"乡土"与超越"乡土"：费孝通与雷德斐尔德的文明社会研究》，《社会》2015 年第 4 期。

格局、家族制度、男女有别、无讼即无立法、重视传统的长老统治等；最后三篇，从三个角度论述乡土中国的社会变迁。

其三，乡土特性论述，彼此相似。《乡土中国》14篇论"乡土中国"的特征，与瑞德斐对"乡土社会"特征的论述，具有直接或间接的联系。以"摘要"为主，依次对读如下：

1."乡土社会是范围小的、与外界隔绝的""其中的人都彼此熟识"：《乡土本色》之"熟人社会"与"礼俗社会"；

2."无文字的，同类（同质性）的"：《文字下乡》、《再论文字下乡》，乡土中国之"无文字社会"；

3."人们的经历与行为由亲属关系及其制度决定"：《差序格局》、《系维着私人的道德》，乡土中国之"差序格局"与"差等之爱"；

4."家族群体是他们活动的单位"：《家族》、《男女有别》，乡土中国的家是事业性的"小家族"；

5."群体团结意识强""不实行立法"：《礼治秩序》、《无讼》，乡土中国之礼治秩序或习惯法；

6."神秘性的事物多于世俗性的事物"：《长老统治》之"人们的行为有传统的礼管束着，稳定的文化传统是有效的保证"；

7."经济活动属于身份的，多于属于市场的"：《血缘与地缘》之"亲密的血缘社会中商业不能存在"，《从欲望到需要》则描述了经济活动由个人欲望到市场需要的转变趋势；

8."人们的行为是传统的，自动的，无批判性的"：《名实的分离》之对传统的"注释"性变动而非革命性的评判；

9."典型乡土社会概念可以作比较社会或社会变迁研究"：这便是《乡土中国》全书的方法论，概言之，1至11篇侧重于乡土社会与现代社会静态的横向比较，12至14篇侧重于从乡土社会到现代社会动态的变迁考察。

其四，具体论述，直接化用。《乡土社会》中不少论述，经费孝通"采用并发挥",化入了《乡土中国》。仅举三例。

论"血缘和地缘":"在一个乡土社会里的人彼此都很相似……地缘和血缘的人口体质上的一致性也为人所注意并研究……一辈的人彼此相似,到下一辈这些人还彼此相似。老年人觉得青年人渐渐长大,他们所做的,所想的,以及是非之心与自己是一样的。从这方面看,我们也可以说社会里变动很少。"(第14段)

论"男女有别":"乡土社会里分工很少,一个人所做的事,也往往是所有别人所做的事。在理想的乡土社会里,所有的工具及生产方法是'每个人'所共有的……乡土社会的同类性有个明显的例外就是男女有别。男人所知所为与女人所知所为是不同的。此种差异是清楚而无例外的……男人具有共同的兴趣,也有共同的生活经验。"(第17段)

论亲属社会的"差序格局":"所谓亲切的(personal)关系还不止此;更包含亲属性的关系……然而在特殊行为中,所有的关系并不都是相同的。父亲与母亲不同,孙子与侄子不同,各类亲切的关系也是不同的,因此这些不同的关系从最初的谱系关系起始,向外扩展到一切关系中……有各种特殊的形式都表示出乡民把亲属关系向外扩展的趋势。有许多初民社会把亲属名称及亲属行为(减轻其程度地)加之于一些毫无血统关系的人身上,然而这些人都被当作亲属看待"。(第29—30段)这里所谓"父亲与母亲不同,孙子与侄子不同,各类亲切的关系也是不同的"、所谓"(减轻其程度地)加之于一些毫无血统关系的人身上云云,正是亲属社会"差序格局"的特点。

阅读《男女有别》、《血缘和地缘》、《差序格局》等篇,可以发现文中飘动着与以上引文相同的观点和相似的论述。

《乡土中国》可能是费孝通第二本在学术母本的基础上进行"重新创作"的书。第一本便是在 Mangaret Mead 的 *The American*

Character 一书基础上"翻译和创作"的《美国人的性格》。费孝通在该书《后记》中写道："我决定翻译那本书。可是这是本美国人写给美国人读的书，假如我按字翻译，对于中国读者必然会感到隔膜。于是我想不如依这本书的见地重写一道罢……说是编译，对不起原书；说是创作，又未免掠美。如果一定要题个名，最好是说是'读书笔记'，是翻译和创作之间的东西。"① 当然，"翻译和创作"的《美国人的性格》，与"采用并发挥"瑞德斐观点的《乡土中国》，在学术创新性上，二者是有本质区别的。

费孝通晚年在"答客问"中，曾谈到《乡土中国》和《生育制度》，认为《乡土中国》是"几本重要的书"之一，而《生育制度》则是"我最好的著作"。他说："那时我写了一本我喜欢的理论著作《生育制度》（1947年）。我喜欢那本书。它是我最好的著作之一。它是偏重理论性的著作，是人类学的而不是政治分析。"② 钟爱之情，溢于言表。其实，《乡土中国》同样是"偏重理论性的著作，是人类学的而不是政治分析"；而且，数月之内"发行已超过8000册"。但是，费孝通远没有表现出像对待《生育制度》那样的钟爱之情。这是否与《乡土中国》"采用并发挥"而《生育制度》"纯为原创"有关？

关于《乡土中国》与《乡土社会》的关系，有三点需要明确。其一，如前所说，瑞德斐试图提炼的是"乡土社会"的普遍性模式，而费孝通提炼的则是"乡土中国"的文化模式，二者是普遍与特殊的关系。人类的乡土社会具有共同性。因此，《乡土中国》的"乡土特性"虽然具有鲜明的中国特色，但与《乡土社会》具有相似之处，则是非常自然的。其二，费孝通对"乡土中国"特征的阐述，并非瑞德斐论说的简单复述，而是融入了自己的生活经验、调查研究和

---

① 费孝通：《美国人的性格》，华东师范大学出版社2013年版，第39页。
② 费孝通：《中国文化的重建》，华东师范大学出版社2014年版，第91页。

学术思考，是"以中国的事实来说明乡土社会的特性"，并对瑞德斐的论说作了创造性的发挥和拓展，实现了"社会学的中国化"。用阿古什的话来说，《乡土中国》的"中国文化模式"，是"从中国农业和农村生活中产生出来"的。[①] 其三，费孝通不仅是杰出的社会学家，也是优秀的散文家，富于文学才情。他对中国社会有细致入微的观察，对风土人情有以心换心的体悟，举例鲜活生动，文笔跳跃灵动，写法"接地气"，从而使《乡土中国》成为一部"用散文笔法写的人类学著作"，因而更能打动读者。这也是《乡土中国》当年成为"畅销书"，今天成为中学生"必读书"的重要原因之一。

1985 年，在《谈写作答客问》中，谈到阿古什的《费孝通传》，费孝通与香港《中国书展》筹委会的采访者有一段对话。

> 问：最近，美国学者阿古什写的《费孝通传》在国内翻译出版了，您对这本书有什么看法？
>
> 答：别人怎么看我，那是别人的事，我不愿发表太多的意见。为这本书，他花了很大的力量，很不容易。不过我觉得最大的缺点，是把我的思想作为一种受了西方影响的思想来分析，从西方的学术发展来评价我。他不了解我东方的"底子"，没有把我当成一个中国学者。我是中国人，我的基本看法，也是中国人的看法。[②]

"他不了解我东方的'底子'，没有把我当成一个中国学者。我是中国人，我的基本看法，也是中国人的看法。"这段话也是我们

---

① ［美］戴维·阿古什：《费孝通传》，董天民译，时事出版社 1985 年版，第 114 页。

② 费孝通：《逝者如斯——费孝通杂文选集》，苏州大学出版社 1993 年版，第 228 页。

谈论《乡土中国》与《乡土社会》的关系时应当记取的。事实上，正因为费孝通具有深厚的"东方的'底子'"，并经过长期的深入中国乡村的调查研究和独立思考，所以才能够以一个中国人独有的视角，"把古中国的精神魂魄勾勒出来"，描画出富于东方韵味的乡土中国的学术肖像，提炼出神形毕肖、富于原创的乡土中国的文化模式；《乡土中国》也因此成为 20 世纪乡村社会学的经典之作。

主要征引文献

（按本书征引顺序排列）

《乡土中国》，费孝通著，人民出版社 2015 年版。

《中国文化史导论》（修订本），钱穆著，商务印书馆 1994 年版。

《资本论》（第一卷），［德］马克思著，人民出版社 1975 年版。

《中国文化的重建》，费孝通著，华东师范大学出版社 2014 年版。

《历史哲学》，［德］黑格尔著，王造时译，上海书店出版社 1999 年版。

《中国学术思想史论丛》（卷一），钱穆著，安徽教育出版社 2004 年版。

《潜夫论笺校正》，（汉）王符著，（清）汪继培笺，彭铎校正，中华书局 1985 年版。

《郑板桥集》，中华书局上海编辑所编辑，中华书局 1962 年版。

《论美国的民主》（上卷），［法］托克维尔著，董果良译，商务印书馆 2004 年版。

《礼记译注》，杨天宇撰，上海古籍出版社 1997 年版。

《乡土重建》，费孝通著，华东师范大学出版社 2019 年版。

《共同体与社会》，［德］斐迪南·滕尼斯著，张巍卓译，商务印书馆 2019 年版。

《中国近代思想家文库·严复卷》，黄克武编，中国人民大学出版社 2014 年版。

《马克思恩格斯选集》（第二卷），人民出版社 1995 年版。

《中国文学史导论》，罗庸著，杜志勇辑校，北京出版社 2016 年版。

《中国哲学简史》，冯友兰著，涂又光译，北京大学出版社 1996 年版。

《梁启超文选》（上），夏晓虹编，中国广播电视出版社 1992 年版。

《中国文化要义》，梁漱溟著，上海人民出版社 2003 年版。

《文化与人生》，贺麟著，商务印书馆 2006 年版。

《朱光潜全集》（第 9 卷），朱光潜著，安徽教育出版社 1993 年版。

《中国人》，林语堂著，郝志东、沈益洪译，学林出版社 2002 年版。

《柏拉图全集》（第四卷），王晓朝译，人民出版社 2003 年版。

《中国人德行》，[美] 亚瑟·史密斯著，张梦阳、王丽娟译，新世界出版社 2005 年版。

《费孝通全集》（第五卷），内蒙古人民出版社 2009 年版。

《菊与刀》，[美] 鲁思·本尼迪克特著，吕万和等译，商务印书馆 1990 年版。

《中国历代政治得失》，钱穆著，生活·读书·新知三联书店 2018 年版。

《释中国》（第一卷），胡晓明、傅杰主编，上海文艺出版社 1998 年版。

《鲁迅全集》（第 1 卷），人民文学出版社 2005 年版。

《鲁迅全集》（第 2 卷），人民文学出版社 2005 年版。

《美国人的性格》，费孝通著，华东师范大学出版社 2013 年版。

《费孝通晚年谈话录（1981—2000）》，张冠生记录整理，生活·读书·新知三联书店 2019 年版。

《师承·补课·治学》（增订本），费孝通著，生活·读书·新知三联书店 2021 年版。

《"差序格局"探源》，阎明著，《社会学研究》2016 年第 5 期。

《"乡土"与超越"乡土"：费孝通与雷德菲尔德的文明社会研究》，张江华著，《社会》2015 年第 4 期。

《从中国历史来看中国民族性及中国文化》，钱穆著，九州出版社 2011 年版。

《评〈乡土中国〉与费孝通》，郑也夫著，《中华读书报》2015 年 9 月 16 日。

《再论"差序格局"的贡献、局限与理论遗产》，翟学伟著，《中国社会科学》2009 年第 3 期。

《评费著乡土中国》，全慰天著，《大公报》1948 年 5 月 20 日。

《评费孝通〈乡土中国〉》，端木蕻良著，《求是月刊》1948 年第 2 期。

《"乡土中国"里的费孝通》，彭明朗著，《江汉论坛》1958 年第 3 期。

《费孝通散文》，张冠生选编，浙江文艺出版社 1999 年版。

《从〈乡土中国〉看费孝通的学术生涯》，陈树德著，《读书》1985 年第 5 期。

《对中国社会学的巨大贡献——纪念费孝通先生从事学术研究 70 周年》，郑杭生著，《江苏社会科学》2006 年第 1 期。

《中外社会科学名著千种评要·社会学》，张静、霍桂桓主编，华夏出版社 1992 年版。

《百年苦梦：20 世纪中国文人心态扫描》，孙郁著，群言出版社 1997 年版。

《美学史》，[英] 鲍桑葵著，张今译，商务印书馆 1985 年版。

《〈乡土中国〉与"乡土"世界》，刘世定著，《北京大学学报》2007 年第 5 期。

《走出乡土：对话费孝通〈乡土中国〉》，陈心想著，生活·读书·新知三联书店 2017 年版。

《普通高中教科书语文必修高一上册》，教育部组织编写，人民教育出版社 2019 年版。

《叶圣陶语文教育论集》，叶圣陶著，高等教育出版社 2015 年版。

《"关系"、社会关系与社会结构》，孙立平著，《社会学研究》1996 年第 5 期。

《文坛五十年》，曹聚仁著，生活·读书·新知三联书店 2011 年版。

《文学圈外文章高手》，李国涛著，《博览群书》1998 年第 3 期。

《〈乡土中国〉导读》，温儒敏著，《乡土中国》人民文学出版社 2019 年版。

《陈康：论希腊哲学》，汪子嵩、王太庆编，商务印书馆 1995 年版。

《龚自珍全集》，（清）龚自珍著，上海人民出版社 1975 年版。

《原诗·一瓢诗话·说诗晬语》，（清）叶燮等著，霍松林等校注，人民文学出版社 1979 年版。

《乡土中国》（注解本），费孝通著、岳永逸注解，中华书局 2020 年版。

《车尔尼雪夫斯基论文学》（中卷），[俄] 车尔尼雪夫斯基著，辛未艾译，上海译文出版社 1979 年版。

《农村社会学》（第三版），刘豪兴主编，中国人民大学出版社 2015 年版。

《当代中国社会学》，孙本文著，商务印书馆 2011 年版。

《农民社会与文化》，[美] 罗伯特·芮德菲尔德著，王莹译，中国社会科学出版社 2013 年版。

《皇权与绅权》，吴晗等著，华东师范大学出版社 2015 年版。

《中国士绅》，费孝通著，生活·读书·新知三联书店 2021 年版。

《白居易集》（第一册），（唐）白居易著，顾学颉校点，中华书局 1979 年版。

《中国乡村：19 世纪的帝国统治》，萧公权著，九州出版社 2021 年版。

《乡村治理的社会基础》，贺雪峰著，生活书店出版有限公司 2023 年版。

《家与中国社会结构》，麻国庆著，文物出版社 1999 年版。

《民国思想文丛·乡村建设派》，郭丽、徐娜编，长春出版社 2013 年版。

《平民教育与乡村建设运动》，晏阳初著，商务印书馆 2014 年版。

《汉代农业》，许倬云著，程农、张鸣译，江苏人民出版社 2019 年版。

《荀子集解》，（清）王先谦撰，沈啸寰、王星贤整理，中华书局 2012 年版。

《寻求中国人位育之道：潘光旦文选》（上、下册），潘乃谷、张海燕主编，国际文化出版公司 1997 年版。

《中国现代学术经典·冯友兰卷》（上、下），刘梦溪主编，河北教育出版社 1996 年版。

《社会学讲义》，费孝通著，华东师范大学出版社 2019 年版。

《世界秩序》，[美] 亨利·基辛格著，胡利平等译，中信出版社 2015 年版。

《从传统到现代》，金耀基著，法律出版社 2017 年版。

《中国文化的精神》，许倬云著，九州出版社 2018 年版。

《西方的没落》（第一卷），[德] 奥斯瓦尔德·斯宾格勒著，吴琼译，上海三联书店 2006 年版。

《中国乡村生活》，[美] 阿瑟·亨德森·史密斯（明恩溥）著，赵朝永译，上海社会科学院出版社 2019 年版。

《江村经济》，费孝通著，华东师范大学出版社 2018 年版。

《禄村农田》，费孝通著，生活·读书·新知三联书店 2021 年版。

《中国家族制度史》，徐扬杰著，武汉大学出版社 2012 年版。

《金翼：一个中国家族的史记》，林耀华著，庄孔韶、方静文译，生活书店出版有限公司 2015 年版。

《一个中国村庄：山东台头》，杨懋春著，张雄等译，江苏人民出版社

2001 年版。

《中国哲学史》（上、下册），冯友兰著，华东师范大学出版社 2000 年版。

《生育制度》，费孝通著，华东师范大学出版社 2019 年版。

《钱穆与七房桥世界》，[美] 邓尔麟著，蓝桦译，社会科学文献出版社 1998 年版。

《中国古代礼仪文明》，彭林著，中华书局 2004 年版。

《中国法律与中国社会》，瞿同祖著，中华书局 1981 年版。

《中国乡约制度》，杨开道著，商务印书馆 2015 年版。

《宋元学案》，（清）黄宗羲著，中华书局 1986 年版。

《中国古代的乡里生活》，雷家宏著，商务印书馆 2017 年版。

《史记》，（汉）司马迁著，中华书局 2006 年版。

《诸葛亮集》，（三国）诸葛亮著，中华书局 2012 年版。

《中国人文学要义》，陈文忠著，安徽师范大学出版社 2021 年版。

《宋诗话考》，郭绍虞著，中华书局 1979 年版。

《论语译注》，杨伯峻著，中华书局 1980 年版。

《论语新解》，钱穆著，生活·读书·新知三联书店 2002 年版。

《四书章句集注》，（宋）朱熹撰，中华书局 2011 年版。

《老子道德经注》，（魏）王弼注，楼宇烈校释，中华书局 2011 年版。

《新编中国哲学史》，劳思光著，生活·读书·新知三联书店 2015 年版。

《秦汉史》，吕思勉著，江苏人民出版社 2014 年版。

《杜诗镜铨》，（唐）杜甫著，（清）杨伦笺注，上海古籍出版社 1998 年版。

《汉书》，（汉）班固撰，中华书局 2007 年版。

《后汉书》，（宋）范晔撰，中华书局 2007 年版。

《汉代三老："非吏而得与吏比"的地方社会领袖》，牟发松著，《文史哲》2006 年第 6 期。

《明代"里老"名称考辨》，杨婉琪、肖建文著，《古今农业》2006 年第 3 期。

《海瑞集》，（明）海瑞著，中华书局 1962 年版。

《梁启超全集》（第九册），梁启超著，北京出版社 1999 年版。

《费孝通译文集》（上、下册），群言出版社 2002 年版。

《社会变迁——关于文化和先天的本质》，[美] 威廉·费尔丁·奥格本著，王晓毅、陈育国译，浙江人民出版社 1989 年版。

《乡村社会变迁》，[美] 埃弗里特·M.罗吉斯、拉伯尔·J.伯德格著，王晓毅、王地宁译，浙江人民出版社 1988 年版。

《歌德谈话录》，[德] 爱克曼辑录，朱光潜译，人民文学出版社 1978 年版。

《费孝通传》，[美] 戴维·阿古什著，董天民译，时事出版社 1985 年版。

《乡土社会》，[美] 瑞德斐著，张绪生译，《燕京社会科学》1949 年。

《古代法》，[英] 梅因著，沈景一译，商务印书馆 2023 年版。

《逝者如斯——费孝通杂文选集》，费孝通著，苏州大学出版社 1993 年版。

后　记

　　本书是一部在对《乡土中国》全书作系统梳理基础上进行深度研究的学术著作。这篇后记，略谈三个问题：一是本书写作的挑战，二是本书内容的构成，三是本书阅读的策略。了解这三个问题，对本书读者或不无帮助。

　　写作本书，对笔者是一个挑战。我贸然进入了一个全然陌生的学科领域。粉笔生涯四十年，我一直以文艺学和美学的教学研究为业，一直以亚理斯多德《诗学》和黑格尔《美学》、刘勰《文心雕龙》和王国维《人间词话》为伴。费孝通先生的《乡土中国》则是一部"乡村社会学"著作，属于社会学或文化人类学领域。文艺学与社会学是两个虽有联系但性质不同的学科：前者虚，后者实；前者以虚幻的审美世界为研究对象，后者以现实的社会生活为研究对象；前者着眼于艺术文本的分析解读，后者着眼于社区生活的田野调查或从具体社会里提炼出理论概念；如此等等。

　　研究一部书不同于阅读一部书。阅读致力于知其然，研究必须知其所以然。而部分从属于整体，部分只有通过整体才能被理解，反之，整体只有通过部分才能被理解。因此，要对《乡土中国》这部"乡村社会学"著作"知其所以然"，必须真正进入社会学和乡村社会学的领域。根据以往的教学研究经验，进入一个学科领域，必须具备三方面条件或学养：一部历史，一本概论，若干经典。了解历史，以辨章学术，考镜源流；阅读概论，以把握体系，明确范围；细读经典，以揣摩典范，掌握学术分寸。为了进入这个领域，我便不断扩大阅读范围，努力增加社会学和文化人类学知识。具体而言，研读孙本文的《当代中国社会学》和吴文藻的《论社会学中国化》，以了解社会学在当代中国的发展；阅读多种"社会学概论"和"农村社会学"，以了解社会学和农村社会学的研究范围；阅读费孝通论及的社会学名著，如滕尼斯的《共同体与社会》、涂尔干的《社会分工论》、马林诺夫斯基的《文化论》、本尼迪克特的《文化模式》以及费孝通朋友雷德菲尔德的《乡土社会》和《农民社会与文化》等，以了解社会学和乡村社会学在西方的进展。

常言道，只有读过许多书，方能读懂一本书。以上属于外围性阅读，《乡土中国》才是真正的中心。为进而读懂读透《乡土中国》，在外围性阅读的基础上，我做了两方面的工作：一是细读费孝通社区分析"第一步"的相关著作，如《江村经济》、《禄村农田》、《美国人的性格》以及《乡土重建》等，《乡土中国》便是在以上"社区分析"基础上的学理性概括；二是在细读《乡土中国》的基础上，认真梳理了《乡土中国》75年的阅读史。这是一项繁重的工作，也是极为重要的工作。阅读史即文本阐释史，前人的阐释是帮助后人理解的财富。细绎《乡土中国》75年阅读史，发掘包括费孝通在内的不同时期不同观点的读者对《乡土中国》的多角度诠释，有助于对全书的阅读理解，发现文本的深层意蕴和理论价值。对于《乡土中国》这部"用散文笔法写的人类学著作"，前人的诠释更是难得的资源和参照。从这个意义上说，要读懂《乡土中国》，本书第一章《〈乡土中国〉75年阅读史》是不能轻易放过的。

本书的内容，便是在细读《乡土中国》的基础上，在梳理75年阅读史的过程中，充分吸取不同读者和学者的观点后，根据学术著作整本书阅读的原则确定的。全书由绪论和十章构成，不妨分为四个部分。

绪论阐述"乡土中国的三大特征",是一幅传统的乡土中国社会文化生活的平面素描,可作为本书的第一部分。为什么要把古中国这幅社会文化素描置于全书开端?这与费孝通谈到自己"缺少国学的知识",因而给《乡土中国》留下"缺陷"有关。晚年费孝通对自己"没有国学的底子"曾有深刻反思。他多次说:"我没有国学的底子,因此对于中国的历史没有认识,特别是不知道中国历史的变化";为此,《乡土中国》留下了难以弥补的"缺陷":"现代中国人的生活,《乡土中国》里边说的中国农民特点,是从历史里边来的,是我们的先人传下来的。我只讲了特点,没有讲出来传下来的过程。讲讲这个过程,很要紧,有些道理是要从过程里边才能看出来的。所以说,没有这个过程是个缺陷,是个遗憾。可是这个缺陷,我已经没有办法弥补了"。① 费孝通所谓"没有国学的底子",并非没有国学的常识,而是相对钱穆这样的史学大家而言的。不过,《乡土中国》"只讲了特点,没有讲出来传下来的过程",则是实情。绪论这幅平面素描,就试图为费孝通没有讲的"过程"提供一个小小的注解。"一方水土养一方人",阅读《乡土中国》,读懂"乡土中国",就需要深入了解养育我们的一方水土,深入了解中华民族的前世今生,从而以清醒理性的意识认识现实,以奋发有为的精神走向未来。绪论从"一块田、一个家、一张桌"入手,扼要描述乡土中国经济、政治、文化三大方面的基本特征,旨在为读懂《乡土中国》提供宏观的历史文化背景。

第一章和第二章,是本书的第二部分,为细读全书提供"历史"和"逻辑"的参照。第一章"《乡土中国》75 年阅读史",旨在提

① 张冠生记录整理:《费孝通晚年谈话录(1981—2000)》,生活·读书·新知三联书店 2019 年版,第 286、289 页。

供文本理解的阅读史参照。"对一个文本或一部艺术作品里的真正意义的汲舀是永无止境的"①。阅读史即文本的命运史和意义的阐释史。浏览《乡土中国》75 年阅读史，可以了解其在历史上的曲折命运，发现从浅层阅读到深度阅读的变化，了解文本意义不断被发掘、学术价值不断得到肯定的过程。今天的读者由此可以在阅读史背景上，对其获得更全面的认识，作出更客观的评价。

第二章"《乡土中国》的理论结构"，旨在为《乡土中国》这部学术著作的"整本书阅读"提供逻辑参照。《乡土中国》在"杂话乡土社会"专栏文章基础上修订编排而成，是一部典型的用散文笔法写的人类学著作。从目录标题和全书体例看，它更像一本学术随笔而非学术专著。然而，作者虽然采用的是"散文笔法"，它本质上则是一部"人类学著作"。因此，有必要揭示其"杂话"背后的"学理"，发掘"散文笔法"背后的"人类学体系"，从而让读者在整体上把握"乡村社会学"的概念体系和学理体系。本章分析了《乡土中国》理论结构后，对全书学理作了如下概括：

乡土中国的文化是以"土"为根基的乡土文化，乡土中国的社会则是扎根泥土、聚族而居的熟人社会。这是乡土中国的本色所在，由此形成了乡土中国多方面的鲜明特点：从社会结构看，乡土中国是一种差序格局，不同于西方的团体格局；从基本社群看，乡土中国是事业性的"小家族"，不同于西方生育性的小家庭；从社会秩序看，乡土中国是通过礼治维持秩序的礼治社会或礼俗社会，不同于西方用法律维持秩序的法治社会或法理社会；从权力结构看，乡土中国的权力结构可分上下

---

① ［德］汉斯－格奥尔格·加达默尔：《真理与方法》（上卷），洪汉鼎译，上海译文出版社 1999 年版，第 383 页。

两层，上层因经济的"匮乏"而导致皇权的无为，基层则依靠"传统"保证长老行施教化权力；从社会发展看，随着社会变动速率的加快，乡土社会必然向现代社会变迁，即血缘的乡土社会向地缘的商业社会变迁，教化权力向时势权力变迁，自然经济向计划经济变迁。①

这是《乡土中国》全书要义，也是"乡土中国"的"文化模式"。通过这样的概括，力求使读者对《乡土中国》"整本书"、对"杂话"背后"乡村社会学"的体系获得整体性把握。

第三章至第九章，是本书的第三部分，也是全书的主体。这一部分根据上述"理论结构"的分析，分七个内在关联的论题，依此对全书 14 篇文章作了解读和阐发。每篇文章的解读可分四个部分：一是文章要义的概括，二是论述思路的梳理，三是重要概念的界定，四是相关问题的补充性论述。前两部分着眼于文本解读，后两部分着眼于论题阐发。

《乡土中国》中的每一篇文章都包含一组或多组概念，有的是费孝通的原创概念，如"熟人社会"与"陌生人社会"、"差序格局"与"团体格局"等。"差序格局"是其中最重要的概念之一。但恰如有学者所说："不能不注意到的是，'差序格局'这个概念是在一种类似于散文风格的文章中提出来的。在文章当中，没有对于概念的明确定义，而是一种极为形象但又很难用准确的术语进行描述的比喻。"②为帮助理解，本书对此类概念尽可能作出明确的界定。如"差序格局"，费孝通用"同心圆波纹"的比喻作阐释。这是一种极有洞见和启发的思想，但不是一种严格的学术结论。本书根据作者

① 见本书第 98—99 页。
② 孙立平：《"关系"、社会关系与社会结构》，《社会学研究》1996 年第 5 期。

《差序结构》中的论述以及晚年的补充说明，下了这样的定义："所谓'差序格局'是指乡土中国社会结构的模式，它以'己'为中心，以亲属关系为基础，依照亲疏远近的人伦差序，呈'同心圆波纹'，一圈圈推延出去所构成的社会人际关系的网络。"① 进而对"差序格局"的特点作了分析，力求化隐约为明晰。

除了重要概念的界定，还有对相关问题的补充性论述。从第三章至第九章，均有此类补充论述。或是论题的延伸探讨，如第三章"'乡土社会'与'熟人社会'"、"'熟人社会'与'半熟人社会'"，第五章"'差序格局'与'等差之爱'"，第八章"乡土中国的'双轨政治'和'两道防线'"，第九章"社会变迁的文化症结和重建之路"等；或是对文本质疑的辨析，如第四章"如何理解对《文字下乡》的质疑"；或是历史背景或典型个案的补充，如第五章"中国文化中的差序格局"、第六章"'乡下的家'与'西洋的家'"，第七章"乡土中国的礼治传统"，第八章"中国的'无为政治'与'长老统治'"等。费孝通说得好："有些道理是要从过程里边才能看出来的。"这些补充性论述和典型个案极为必要，它可以深化对文本的理解，也可以弥补某些"没有讲过程"而留下的缺陷。

第十章"从《乡土社会》到《乡土中国》"，是本书的第四部分，介绍了本书的知识谱系和理论母本。《乡土中国》对中国基层社会乡土特性的分析，直接受到雷德斐尔德《乡土社会》的启发和影响。1948 年 9 月 1 日，《乡土中国》出版 5 个月后，费孝通给雷氏的信中直接点明了《乡土中国》与《乡土社会》的内在关系。他说："我已经阅读了你的《乡土社会》一文，事实上我也在我的新书《乡土中国》中使用和发展了你的观点。这本书在中国发行已超过 8000

---

① 见本书第 152 页。

册。"① 费孝通明确表示：《乡土中国》"使用和发展"了《乡土社会》的理论观点；换言之，《乡土社会》是《乡土中国》的理论来源。把《乡土中国》与《乡土社会》作一番对照，可以清楚地发现，《乡土中国》既"使用和发展"了《乡土社会》的理论观点，又"以中国的事实来说明乡土社会的特性"的"中国化"的鲜明特色。

如果说陈心想的《走出乡土：对话费孝通〈乡土中国〉》的特点是对照历史，观照现实；那么本书的特色则是紧扣全书文本，抓住核心概念，努力追根溯源。

方法是对象的延伸，阅读策略与阅读内容密切联系。第一章"《乡土中国》75 年阅读史"谈到"适度导读"时这样写道："本书……第三章到第九章对《乡土中国》每一篇'要义和思路'的概括，力求为学生的阅读理解作'适度导读'；每一章中对相关的理论问题、历史背景和典型个案的延伸性探讨，则主要为教师导读提供必要的'知识准备'。"② 这段话便可视为本书的阅读策略。《乡土中国》被列入普通高中语文必修"整本书阅读"的必读书，本书的主要对象是高中生和高中教师。不过，学生与教师的阅读重点有所不同：每一篇"要义和思路"的概括，主要面对学生，力求为学生的阅读理解作"适度导读"；对相关理论问题、历史背景和典型个案的延伸性探讨，主要面对教师，为教师的导读提供必要的"知识准备"。

在此，有必要再强调一下《乡土中国》的阅读应抓住全书的核心概念。《乡土中国》的阅读，首先应当把握"杂话"背后的"学理"，把握全书的理论逻辑和理论框架，进而把握每一篇的"要义和思路"。本书第二章至第九章，对此逐一作了深入精细的分析。其次，在把握全书理论框架的基础上，还应抓住全书的核心概念。

---

① 转引自张江华：《"乡土"与超越"乡土"：费孝通与雷德斐尔德的文明社会研究》，《社会》2015 年第 4 期。

② 见本书 81 页。

每一部学术著作都有一个作为逻辑基点的核心概念。抓住一部书的核心概念，可以做到纲举目张；抓住《乡土中国》的核心概念，有助于进入乡土中国的人情世界，体验作者的乡土情怀，领略文本的文学韵味。

《乡土中国》全书的核心概念是什么？"熟人社会"是乡土中国的本色和本质，也是《乡土中国》全书的核心概念。全书第四章至第八章谈论的四大问题，即差序结构、家族制度、礼治秩序、长老统治等，就是对作为乡土本色的"熟人社会"的多角度阐释。具体而言，"熟人社会"的社会结构是"差序格局"，不同于西方的"团体格局"；"熟人社会"的社会制度是宗法性的"家族制度"，不同于西方契约性的"法理制度"；"熟人社会"的社会秩序是"无讼"的"礼治秩序"，不同于西方"诉讼"的"法治秩序"；"熟人社会"的权力结构是长老统治的"长老权力"，不同于西方普遍同意的"同意权力"。总之，"熟人社会"的上述特色，就是乡土中国的特色。《乡土中国》正是通过"熟人社会"这个概念，把古中国的精神魂魄勾勒出来了。

在社会学中，与"熟人社会"和"陌生人社会"相对应的概念是"亲缘性社会"和"地缘性社会"。费孝通的通俗化表述，是一种中国化的转换，也把乡土中国人际关系的特点揭示得更为显豁。抓住"熟人社会"这个核心，有助于进入乡土中国的人情世界，体验费孝通的乡土情怀，领略文本的"散文"韵味。由亲属构成的乡土中国的"熟人社会"，注重一个"情"字。"情"是构成乡土社会人际关系的纽带：父子情、手足情、亲友情、故乡情。以"情"为纽带，重情重义，是乡土中国的本色，也是中华民族的美德，它使中国人生活在充满亲情、信任和亲密感的人情世界里。同时，在《乡土中国》的字里行间，随处可以感受到费孝通对"熟人社会"温馨人情的眷恋，对"乡下人"尊严和美德的维护。城里人说乡下人"愚",那是因为他们不识字。费孝通反驳道:识字不识字是知识问题,愚不愚是智力问题;在智力上,乡下的孩子绝不比城里的孩子差。城里人说乡下人"土气",费孝通则赞美这种"土气"。他在《乡土本色》中写道:

> 只有直接有赖于泥土的生活才会像植物一般地在一个地方生下根,这些生了根在一个小地方的人,才能在悠长的时间中,从容地去摸熟每个人的生活,像母亲对于她的儿女一般。陌生人对于婴孩的话是无法懂的,但是在做母亲的人听来都清清楚楚,还能听出没有用字音表达的意思来。

这是一段优美的散文,一段富于诗意的散文。将近 40 年后的1987 年,费孝通再次表达了对充满温情的熟人世界的眷恋。他对一位国外采访者说:"让我十分坦白地说,如果我能选择,我有理由宁可回到旧日,回到一个富有的又平均的农民的世界。那时我会享受和平的心境、稳定的生活和友好的环境。我会生活在熟悉的世界里,享受有人情的生活。"①

令人遗憾的是,这种宁静的心境,这种友好的环境,这种有人情的生活,这种在熟悉的人中找到和平和安全,也许只存在于诗中,现实世界里也许从来没有过。尤其在今天,在社会的急速变迁中,在乡土社会进入现代社会的过程中,在熟人社会进入陌生人社会的过程中,律法替代了礼仪,契约替代了信任,诉讼替代了无讼,人与人之间的关系越来越疏离,人与人之间的情感越来越淡薄。

"问世间,情是何物?"天南地北双飞雁,且有生死相许之情,

---

① 费孝通:《中国文化的重建》,华东师范大学出版社 2014 年版,第 111 页。

况万物之灵、天地之心的人类！人是理性的动物，更是感情的动
物：和睦的家庭离不开亲情，和谐的社会离不开真情，情是凝聚
人心、维系人际关系的最根本的纽带。"熟悉的世界"，"人情的生
活"，"友好的环境"，"从熟悉得到信任"，永远是人们追求的理想，
永远是人们心灵的绿洲。于是，故乡、故土、故人情，成为中国诗
歌永恒的主题；乡土中国的人情世界，成为现代人心向神往的精神
家园。

最后，衷心感谢张勇教授、方超群博士、俞晓红教授：张勇教
授启发了我重读《乡土中国》的兴趣，并慷慨地让本书雏形发表在
由他主编的杂志上；方超群博士是本书写作中的重要帮手，不仅提
供了大量资料，而且提供了珍贵见解；俞晓红教授是本书顺利出版
的重要推手，因俞教授的积极引荐，我有幸结识了人民出版社博学
严谨的罗少强先生。衷心感谢罗少强先生为本书得以在人民出版
社顺利出版付出的努力、辛劳和智慧。

责任编辑：罗少强

装帧设计：黄桂敏

图书在版编目（CIP）数据

读懂乡土中国 ：整本书阅读视野下的《乡土中国》
研究 ／ 陈文忠著 ． —— 北京 ： 人民出版社，2025. 1.
ISBN 978－7－01－027116－3

Ⅰ．C912.82

中国国家版本馆 CIP 数据核字第 2025FA6207 号

读懂乡土中国

DUDONG XIANGTU ZHONGGUO

——整本书阅读视野下的《乡土中国》研究

陈文忠　著

人民出版社 出版发行

（100706　北京市东城区隆福寺街 99 号）

北京联兴盛业印刷股份有限公司印刷　新华书店经销

2025 年 1 月第 1 版　2025 年 1 月北京第 1 次印刷

开本：710 毫米 ×1000 毫米 1/16　印张：18

字数：240 千字

ISBN 978－7－01－027116－3　定价：78.00 元

邮购地址 100706　北京市东城区隆福寺街 99 号

人民东方图书销售中心　电话（010）65250042　65289539